AF401958

CODE DE COMMERCE.

LIVRE PREMIER.

DU COMMERCE EN GÉNÉRAL.

(Tit. I-VII, loi décrétée le 10 septembre 1807, promulguée le 20. Tit. VIII, loi décrétée le 11, promulguée le 21.)

TITRE PREMIER.

DES COMMERÇANS.

ARTICLE 1er. Sont commerçans ceux qui exercent des actes de commerce, et en font leur profession habituelle. — Co. 2 n., 83, 632 n.

2. Tout mineur émancipé de l'un et de l'autre sexe, âgé de dix-huit ans accomplis, qui voudra profiter de la faculté que lui accorde l'article 487 du Code civil, de faire le commerce, ne pourra en commencer les opérations, ni être réputé majeur, quant aux engagemens par lui contractés pour faits de commerce, 1° s'il n'a été préalablement autorisé par son père, ou par sa mère, en cas de décès, interdiction ou absence du père, ou, à défaut du père et de la mère, par une délibération du conseil de famille, homologuée par le tribunal civil; 2° si, en outre, l'acte d'autorisation n'a été enregistré et affiché au tribunal de commerce du lieu où le mineur veut établir son domicile (a).

---

(1) L. 15 *sept.* 1807.

Art. 1er Les dispositions du Code de commerce ne seront exécutées qu'à compter du 1er janvier 1808.

2. A dater dudit jour 1er janvier 1808, toutes les anciennes lois touchant les matières commerciales sur lesquelles il est statué par ledit Code sont abrogées.

Ord. 31 *janv.* 1841.

Vu les lois des 19 mars 1817, 31 mars 1833, 28 mai 1838 et 3 mars 1840, qui ont apporté diverses modifications au Code de commerce; — Nous avons ordonné et ordonnons ce qui suit : — Il ne sera reconnu comme texte officiel du Code de commerce que le texte suivant.

(a) Ord. *mars* 1673, *tit.* 1er.

Art. 3. Aucun ne sera reçu marchand qu'il n'ait vingt ans accomplis, et ne rapporte la bre-

— Co. 3, 6, 63, 114. — C. 102, 141, 372, 407 s., 476 s., 485, 1125, 1308. — Pr. 885 s.

3. La disposition de l'article précédent est applicable aux mineurs même non commerçans, à l'égard de tous les faits qui sont déclarés faits de commerce par les dispositions des articles 632 et 633. — Co. 114.

4. La femme ne peut être marchande publique sans le consentement de son mari. — Co. 2, 5, 7, 67 s., 113. — C. 215, 220.

5. La femme, si elle est marchande publique, peut, sans l'autorisation de son mari, s'obliger pour ce qui concerne son négoce; et, auditcas, elle oblige aussi son mari, s'il y a communauté entre eux. — Elle n'est pas réputée marchande publique, si elle ne fait que détailler les marchandises du commerce de son mari; elle n'est réputée telle que lorsqu'elle

fait un commerce séparé (a). — Co. 4, 7, 63 s. — C. 220, 1401, 1421, 1426, 1530 s., 1538, 1576.

6. Les mineurs marchands, autorisés comme il est dit ci-dessus, peuvent engager ou hypothéquer leurs immeubles.— C. 2085 s., 2114 s.—Ils peuvent même les aliéner, mais en suivant les formalités prescrites par les articles 457 et suivans du Code civil.—Co. 2 *et la note* A (art. 6), 114.—C. 484, 487, 1125, 1308.

7. Les femmes marchandes publiques peuvent également engager, hypothéquer et aliéner leurs immeubles. — Toutefois leurs biens stipulés dotaux, quand elles sont mariées sous le régime dotal, ne peuvent être hypothéqués ni aliénés que dans les cas déterminés et avec les formes réglées par le Code civil. — Co. 4, 5, 67 s. — C. 217, 223, 1538, 1554.

---

vet et les certificats d'apprentissage et du service fait depuis. Et, en cas que le contenu ès certificats ne fût véritable, l'aspirant sera déchu de la maîtrise; le maître d'apprentissage qui aura donné son certificat, condamné en cinq cents livres d'amende, et les autres certificateurs chacun en trois cents livres.

6. Tous négocians et marchands en gros et en détail, comme aussi les banquiers, seront réputés majeurs pour le fait de leur commerce et banque, sans qu'ils puissent être restitués sous prétexte de minorité.

(a) COUTUME DE PARIS.
ART. 234. Une femme mariée ne se peut obliger sans le consentement de son mari, si elle n'est séparée par effet, ou marchande publique : auquel cas étant marchande publique, elle s'oblige et son mari touchant le fait et dépendances de ladite marchandise publique.

235. La femme n'est réputée marchande publique pour débiter la marchandise dont son mari se mêle : mais est réputée marchande publique, quand elle fait marchandise séparée, et autre que celle de son mari.

236. La femme marchande publique se peut obliger sans son mari touchant le fait et dépendance de ladite marchandise.

TITRE DEUXIÈME.

DES LIVRES DE COMMERCE (1)

8. Tout commerçant est tenu d'avoir un livre-journal qui *présente*, jour par jour, ses dettes actives et passives, les opérations de son commerce, ses négociations, acceptations ou endossemens d'effets, et généralement tout ce qu'il reçoit et paie, à quelque titre que ce soit; et qui *énonce*, mois par mois, les sommes employées à la dépense de sa maison : le tout indépendamment des autres livres usités dans le commerce, mais qui ne sont pas indispensables. — Il est tenu de mettre en liasse les lettres missives qu'il reçoit, et de copier sur un registre celles qu'il envoie (*a*). — Co 9 *s.*, 84, 96, 102, 109, 214, 586 6°, 591. — C. 1329, 1330, 1785.

9. Il est tenu de faire, tous les ans, sous seing privé, un inventaire de ses effets mobiliers et immobiliers, et de ses dettes actives et passives, et de le copier, année par année, sur un registre spécial à ce destiné (*b*). — Co. 10 *s.*, 586 6°, 591.

10. Le livre-journal et le livre des inventaires seront paraphés et visés une fois par année. — Le livre de copies de lettres ne sera pas soumis à cette formalité. — Tous seront tenus par ordre de dates, sans blancs, lacunes ni transports en marge (*c*). — Co. 8, 9, 11.

11. Les livres dont la tenue est ordonnée par les articles 8 et 9 ci-dessus seront cotés, paraphés et visés soit par un des

---

(1) L. 20 *juill.* 1837.
Art. 4. A dater du 1er janvier 1838, il sera ajouté trois centimes additionnels au principal de la contribution des patentes, pour tenir lieu du droit du timbre des livres de commerce, qui en seront alors affranchis. Aucune partie de ces centimes additionnels n'entrera dans le calcul de la portion du droit des patentes qui est attribuée aux communes.

(*a*) Ord. *mars* 1673, *tit.* III.
Art. 1er. Les négocians et marchands, tant en gros qu'en détail, auront un livre qui contiendra tout leur négoce, leurs lettres de change, leurs dettes actives et passives, et les deniers employés à la dépense de leur maison.

7. Tous négocians et marchands, tant en gros qu'en détail, met-

tront en liasse les lettres missives qu'ils recevront, et en registre la copie de celles qu'ils écriront.

(*b*) Ord. *mars* 1673, *tit.* III.
Art. 8. Seront aussi tenus tous les marchands de faire, dans le même délai de six mois (*c'est-à-dire six mois après la publication de la présente ordonnance*), inventaire sous leur seing, de tous leurs effets mobiliers et immobiliers, et de leurs dettes actives et passives, lequel sera récolé et renouvelé de deux en deux ans.

(*c*) Ord. *mars* 1673, *tit.* III.
Art. 5. Les livres-journaux seront écrits d'une même suite, par ordre de date sans aucun blanc, arrêtés en chaque chapitre et à la fin, et ne sera rien écrit aux marges.

juges des tribunaux de commerce, soit par le maire ou un adjoint, dans la forme ordinaire et sans frais. Les commerçans seront tenus de conserver ces livres pendant dix ans (*a*). — Co. 10, 84.

12. Les livres de commerce, régulièrement tenus, peuvent être admis par le juge pour faire preuve entre commerçans pour faits de commerce. — Co. 1, 8, 13 *., 109, 632 *. — C. 1329, 1330.

13. Les livres que les individus faisant le commerce sont obligés de tenir, et pour lesquels ils n'auront pas observé les formalités ci-dessus prescrites, ne pourront être représentés ni faire foi en justice, au profit de ceux qui les auront tenus; sans préjudice de ce qui sera réglé au livre *des Faillites et banqueroutes.* — Co. 8, 9, 17, 586 6°, 591. — C. 1331.

14. La communication des livres et inventaires ne peut être ordonnée en justice que dans les affaires de succession, communauté, partage de société, et en cas de faillite (*b*). — Co. 18 *., 51 *., 437 *. — C. 815, 1476, 1872.

15. Dans le cours d'une contestation, la représentation des livres peut être ordonnée par le juge, même d'office, à l'effet d'en extraire ce qui concerne le différend (*c*). — Co. 12, 13, 16, 17, 109, 496. — T. 4e, art. 1 2°.

16. En cas que les livres dont la représentation est offerte, requise ou ordonnée, soient dans des lieux éloignés du tribunal saisi de l'affaire, les juges peuvent adresser une commission rogatoire au tribunal de commerce du lieu, ou déléguer un juge de paix pour en prendre connaissance, dresser un procès-verbal du contenu, et l'envoyer au tribunal saisi de l'affaire. — Co. 15. — Pr. 1035. — T. 4e, art. 1 2°.

17. Si la partie aux livres de laquelle on offre d'ajouter foi refuse de les représenter, le juge peut déférer le serment à l'autre partie. — Co. 11, 12. — C. 1366 *. — Pr. 120, 121. — P. 366.

(*a*) Ord. *mars* 1673, *tit.* III.

Art. 3. Les livres des négocians et marchands, tant en gros qu'en détail, seront signés sur le premier et dernier feuillet, par l'un des consuls dans les villes où il y a juridiction consulaire, et dans les autres, par le maire ou l'un des échevins, sans frais ni droits, et les feuillets paraphés et cotés par premier et dernier de la main de ceux qui auront été commis par les consuls ou maires et échevins, dont sera fait mention au premier feuillet.

(*b*) Ord. *mars* 1673, *tit.* III.

Art. 9. La représentation ou communication des livres-journaux, registres ou inventaires, ne pourra être requise ni ordonnée en justice, sinon pour succession, communauté et partage de société en cas de faillite.

(*c*) Ord. *mars* 1673, *tit.* III.

Art. 10. Au cas néanmoins qu'un négociant ou un marchand voulût se servir de ses livres-journaux et registres, ou que la partie offrît d'y ajouter foi, la représentation pourra être ordonnée, pour en extraire ce qui concernera le différend.

TITRE TROISIÈME.

DES SOCIÉTÉS.

SECTION PREMIÈRE.
Des diverses Sociétés, et de leurs Règles.

18. Le contrat de société se règle par le droit civil, par les lois particulières au commerce, et par les conventions des parties. — Co. 14, 19 s. — C. 1107, 1134, 1308, 1341, 1873.

19. La loi reconnaît trois espèces de sociétés commerciales : — La société en nom collectif, — Co. 20 s., 39, 41 s. — La société en commandite, — Co. 23 s. — La société anonyme. — Co. 29 s., 47 s.

20. La *société en nom collectif* est celle que contractent deux personnes ou un plus grand nombre, et qui a pour objet de faire le commerce sous une raison sociale. — Co. 21, 39, 41-44, 46.

21. Les noms des associés peuvent seuls faire partie de la raison sociale. — Co. 25, 46.

22. Les associés en nom collectif indiqués dans l'acte de société sont solidaires pour tous les engagemens de la société, encore qu'un seul des associés ait signé, pourvu que ce soit sous la raison sociale (a). — — Co. 20, 26, 33, 39, 41 s., 46. — C. 1200 s., 1862.

23. La *société en commandite* se contracte entre un ou plusieurs associés responsables et solidaires, et un ou plusieurs associés simples bailleurs de fonds, que l'on nomme *commanditaires* ou *associés en commandite.* — Elle est régie sous un nom social, qui doit être nécessairement celui d'un ou plusieurs des associés responsables et solidaires (1). — Co. 20 s., 24 s., 38, 39, 41 s., 46. — C. 1200 s.

24. Lorsqu'il y a plusieurs associés solidaires et en nom, soit que tous gèrent ensemble, soit qu'un ou plusieurs gèrent pour tous, la société est, à la fois, société en nom collectif à leur égard, et société en commandite à l'égard des simples bailleurs de fonds. — Co. 20 s.

25. Le nom d'un associé commanditaire ne peut faire partie de la raison sociale. — Co. 23, 26-28.

26. L'associé commanditaire n'est passible des pertes que jusqu'à concurrence des fonds qu'il a mis ou dû mettre dans la société (b). — Co. 27, 28, 33, 64.

27. L'associé commanditaire ne peut faire aucun acte de gestion, ni être employé pour

---

(a). Ord. *mars* 1673, *tit.* IV.
Art. 7. Tous associés seront obligés solidairement aux dettes de la société, encore qu'il n'y en ait qu'un qui ait signé, au cas qu'il ait signé pour la compagnie, et non autrement.

(1) Arr. 2 *prair.* an XI.
Art. 1er. Les sociétés pour la

course, s'il n'y a pas de conventions contraires, seront réputées en commandite, soit que les intéressés se soient associés par des quotités fixes ou par actions.

(b) Ord. *mars* 1673, *tit.* IV.
Art. 8. Les associés en commandite ne seront obligés que jusqu'à la concurrence de leur part.

les affaires de la société, même en vertu de procuration. — Co. 23, 25, 26, 28.

28. En cas de contravention à la prohibition mentionnée dans l'article précédent, l'associé commanditaire est obligé solidairement, avec les associés en nom collectif, pour toutes les dettes et engagemens de la société (1). — Co. 23 n. — C. 1200 n.

29. La *société anonyme* n'existe point sous un nom social : elle n'est désignée par le nom d'aucun des associés. — Co. 30-37, 40, 45.

30. Elle est qualifiée par la désignation de l'objet de son entreprise.

31. Elle est administrée par des mandataires à temps, révocables, associés ou non associés, salariés ou gratuits. — Co. 31. — C. 1984, 1986, 1992, 2002, 2003 n.

32. Les administrateurs ne sont responsables que de l'exécution du mandat qu'ils ont reçu. — Ils ne contractent, à raison de leur gestion, aucune obligation personnelle ni solidaire relativement aux engagemens de la société. — C. 1991 n., 1993.

33. Les associés ne sont passibles que de la perte du montant de leur intérêt dans la société. — Co. 26.

34. Le capital de la société anonyme se divise en actions et même en coupons d'actions d'une valeur égale. — Co. 35, 36.

35. L'action peut être établie sous la forme d'un titre au porteur. — Dans ce cas, la cession s'opère par la tradition du titre. — C. 1607, 1689, 1690.

36. La propriété des actions peut être établie par une inscription sur les registres de la société. — Dans ce cas, la cession s'opère par une déclaration de transfert inscrite sur les registres, et signée de celui qui fait le transport ou d'un fondé de pouvoir. — C. 1689, 1690.

37. La société anonyme ne peut exister qu'avec l'autorisation du Roi, et avec son approbation pour l'acte qui la constitue ; cette approbation doit être donnée dans la forme prescrite pour les réglemens d'administration publique (2). — Co. 40, 45.

38. Le capital des sociétés en commandite pourra être aussi divisé en actions, sans aucune autre dérogation aux règles établies pour ce genre de société. — Co. 23 n., 34 n.

39. Les sociétés en nom col-

---

(1) Av. C d'Ét. 29 *avril* 1809, *approuvé le 17 mai.*

Est d'avis que les articles 27 et 28 du Code de commerce ne sont applicables qu'aux actes que les associés commanditaires feraient en représentant comme gérans la maison commanditée, même par procuration, et qu'ils ne s'appliquent pas aux transactions commerciales que la maison commanditée peut faire pour son compte avec le commanditaire, et réciproquement le commanditaire avec la maison commanditée, comme avec toute autre maison de commerce.

(2) L'autorisation prescrite par cet article est nécessaire pour l'établissement des associations de la nature des tontines (Av. C. d'Ét. 1er avril 1809); et aussi pour l'établissement des compagnies d'assurances qui intéressent l'ordre public (Av. C. d'Ét. 15 oct. 1809).

lectif ou en commandite doivent être constatées par des actes publics ou sous signature privée, en se conformant, dans ce dernier cas, à l'article 1325 du Code civil (a). — Co. 20, 23, 41 *., 49. — C. 1317 *., 1322 *., 1341, 1834.

40. Les sociétés anonymes ne peuvent être formées que par des actes publics. — Co. 29, 37, 41, 45. — C. 1317.

41. Aucune preuve par témoins ne peut être admise contre et outre le contenu dans les actes de société, ni sur ce qui serait allégué avoir été dit avant l'acte, lors de l'acte ou depuis, encore qu'il s'agisse d'une somme au-dessous de cent cinquante francs. — Co. 39 *et la note*, 40. — C. 1341, 1835, 1866.

42. L'extrait des actes de société en nom collectif et en commandite doit être remis, dans la quinzaine de leur date, au greffe du tribunal de commerce de l'arrondissement dans lequel est établie la maison du commerce social, pour être transcrit sur le registre, et affiché pendant trois mois dans la salle des audiences. — Si la société a plusieurs maisons de commerce situées dans divers arrondissemens, la remise, la transcription et l'affiche de cet extrait, seront faites au tribunal de commerce de chaque arrondissement. — Chaque année, dans la première quinzaine de janvier, les tribunaux de commerce désigneront, au chef-lieu de leur ressort, et, à leur défaut, dans la ville la plus voisine, un ou plusieurs journaux où devront être insérés, dans la quinzaine de leur date, les extraits d'actes de société en nom collectif ou en commandite, et régleront le tarif de l'impression de ces extraits (1). — Il sera justifié de cette insertion par un exemplaire du journal certifié par l'imprimeur, légalisé par le maire et enregistré dans les trois mois de sa date (2). — Ces formalités seront observées, à peine de nullité, à l'égard des intéressés; mais le défaut d'aucune d'elles ne pourra être opposé à des tiers par les associés (b) — Co. 39, 43, 44, 46, 64.

(a) Ord. *mars* 1673, *tit.* IV. Art. 1er. Toute société générale ou en commandite sera rédigée par écrit, ou pardevant notaire, ou sous signature privée, et ne sera reçue aucune preuve par témoins, contre et outre le contenu en l'acte de société, ni sur ce qui serait allégué avoir été dit, avant, lors, ou depuis l'acte, encore qu'il s'agit d'une somme ou valeur moindre de cent livres.

(1,2) Ce paragraphe et le suivant ont été insérés dans l'article 42, en exécution de la loi du 31 mars 1833, promulguée le 6 avril suivant. Ces deux paragraphes reproduisent les dispositions d'un décret du 12 février 1814. La cour de cassation ayant décidé que ce décret était inconstitutionnel, comme rendu en dehors des pouvoirs de la régente (l'impératrice Marie-Louise), on a fait la loi du 31 mars 1833.

(b) Ord. *mars* 1673, *tit.* IV. Art. 2. L'extrait des sociétés entre marchands et négocians, tant en gros qu'en détail, sera registré au greffe de la juridiction consulaire, s'il y en a, sinon en celui de l'hôtel commun de la ville; et s'il n'y en a point, au greffe de nos juges des lieux, ou de ceux des seigneurs; et l'extrait inséré dans un tableau ex-

43. L'extrait doit contenir : — Les noms, prénoms, qualités et demeures des associés autres que les actionnaires ou commanditaires, — La raison de commerce de la société, — La désignation de ceux des associés autorisés à gérer, administrer et signer pour la société, — Le montant des valeurs fournies ou à fournir par actions ou en commandite, — L'époque où la société doit commencer, et celle où elle doit finir (*a*). — Co. 39, 44.

44. L'extrait des actes de société est signé, pour les actes publics, par les notaires, et pour les actes sous seing privé, par tous les associés, si la société est en nom collectif, et par les associés solidaires ou gérans, si la société est en commandite, soit qu'elle se divise ou ne se divise pas en actions. — Co. 43 *et la note.*

45. L'ordonnance du Roi qui autorise les sociétés anonymes devra être affichée avec l'acte d'association et pendant le même temps. — Co. 37, 40, 42.

46. Toute continuation de société, après son terme expiré, sera constatée par une déclaration des coassociés. — Cette déclaration, et tous actes portant dissolution de société avant le terme fixé pour sa durée par l'acte qui l'établit, tout changement ou retraite d'associés, toutes nouvelles stipulations ou clauses, tout changement à la raison de société, sont soumis aux formalités prescrites par les articles 42, 43 et 44. — En cas d'omission de ces formalités, il y aura lieu à l'application des dispositions pénales de l'article 42, *dernier* alinéa (1). — Co. 39 n. — C. 1866 (*b*).

47. Indépendamment des trois espèces de sociétés ci-dessus, la loi reconnait les *associations commerciales en participation.* — Co. 48 n.

48. Ces associations sont relatives à une ou plusieurs *opérations de commerce ;* elles ont lieu pour les objets, dans les formes, avec les proportions posé en lieu public ; le tout à peine de nullité des actes et contrats passés, tant entre les associés, qu'avec leurs créanciers et ayant-cause.

6. Les sociétés n'auront effet à l'égard des associés, leurs veuves et héritiers, créanciers et ayant-cause, que du jour qu'elles auront été enregistrées et publiées au greffe du domicile de tous les contractans, et du lieu où ils auront magasin.

(*a*) Ord. *mars* 1673, *tit.* IV. Art. 3. Aucun extrait de société ne sera enregistré, s'il n'est signé, ou des associés, ou de ceux qui auront souffert la société, et ne contient les noms, surnoms, qualités et demeures

des associés, et les clauses extraordinaires, s'il y en a pour la signature des actes, le temps auquel elle doit commencer et finir : et ne sera réputée continuée, s'il n'y en a un acte par écrit, pareillement enregistré et affiché.

(1) La loi du 31 mars 1833 a substitué les mots : *dernier* alinéa, à ceux-ci : *troisième* alinéa, qui se trouvent dans l'ancien texte du Code.

(*b*) Ord. *mars* 1673, *tit.* IV. Art. 3. (Co. 43 *note*.)

4. Tous actes portant changement d'associés, nouvelles stipulations ou clauses pour la signature, seront enregistrés et publiés, et n'auront lieu que du jour de la publication.

d'intérêt et aux conditions convenues entre les partici-pans. — Co. 49 n. — C. 1134.

49. Les associations en participation peuvent être consta-tées par la représentation des livres, de la correspondance, ou par la preuve testimoniale, si le tribunal juge qu'elle peut être admise. — Co. 8, 13, 17, 109. — C. 1353.

50. Les associations commerciales en participation ne sont pas sujettes aux formalités prescrites pour les autres so-ciétés. — Co. 39-46.

SECTION II.

Des Contestations entre associés, et de la Manière de les décider.

51. Toute contestation, entre associés, et pour raison de la société, sera jugée par des arbitres (a). — Co. 51 n., 62. — Pr. 429 n., 1003 n., 1020.

52. Il y aura lieu à l'appel du jugement arbitral ou au pourvoi en cassation, si la re-nonciation n'a pas été stipulée. L'appel sera porté devant la cour royale. — Co. 63, 644. — Pr. 451 n., 1010, 1023.

53. La nomination des ar-bitres se fait — Par un acte sous signature privée, — Par acte notarié, — Par acte extra-judiciaire, — Par un consen-tement donné en justice. — Co. 51 note, 55, 60. — Pr. 1003, 1006.

54. Le délai pour le juge-ment est fixé par les parties, lors de la nomination des ar-bitres; et, s'ils ne sont pas d'ac-cord sur le délai, il sera ré-glé par les juges. — Co. 53,55. — Pr. 1007.

55. En cas de refus de l'un ou de plusieurs des associés de nommer des arbitres, les arbi-tres sont nommés d'office par le tribunal de commerce. — Co. 51 note, 53, 60.

56. Les parties remettent leurs pièces et mémoires aux arbitres, sans aucune formalité de justice ( ) — Co. 59.

57. L'associé en retard de remettre les pièces et mémoires est sommé de le faire dans les dix jours. — Co. 56 note, 58, 59.

58. Les arbitres peuvent, suivant l'exigence des cas, pro-roger le délai pour la produc-tion des pièces. — Co. 56 note, 59.

59. S'il n'y a renouvelle-ment de délai, ou si le nou-veau délai est expiré, les ar-bitres jugent sur les seules piè-ces et mémoires remis. — Co. 56 note. — Pr. 98-100.

60. En cas de partage, les arbitres nomment un sur-ar-

(a) Ord. *mars* 1673, *tit.* IV.

Art. 9. Toute société contien-dra la clause de se soumettre aux arbitres pour les contestations qui surviendront entre les asso-ciés; et encore que la clause fût omise, un des associés en pourra nommer, ce que les autres seront tenus de faire; sinon en sera nom-mé par le juge pour ceux qui en feront refus.

10. Voulons aussi qu'en cas de décès ou de longue absence d'un des arbitres, les associés en nomment d'autres, sinon il y sera pourvu par le juge pour les refusans.

(b) Ord. *mars* 1673, *tit.* IV.

Art. 12. Les arbitres pour-ront juger sur les pièces et mé-moires qui leur seront remis, sans aucune formalité de justice, nonobstant l'absence de quel-qu'une des parties.

bitre, s'il n'est nommé par le compromis ; si les arbitres sont discordans sur le choix, le sur-arbitre est nommé par le tribunal de commerce (a). — Pr. 118, 468, 1013 3°, 1017 ».

61. Le jugement arbitral est motivé. — Il est déposé au greffe du tribunal de commerce. — Il est rendu exécutoire sans aucune modification, et transcrit sur les registres, en vertu d'une ordonnance du président du tribunal, lequel est tenu de la rendre pure et simple, et dans le délai de trois jours du dépôt au greffe (b). — C. 2123. — Pr. 141, 1020.

62. Les dispositions ci-dessus sont communes aux veuves, héritiers ou ayant-cause des associés (c). — Co. 63 » — C. 724, 1122.

63. Si des mineurs sont intéressés dans une contestation pour rais. n d'une société commerciale, le tuteur ne pourra renoncer à la faculté d'appeler du jugement arbitral. — Co. 2, 52. — C. 388, 467, 509, 2045.

64. Toutes actions contre les associés non liquidateurs et leurs veuves, héritiers ou ayant-cause, sont prescrites cinq ans après la fin ou la dissolution de la société, si l'acte de société qui en énonce la durée, ou l'acte de dissolution, a été affiché et enregistré conformément aux articles 42, 43, 44 et 46, et si, depuis cette formalité remplie, la prescription n'a été interrompue à leur égard par aucune poursuite judiciaire. — C. 419, 2244 »., 2264.

TITRE QUATRIÈME.

DES SÉPARATIONS DE BIENS.

65. Toute demande en séparation de biens sera poursuivie, instruite et jugée conformément à ce qui est prescrit au Code civil, livre III, titre V, chapitre II, section III, et au Code de procédure civile, deuxième partie, livre I, titre VIII (d). — Co. 66. — C. 1443 ». — Pr. 49 7°, 865 ».

66. Tout jugement qui prononcera une séparation de corps

(a) ORD. *mars* 1673, *tit.* IV.
ART. 11. En cas que les arbitres soient partagés en opinions, ils pourront convenir de sur-arbitre sans le consentement des parties : et s'ils n'en conviennent, il en sera nommé un par le juge.

(b) ORD. *mars* 1673, *tit.* IV.
ART. 13. Les sentences arbitrales entre associés pour négoce, marchandise ou banque, seront homologuées en la juridiction consulaire, s'il y en a ; sinon ès siéges ordinaires de nos juges ou de ceux des seigneurs.

(c) ORD. *mars* 1673, *tit.* IV.
ART. 14. Tout ce que dessus aura lieu à l'égard des veuves, héritiers et ayant-cause des associés.

(d) ORD. *mars* 1673, *tit.* VIII.
ART. 2. Voulons le même (*Voyez la note* A, p. 363) être observé entre les négocians et marchands tant en gros qu'en détail, et banquiers, pour les séparations de biens d'entre mari et femme, outre les autres formalités en tel cas requises.

ou un *divorce* (1) entre mari et femme, dont l'un serait commerçant, sera soumis aux formalités prescrites par l'article 872 du Code de procédure civile; à défaut de quoi, les créanciers seront toujours admis à s'y opposer, pour ce qui touche leurs intérêts, et à contredire toute liquidation qui en aurait été la suite. — C. 311, 1167, 1445-1457.

67. Tout contrat de mariage entre époux dont l'un sera commerçant sera transmis par extrait, dans le mois de sa date, aux greffes et chambres désignés par l'article 872 du Code de procédure civile, pour être exposé au tableau, conformément au même article. — Cet extrait annoncera si les époux sont mariés en communauté, s'ils sont séparés de biens, ou s'ils ont contracté sous le régime dotal (a). — Co. 1, 68 n. — C. 1391, 1393, 1399 n., 1530 n., 1538 n., 1540 n.

68. Le notaire qui aura reçu le contrat de mariage sera tenu de faire la remise ordonnée par l'article précédent, sous

peine de cent francs d'amende, et même de destitution et de responsabilité envers les créanciers, s'il est prouvé que l'omission soit la suite d'une collusion. — C. 1149, 1382, 1394, 2102 7° *et la note.* — Pr. 126-128.

69. L'époux séparé de biens, ou marié sous le régime dotal, qui embrasserait la profession de commerçant postérieurement à son mariage, sera tenu de faire pareille remise dans le mois du jour où il aura ouvert son commerce : à défaut de cette remise, il pourra être, en cas de faillite, condamné comme banqueroutier simple (b). — Co. 67 *et la note,* 437, 586 3°. — C. 1536 n., 1540 n. — P. 402.

70. La même remise sera faite, sous les mêmes peines, dans l'année de la publication de la présente loi, par tout époux séparé de biens, ou marié sous le régime dotal, qui, au moment de ladite publication, exercerait la profession de commerçant. — Co. 1, 67, 69. — Pr. 872 n.

---

(1) L. 8 mai 1816, art. 1er. « Le divorce est aboli. »

(a) Ord. *mars* 1673, *tit.* VIII. Art. 1er. Dans les lieux où la communauté de biens d'entre mari et femme est établie par la coutume ou par l'usage, la clause qui y dérogera dans les contrats de mariage des marchands grossiers ou détailleurs, et des banquiers, sera publiée à l'audience de la juridiction consulaire, s'il y en a, sinon dans l'assemblée de l'hôtel commun des villes, et insérée dans un tableau exposé en lieu public, à peine de nullité; et la clause n'aura lieu que

du jour qu'elle aura été publiée et enregistrée.

(b) Ancien art. 69. Tout époux séparé de biens, ou marié sous le régime dotal, qui embrasserait la profession de commerçant postérieurement à son mariage, sera tenu de faire pareille remise dans le mois du jour où il aura ouvert son commerce, à peine, en cas de faillite, d'être puni comme banqueroutier frauduleux.

Nota. *Cet article a été remplacé par le texte nouveau, en exécution de la loi du 28 mai 1838.*

TITRE CINQUIÈME.

DES BOURSES DE COMMERCE, AGENS DE CHANGE ET COURTIERS.

SECTION Ire.
Des Bourses de commerce.

71. La bourse de commerce est la réunion qui a lieu, sous l'autorité du Roi, des commerçans, capitaines de navire, agens de change et courtiers. —Co. 1, 72 ٭., 613.

72. Le résultat des négociations et des transactions qui s'opèrent dans la bourse détermine le cours du change, des marchandises, des assurances, du fret ou nolis, du prix des transports par terre ou par eau, des effets publics et autres dont le cours est susceptible d'être coté.—Co. 73, 76, 78.— P. 419.

73. Ces divers cours sont constatés par les agens de change et courtiers, dans la forme prescrite par les réglemens de police, généraux ou particuliers. — Co. 76, 78.

SECTION II.
Des Agens de change et Courtiers.

74. La loi reconnaît, pour les actes de commerce, des agens intermédiaires; savoir, les agens de change et les courtiers. — Co. 71 ٭., 75 ٭., 81, 83, 85, 632. — P. 401.

75. Il y en a dans toutes les villes qui ont une bourse de commerce. — Ils sont nommés par le Roi.

76. Les agens de change, constitués de la manière prescrite par la loi, ont seuls le droit de faire les négociations des effets publics et autres susceptibles d'être cotés; de faire pour le compte d'autrui les négociations des lettres de change ou billets, et de tous papiers commerçables, et d'en constater le cours. — Les agens de change pourront faire, concurremment avec les courtiers de marchandises, les négociations et le courtage des ventes ou achats des matières métalliques. Ils ont seuls le droit d'en constater le cours. — Co. 73, 78, 81, 85 ٭., 109, 181, 186.

77. Il y a des courtiers de marchandises, — Des courtiers d'assurances, — Des courtiers interprètes et conducteurs de navires, — Des courtiers de transport par terre et par eau. — Co. 73, 78 ٭., 85 ٭.

78. Les courtiers de marchandises, constitués de la manière prescrite par la loi, ont seuls le droit de faire le courtage des marchandises, d'en constater le cours; ils exercent, concurremment avec les agens de change, le courtage des matières métalliques. — Co. 73, 76, 85 ٭., 109.

79. Les courtiers d'assurances rédigent les contrats ou polices d'assurances, concurremment avec les notaires; ils en attestent la vérité par leur signature, certifient le taux des primes pour tous les voyages de mer ou de rivière. — Co. 72 ٭., 77, 85 ٭., 332 ٭.

80. Les courtiers interprètes et conducteurs de navires font le courtage des affrétemens; ils ont, en outre, seuls le droit de traduire, en cas de contestations portées devant les tribunaux les déclarations, chartes-parties, connaissemens, contrats, et tous actes de commerce dont la traduction serait nécessaire; enfin, de constater le cours du fret ou du nolis. — Dans les affaires contentieuses de commerce, et pour le service des douanes, ils serviront seuls de truchement à tous étrangers, maîtres de navire, marchands, équipages de vaisseau et autres personnes de mer (a). — Co. 81, 85 *.

81. Le même individu peut, si l'acte du gouvernement qui l'institue l'y autorise, cumuler les fonctions d'agent de change, de courtier de marchandises ou d'assurances, et de courtier interprète et conducteur de navires. — Co. 76 *.

82. Les courtiers de transport par terre et par eau, constitués selon la loi, ont seuls, dans les lieux où ils sont établis, le droit de faire le courtage des transports par terre et par eau: ils ne peuvent cumuler, dans aucun cas et sous aucun prétexte, les fonctions de courtiers de marchandises, d'assurances, ou de courtiers conducteurs de navires, désignées aux articles 78, 79 et 80. — Co. 96 *.

83. Ceux qui ont fait faillite ne peuvent être agens de change ni courtiers, s'ils n'ont été réhabilités (b). — Co. 89, 437, 604 *.

84. Les agens de change et courtiers sont tenus d'avoir un livre revêtu des formes prescrites par l'article 11. — Ils sont tenus de consigner dans ce livre, jour par jour, et par ordre de dates, sans ratures, interlignes ni transpositions, et sans abréviations ni chiffres, toutes les conditions des ventes, achats, assurances, négociations, et en général de toutes les opérations faites par leur ministère (c).

(a) Oan. *août* 1681, *liv.* I, *tit.* VII.

Art. 2. Les interprètes et les courtiers conducteurs des maîtres de navire interpréteront dans les siéges d'amirauté privativement à tous autres les déclarations, chartes-parties, connaissemens, contrats et tous actes dont la traduction sera nécessaire.

3. Serviront aussi de truchement à tous étrangers, tant maîtres de navires, que marchands, équipages de vaisseau et autres personnes de mer.

4. Les traductions ne feront foi que lorsque les parties auront convenu d'interprètes, ou qu'ils auront été nommés par les juges.

5. Pourront aussi servir de facteurs aux marchands étrangers dans les affaires de leur commerce.

(b) Oan. *mars* 1673, *tit.* II.

Art. 3. Ceux qui auront obtenu des lettres de répit, fait contrat d'attermolement, ou fait faillite, ne pourront être agens de change ou de banque, ou courtiers de marchandises.

(c) Oan. *mars* 1673, *tit.* III.

Art. 2. Les agens de change et de banque tiendront un livre-journal, dans lequel seront insérées toutes les parties par eux négociées, pour y avoir recours en cas de contestation.

4. Les livres des agens de change et de banque seront cotés, signés et paraphés par l'un des consuls sur chaque feuillet, et mention sera faite dans le premier, du nom de l'agent de change ou de banque, de la qualité du livre, s'il doit servir de journal ou pour la caisse; et si c'est le premier, second ou autre,

85. Un agent de change ou courtier ne peut, dans aucun cas et sous aucun prétexte, faire des opérations de commerce ou de banque pour son compte. — Il ne peut s'intéresser directement ni indirectement, sous son nom, ou sous un nom interposé, dans aucune entreprise commerciale. — Il ne peut recevoir ni payer pour le compte de ses commettans (a). — Co. 74, 86 s.

86. Il ne peut se rendre garant de l'exécution des marchés dans lesquels il s'entremet. — Co. 85 et *la note*, 87.

87. Toute contravention aux dispositions énoncées dans les deux articles précédens entraîne la peine de destitution, et une condamnation d'amende, qui sera prononcée par le tribunal de police correctionnelle, et qui ne peut être au-dessus de trois mille francs, sans préjudice de l'action des parties en dommages et intérêts. — Co. 83. — C. 1149, 1382. — Pr. 126, 128.

88. Tout agent de change ou courtier destitué en vertu de l'article précédent ne peut être réintégré dans ses fonctions.

89. En cas de faillite, tout agent de change ou courtier est poursuivi comme banqueroutier. — Co. 83, 85, 437, 584 s. — P. 404.

90. Il sera pourvu, par des réglemens d'administration publique, à tout ce qui est relatif à la négociation et transmission de propriété des effets publics. — P. 419 – 422.

TITRE SIXIÈME.

DES COMMISSIONNAIRES.

SECTION PREMIÈRE,
Des Commissionnaires en général

91. Le commissionnaire est celui qui agit en son propre nom, ou sous un nom social, pour le compte d'un commettant. — Co. 92 s., 332, 576. — C. 1251 3º, *comp.* 1119, 1372, 1984.

92. Les devoirs et les droits du commissionnaire qui agit dont sera fait mention sur le registre du greffe de la juridiction consulaire, ou de l'hôtel de ville.

(a) ORD. *mars* 1673, *tit.* II.

ART. 1er. Défendons aux agens de banque et de change de faire le change, ou tenir banque pour leur compte particulier, sous leur nom, ou sous des noms interposés, directement ou indirectement, à peine de privation de leur charge, et de quinze cents livres d'amende.

2. Ne pourront aussi les courtiers de marchandises en faire aucun trafic pour leur compte, ni tenir caisse chez eux, ou signer des lettres de change par aval. Pourront néanmoins certifier que la signature des lettres de change est véritable.

ORD. *août* 1681, *liv.* I, *tit.* VII.

ART. 13. Les interprètes et courtiers des maîtres ne pourront faire aucun négoce pour leur compte, ni même acheter aucune chose des maîtres qu'ils serviront, à peine de confiscation des marchandises et d'amende arbitraire.

au nom d'un commettant sont déterminés par le Code civil, livre III, titre XIII. — C. 1984-2010.

93. Tout commissionnaire qui a fait des avances sur des marchandises à lui expédiées d'une autre place pour être vendues pour le compte d'un commettant a privilége, pour le remboursement de ses avances, intérêts et frais, sur la valeur des marchandises, si elles sont à sa disposition, dans ses magasins, ou dans un dépôt public, ou si, avant qu'elles soient arrivées, il peut constater, par un connaissement ou par une lettre de voiture, l'expédition qui lui en a été faite. — Co. 94 s., 576. — C. 1947 s., 2093, 2102 2° 3° 6°.

94. Si les marchandises ont été vendues et livrées pour le compte du commettant, le commissionnaire se rembourse, sur le produit de la vente, du montant de ses avances, intérêts et frais, par préférence aux créanciers du commettant. — Co. 93. — C. 2102 2° 3° 6°.

95. Tous prêts, avances ou paiemens qui pourraient être faits sur des marchandises déposées ou consignées par un individu résidant dans le lieu du domicile du commissionnaire, ne donnent privilége au commissionnaire ou dépositaire qu'autant qu'il s'est conformé aux dispositions prescrites par le Code civil, livre III, titre XVII, pour les prêts sur gages ou nantissemens (1). — Co. 93, 94. — C. 102, 2073 s., 2102.

SECTION II.

Des Commissionnaires pour les transports par terre et par eau.

96. Le commissionnaire qui se charge d'un transport par terre ou par eau est tenu d'inscrire sur son livre-journal la déclaration de la nature et de la quantité des marchandises, et, s'il en est requis, de leur valeur. — Co. 85, 91 s. — C. 1785. — P. 386 4°, 387.

97. Il est garant de l'arrivée des marchandises et effets dans le délai déterminé par la lettre de voiture, hors les cas de la force majeure légalement constatée. — Co. 99, 101-104. — C. 1302, 1315.

98. Il est garant des avaries ou pertes de marchandises et effets, s'il n'y a stipulation contraire dans la lettre de voiture, ou force majeure. — Co. 99, 101 s., 103, 108. — C. 1137, 1302 s., 1784.

99. Il est garant des faits du commissionnaire intermédiaire auquel il adresse les marchandises. — Co. 97 s., 108. — C. 1384, 1994.

100. La marchandise sortie du magasin du vendeur ou de l'expéditeur voyage, s'il n'y a convention contraire, aux risques et périls de celui à qui elle appartient, sauf son recours contre le commissionnaire et le voiturier chargés du transport. — Co. 97 s., 103, 108. — C. 1134, 1138.

101. La lettre de voiture forme un contrat entre l'expéditeur et le voiturier, ou en-

---

(1) L. 6 sept. 1830.

ART. UNIQUE. Les actes de prêts sur dépôts ou consignations de marchandises, fonds publics français, et actions des compa-gnies d'industrie et de finance, dans le cas prévu par l'article 93 du Code de commerce, seront admis à l'enregistrement moyennant le droit fixe de deux francs.

tre l'expéditeur, le commissionnaire et le voiturier. — Co. 102. — C. 1101, 1102, 1184, 1183, 1325.

102. La lettre de voiture doit être datée. — Elle doit exprimer — La nature et le poids ou la contenance des objets à transporter, — Le délai dans lequel le transport doit être effectué. — Elle indique — Le nom et le domicile du commissionnaire par l'entremise duquel le transport s'opère, s'il y en a un, — Le nom de celui à qui la marchandise est adressée, — Le nom et le domicile du voiturier. — Elle énonce — Le prix de la voiture, — L'indemnité due pour cause de retard. — Elle est signée par l'expéditeur ou le commission-

naire. — Elle présente en marge les marques et numéros des objets à transporter. — La lettre de voiture est copiée par le commissionnaire sur un registre coté et paraphé, sans intervalle et de suite (1). — Co. 96, 101, 224, 281 s. — C. 1785.

SECTION III.
Du Voiturier.

103. Le voiturier est garant de la perte des objets à transporter, hors les cas de la force majeure. — Il est garant des avaries autres que celles qui proviennent du vice propre de la chose ou de la force majeure. — Co. 98, 105, 108, 632. — C. 1137, 1315, 1784, 2102 6° — P. 386 4°, 387.

104. Si, par l'effet de la

---

(1) Décr. 3 janv. 1809

Art. 1er. Les lettres de voiture, connaissemens, chartesparties et polices d'assurances, continueront d'être assujettis au timbre de dimension. Les parties, pour rédiger ces actes, pourront se servir de telle dimension de papier timbré qu'elles jugeront convenable, sans être tenues d'employer exclusivement à cet usage du papier frappé du timbre d'un franc.

2. Ne sont point assujettis à se pourvoir de lettres de voitures timbrées, les propriétaires qui font conduire, par leurs voituriers et leurs propres domestiques ou fermiers, les produits de leurs récoltes.

L. 11 juin 1842.

Art. 6. A partir de la promulgation de la présente loi, les lettres de voiture et les connaissemens ne pourront être rédigés que sur du papier timbré fourni par l'administration ou sur du papier timbré à l'extraordinaire

et frappé d'un timbre noir et d'un timbre sec. — Les particuliers qui, dans les départemens autres que celui de la Seine, voudront faire timbrer à l'extraordinaire des papiers destinés aux lettres de voiture ou aux connaissemens, seront admis à les remettre, en payant préalablement les droits au receveur du timbre à l'extraordinaire établi au chef-lieu de chaque département. Ces papiers seront transmis par le directeur à l'administration, qui les fera timbrer et les renverra immédiatement. Les frais de transport seront à la charge de l'administration.

7. Pour toute lettre de voiture ou connaissement, non timbré ou non frappé du timbre noir et du timbre sec, la contravention sera punie d'une amende de trente francs, payable solidairement par l'expéditeur et par le voiturier s'il s'agit d'une lettre de voiture, et par le chargeur et le capitaine s'il s'agit de connaissement.

force majeure, le transport n'est pas effectué dans le délai convenu, il n'y a pas lieu à indemnité contre le voiturier pour cause de retard. — Co. 97, 103. — C. 1315.

105. La réception des objets transportés et le paiement du prix de la voiture éteignent toute action contre le voiturier. — Co. 101 n., 106, 108.

106. En cas de refus ou contestation pour la réception des objets transportés, leur état est vérifié et constaté par des experts nommés par le président du tribunal de commerce, ou, à son défaut, par le juge de paix, et par ordonnance au pied d'une requête. — Le dépôt ou séquestre, et ensuite le transport dans un dépôt public, peut en être ordonné. — La vente peut en être ordonnée en faveur du voiturier, jusqu'à concurrence du prix de la voiture. — Co. 93, 94. — C. 1961

n., 2078, 2102 6°. — Pr. 302 n., 817 n., 1034, 1035.

107. Les dispositions contenues dans le présent titre sont communes aux maîtres de bateaux, entrepreneurs de diligences et voitures publiques. — Co. 91-106, 108 *note*. — C. 1782 n., 1786 *et la note*.

108. Toutes actions contre le commissionnaire et le voiturier, à raison de la perte ou de l'avarie des marchandises, sont prescrites, après six mois pour les expéditions faites dans l'intérieur de la France, et après un an, pour celles faites à l'étranger; le tout à compter, pour les cas de perte, du jour où le transport des marchandises aurait dû être effectué, et pour les cas d'avarie, du jour où la remise des marchandises aura été faite; sans préjudice des cas de fraude ou d'infidélité (1). — Co. 97, 98, 103. — C. 2119.

---

(1) Décr. 13 *août* 1810.

Art. 1er. Les ballots, caisses, malles, paquets et tous autres objets qui auraient été confiés, pour être transportés dans l'intérieur de l'Empire, à des entrepreneurs, soit de roulage, soit de messageries par terre ou par eau, lorsqu'ils n'auront pas été réclamés dans le délai de six mois, à compter du jour de l'arrivée au lieu de leur destination, seront vendus par voie d'enchère publique, à la diligence de la régie de l'enregistrement, et après l'accomplissement des formalités suivantes.

2. A l'expiration du délai qui vient d'être fixé, les entrepreneurs de messageries et de roulage devront faire aux préposés de la régie de l'enregistrement la déclaration des objets qui se trouveront dans le cas de l'article précédent.

3. Il sera procédé par le juge de paix, en présence des préposés de la régie de l'enregistrement et des entrepreneurs de messageries ou de roulage, à l'ouverture et à l'inventaire des ballots, malles, caisses et paquets.

4. Les préposés de la régie de l'enregistrement seront tenus de faire insérer dans les journaux, un mois avant la vente des objets non réclamés, une note indiquant le jour et l'heure fixés pour cette vente, et contenant en outre les détails propres à ménager aux propriétaires de ces objets la faculté de les reconnaître et de les réclamer.

5. Il sera fait un état séparé du produit de ces ventes, pour le cas où il surviendrait, dans

TITRE SEPTIÈME.

DES ACHATS ET VENTES.

109. Les achats et ventes se constatent, — Par actes publics, — Par actes sous signature privée, — Par le bordereau ou arrêté d'un agent de change ou courtier, dûment signé par les parties, — Par une facture acceptée, — Par la correspondance, — Par les livres des parties, — Par la preuve testimoniale, dans le cas où le tribunal croira devoir l'admettre. — Co. 8 ɴ., 12, 76, 78, 80, 82, 84, 152, 250, 286, 339, 415, 632, 633. — C. 1317 ɴ., 1322 ɴ., 1331, 1341, 1353, 1355 ɴ., 1357 ɴ. — Pr. 432. — *Secus* Co. 41, 195, 273, 282, 311, 332.

TITRE HUITIÈME.

DE LA LETTRE DE CHANGE, DU BILLET À ORDRE ET DE LA PRESCRIPTION.

SECTION PREMIÈRE.
De la Lettre de change.

§ Ier.
De la Forme de la Lettre de change.

110. La lettre de change est tirée d'un lieu sur un autre. — Co. 112. — Elle est datée. — Co. 113 ɴ, 139, 446. — P. 147. — Elle énonce — La somme à payer, — Le nom de celui qui doit payer, — L'époque et le lieu où le paiement doit s'effectuer, — Co. 111, 123, 129-135. — La valeur fournie en espèces, en marchandises, en compte, ou de toute autre manière. — Co. 137. — *Secus* C. 1132. — Elle est à l'ordre d'un tiers, ou à l'ordre du tireur lui-même. — Co. 137. — Si elle est par 1re, 2e, 3e, 4e, etc., elle l'exprime (1). — Co. 147 ɴ., 542, 585 3°, 636, 637 (a).

111. Une lettre de change peut être tirée sur un individu, et payable au domicile d'un tiers. — Elle peut être tirée par ordre et pour le compte d'un tiers.

---

un nouveau délai de deux ans à compter du jour de la vente, quelque réclamation susceptible d'être accueillie.

ɴ. Les préposés de la régie de l'enregistrement, et ceux de la régie des droits réunis, sont autorisés, tant pour s'assurer de la sincérité des déclarations ci-dessus prescrites, que pour y suppléer, à vérifier les registres qui doivent être tenus par les entrepreneurs de messageries ou de roulage.

(1) Les lettres de change et billets à ordre doivent être écrits sur papier timbré, sous peine d'amende (L. 24 mai 1834, art 18-21; L. 20 juill. 1837, art. 16).

(a) Ord. mars 1673, tit. V.

Art. 1er. Les lettres de change contiendront sommairement le nom de ceux auxquels le contenu devra être payé, le temps du paiement, le nom de celui qui en a donné la valeur, et si elle a été reçue en deniers, marchandises ou autres effets.

112. Sont réputées simples promesses toutes lettres de change contenant supposition soit de nom, soit de qualité, soit de domicile, soit des lieux d'où elles *sont* tirées ou dans lesquelles elles *sont* payables. — Co. 113, 636, 637. — P. 147, 148.

113. La signature des femmes et des filles non négociantes ou marchandes publiques sur lettres de change ne vaut, à leur égard, que comme simple promesse. — Co. 1, 4, 5, 7, 637. — C. 217, 220, 1426, 2066.

114. Les lettres de change souscrites par des mineurs non négocians sont nulles à leur égard, sauf les droits respectifs des parties, conformément à l'article 1312 du Code civil. — Co. 1-3, 6. — C. 1308, 2064.

§ II.
De la Provision.

115. La provision doit être faite par le tireur, ou par celui pour le compte de qui la lettre de change sera tirée, sans que le *tireur pour compte d'autrui* cesse d'être personnellement obligé *envers les endosseurs et le porteur seulement (a).* — Co. 111, 116 n.

116. Il y a provision, si, à l'échéance de la lettre de change, celui sur qui elle est fournie est redevable au tireur, ou à celui pour compte de qui elle est tirée, d'une somme au moins égale au montant de la lettre de change. — Co. 117.

117. L'acceptation suppose la provision. — Elle en établit la preuve à l'égard des endosseurs. — Co. 136 n. — C. 1350, 1352. — Soit qu'il y ait ou non acceptation, le tireur seul est tenu de prouver, en cas de dénégation, que ceux sur qui la lettre était tirée avaient provision à l'échéance ; sinon il est tenu de la garantir, quoique le protêt ait été fait après les délais fixés. — Co. 115 n., 118 n., 170, 173 n., 189.

§ III.
De l'Acceptation.

118. Le tireur et les endosseurs d'une lettre de change sont garans solidaires de l'acceptation et du paiement à l'échéance. — Co. 119 n., 136 n., 140, 143 n., 160 n., 167. — Co. 1200, 1251 3º.

119. Le refus d'acceptation est constaté par un acte que l'on nomme *protêt faute d'acceptation.* — Co. 120, 126, 163, 173 n.

120. Sur la notification du protêt faute d'acceptation, les endosseurs et le tireur sont respectivement tenus de donner caution pour assurer le paiement de la lettre de change à son échéance, ou d'en effectuer le remboursement avec les frais de protêt et de rechange. — La caution, soit du tireur, soit de l'endosseur, n'est solidaire qu'avec celui qu'elle a cautionné. — C. 1200 n., 2011, 2040, 2041. — Pr. 517 n.

121. Celui qui accepte une lettre de change contracte l'o-

(a) ANCIEN ART. 115.

La provision doit être faite par le tireur ou par celui pour le compte de qui la lettre de change sera tirée, sans que le ti-

reur cesse d'être personnellement obligé.

NOTA. *Cet article a été modifié par l'article 1er de la loi du 19 mars 1817.*

bligation d'en payer le montant. — L'accepteur n'est pas restituable contre son acceptation, quand même le tireur aurait failli à son insu avant qu'il eût accepté. — Co. 118, 140, 148, 449.

122. L'acceptation d'une lettre de change doit être signée. — L'acceptation est exprimée par le mot *accepté*. — Elle est datée, si la lettre est à un ou plusieurs jours ou mois de vue; — Co. 129, 131. — Et, dans ce dernier cas, le défaut de date de l'acceptation rend la lettre exigible au terme y exprimé, à compter de sa date (a).

123. L'acceptation d'une lettre de change payable dans un autre lieu que celui de la résidence de l'accepteur, indique le domicile où le paiement doit être effectué ou les diligences faites. — Co. 173. — C. 111.

124. L'acceptation ne peut être conditionnelle, mais elle peut être restreinte quant à la somme acceptée. — Dans ce cas, le porteur est tenu de faire protester la lettre de change pour le surplus. — Co. 122 *note*, 156, 173 n. — C. 1169.

125. Une lettre de change doit être acceptée à sa présentation, ou, au plus tard, dans les vingt-quatre heures de la présentation. — Après les vingt-quatre heures, si elle n'est pas rendue acceptée ou non acceptée, celui qui l'a retenue est passible de domma-

ges-intérêts envers le porteur. — C. 1149, 1382.

§ IV.
De l'Acceptation par intervention.

126. Lors du protêt faute d'acceptation, la lettre de change peut être acceptée par un tiers intervenant, pour le tireur ou pour l'un des endosseurs. — L'intervention est mentionnée dans l'acte du protêt; elle est signée par l'intervenant. — Co. 119, 127 n., 158 n., 173. — C. 1236.

127. L'intervenant est tenu de notifier sans délai son intervention à celui pour qui il est intervenu.

128. Le porteur de la lettre de change conserve tous ses droits contre le tireur et les endosseurs, à raison du défaut d'acceptation par celui sur qui la lettre était tirée, nonobstant toutes acceptations par intervention. — Co. 118, 160 n.

§ V.
De l'Échéance.

129. Une lettre de change peut être tirée

À vue, — Co. 122, 180.

À un ou plusieurs jours

À un ou plusieurs mois

À une ou plusieurs usances de vue, — Co. 131, 132, 134 n.

À un ou plusieurs jours

À un ou plusieurs mois

à une ou plusieurs usances de date, — Co. 132, 134 n.

À jour fixe ou à jour déterminé,

(a) Ord. *mars* 1673, *tit.* V. Art. 2. Toutes lettres de change seront acceptées par écrit purement et simplement. Abrogeons l'usage de les accepter verbalement, ou par ces mots, *vu*

sans accepté, ou *accepté pour répondre à temps;* et toutes autres acceptations sous condition, lesquelles passeront pour refus; et pourront les lettres être protestées.

en foire. — Co. 133.

130. La lettre de change à vue est payable à sa présentation. — Co. 129, 160 s.

131. L'échéance d'une lettre de change

à un ou plusieurs jours

à un ou plusieurs mois

à une ou plusieurs usances de vue, — est fixée par la date de l'acceptation, ou par celle du protêt faute d'acceptation. — Co. 119, 122, 129, 132, 134, 174.

132. L'usance est de trente jours, qui courent du lendemain de la date de la lettre de change (*a*). — Les mois sont tels qu'ils sont fixés par le calendrier grégorien.

133. Une lettre de change payable en foire est échue la veille du jour fixé pour la clôture de la foire, ou le jour de la foire si elle ne dure qu'un jour. — Co. 129, 161 s.

134. Si l'échéance d'une lettre de change est à un jour férié légal, elle est payable la veille. — Co. 162 *et la note.* — Pr. 1037 *et la note* 3.

135. Tous les délais de grâce, de faveur, d'usage ou d'habitude locale, pour le paiement des lettres de change, sont abrogés. — Co. 157, 161.

§ VI.
De l'Endossement.

136. La propriété d'une lettre de change se transmet par la voie de l'endossement (*b*). — Co. 137 s., 187, 281, 313.

137. L'endossement est daté. — Il exprime la valeur fournie. — Il énonce le nom de celui à l'ordre de qui il est passé (*c*). — Co. 138 s.

138. Si l'endossement n'est pas conforme aux dispositions de l'article précédent, il n'opère pas le transport; il n'est qu'une procuration (*d*). — Co. 137, 574.

139. Il est défendu d'antidater les ordres, à peine de faux (*e*). — P. 147.

§ VII.
De la Solidarité.

140. Tous ceux qui ont signé, accepté ou endossé une lettre de change, sont tenus à la garantie solidaire envers le porteur. — Co. 118, 121,

---

(*a*) Ord. *mars* 1673, *tit.* V.

Art. 3. Les usances pour le paiement des lettres, seront de trente jours, encore que les mois aient plus ou moins de jours.

(*b*) Ord. *mars* 1673, *tit.* V.

Art. 21. Les lettres de change endossées dans les formes prescrites par l'article précédent (Co. 137 *note*), appartiendront à celui du nom duquel l'ordre sera rempli, sans qu'il ait besoin de transport, ni de signification.

(*c*) Ord. *mars* 1673, *tit.* V.

Art. 23. Les signatures au dos des lettres de change ne serviront que d'endossement et non d'ordre, s'il n'est daté, et ne contient le nom de celui qui a payé la valeur en argent, marchandise, ou autrement.

(*d*) Ord. *mars* 1673, *tit.* V.

Art. 25. Au cas que l'endossement ne soit pas dans les formes ci-dessus (Co. 137 *note*), les lettres seront réputées appartenir à celui qui les aura endossées, et pourront être saisies par ses créanciers, et compensées par ses redevables.

(*e*) Ord. *mars* 1673, *tit.* V.

Art. 26. Défendons d'antidater les ordres, à peine de faux.

142 et la note, 160 n., 164, 187, 542. — C. 1200 n.

§ VIII.
De l'Aval.

141. Le paiement d'une lettre de change, indépendamment de l'acceptation et de l'endossement, peut être garanti par un aval. — Co. 142, 187.

142. Cette garantie est fournie, par un tiers, sur la lettre même ou par acte séparé. — Le donneur d'aval est tenu solidairement et par les mêmes voies que les tireur et endosseurs, sauf les conventions différentes des parties (a). — Co. 140, 160 n. — C. 1134, 1200 n., 2011.

§ IX.
Du Paiement.

143. Une lettre de change doit être payée dans la monnaie qu'elle indique (1). — Co. 162, 187, 338. — C. 1243.

144. Celui qui paie une lettre de change avant son échéance est responsable de la validité du paiement. — Co. 146, 161. — C. 1186 n.

145. Celui qui paie une lettre de change à son échéance et sans opposition est présumé valablement libéré. — Co. 149, 161.

146. Le porteur d'une lettre de change ne peut être contraint d'en recevoir le paiement avant l'échéance. — Co. 144. — C. 1187, 1258 4o.

147. Le paiement d'une lettre de change fait sur une seconde, troisième, quatrième, etc., est valable, lorsque la seconde, troisième, quatrième, etc., porte que ce paiement annulle l'effet des autres. — Co. 110, 148, 150 n.

148. Celui qui paie une lettre de change sur une seconde, troisième, quatrième, etc., sans retirer celle sur laquelle se trouve son acceptation, n'opère point sa libération à l'égard du tiers porteur de son acceptation. — Co. 121, 151 n.

149. Il n'est admis d'opposition au paiement qu'en cas de perte de la lettre de change, ou de la faillite du porteur. — Co. 145, 150 n., 457.

150. En cas de perte d'une

(a) Ord. *mars* 1673, *tit.* v. Art. 33. Ceux qui auront mis leur aval sur des lettres de change, sur des promesses d'en fournir, sur des ordres, ou des acceptations, sur des billets de change, ou autres actes de pareille qualité, concernant le commerce, seront tenus solidairement avec les tireurs, prometteurs, endosseurs et accepteurs, encore qu'il n'en soit pas fait mention dans l'aval.

(1) Av. C. d'Ét. 30 *frim. an XIV, sur la question de savoir si les lettres de change sont payables en billets de banque.*

Le conseil d'État est d'avis que la réponse à cette question ne peut souffrir aucune difficulté : le porteur d'une lettre de change a le droit d'exiger son paiement en numéraire. Les billets de la banque, établis pour la commodité du commerce, ne sont que de simple confiance.

Nota. Pour la retenue qui se fait dans le commerce sous le nom de *passe de sacs*, *voyez* Décr. 1er juill. 1809 (C. 1213 note).

Pour l'admission dans les paiemens de la monnaie de cuivre et de billon, *voyez* Décr. 18 août 1810 (C. 1213 note).

lettre de change *non acceptée*, celui à qui elle appartient peut en poursuivre le paiement sur une seconde, troisième, quatrième, etc. (*a*). — Co. 147, 151 n., 175.

151. Si la lettre de change perdue est revêtue de l'acceptation, le paiement ne peut en être exigé sur une seconde, troisième, quatrième, etc., que par ordonnance du juge, et en donnant caution. — Co. 148, 152 *et la note*, 155. — C. 2040, 2041. — Pr. 517 n.

152. Si celui qui a perdu la lettre de change, qu'elle soit acceptée ou non, ne peut représenter la seconde, troisième, quatrième, etc., il peut demander le paiement de la lettre de change perdue, et l'obtenir par l'ordonnance du juge, en justifiant de sa propriété par ses livres, et en donnant caution (*b*). — Co. 8 n., 12, 109, 153 n. — C. 2040, 2041. — Pr. 517 n.

153. En cas de refus de paiement, sur la demande formée en vertu des deux articles précédens, le propriétaire de la lettre de change perdue conserve tous ses droits par un acte de protestation. — Cet acte doit être fait le lende-main de l'échéance de la lettre de change perdue. — Il doit être notifié aux tireur et endosseurs, dans les formes et délais prescrits ci-après pour la notification du protêt. — Co. 161 n. — Pr. 58.

154. Le propriétaire de la lettre de change égarée doit, pour s'en procurer la seconde, s'adresser à son endosseur immédiat, qui est tenu de lui prêter son nom et ses soins pour agir envers son propre endosseur; et ainsi en remontant d'endosseur en endosseur jusqu'au tireur de la lettre. Le propriétaire de la lettre de change égarée supportera les frais.

155. L'engagement de la caution, mentionné dans les articles 151 et 152, est éteint après trois ans, si, pendant ce temps, il n'y a eu ni demandes ni poursuites juridiques (*c*). — Co. 189. — C. 2219, 2244.

156. Les paiemens faits à compte sur le montant d'une lettre de change sont à la décharge des tireurs et endosseurs. — Le porteur est tenu de faire protester la lettre de change pour le surplus. — Co. 124, 173 n. — C. 1244.

157. Les juges ne peuvent

(*a*) Ord. *mars 1673, tit.* v. Art. 18. La lettre payable à un particulier, et non au porteur, ou à ordre, étant adirée, le paiement en pourra être poursuivi et fait en vertu d'une seconde lettre, sans donner caution, et faisant mention que c'est une seconde lettre, et que la première, ou autre précédente, demeurera nulle.

(*b*) Ord. *mars 1673, tit.* v. Art. 19. Au cas que la lettre adirée soit payable au porteur, ou à ordre, le paiement n'en sera fait que par ordonnance du juge, et en baillant caution de garantir le paiement qui en sera fait.

(*c*) Ord. *mars 1673, tit.* v. Art. 20. Les cautions baillées pour l'événement des lettres de change, seront déchargées de plein droit, sans qu'il soit besoin d'aucun jugement, procédure ou sommation, s'il n'en est fait aucune demande pendant trois ans, à compter du jour des dernières poursuites.

accorder aucun délai pour le paiement d'une lettre de change. — Co. 135, 161. — C. 1244.

§ X.
Du Paiement par Intervention.

158. Une lettre de change protestée peut être payée par tout intervenant pour le tireur ou pour l'un des endosseurs. — L'intervention et le paiement seront constatés dans l'acte de protêt ou à la suite de l'acte (a). — Co. 126 *s.*, 159, 174. — C. 1236.

159. Celui qui paie une lettre de change par intervention est subrogé aux droits du porteur, et tenu des mêmes devoirs pour les formalités à remplir. — Co. 160 *s.* — C. 1251. — Si le paiement par intervention est fait pour le compte du tireur, tous les endosseurs sont libérés. — S'il est fait pour un endosseur, les endosseurs subséquens sont libérés. — S'il y a concurrence pour le paiement d'une lettre de change par intervention, celui qui opère le plus de libérations est préféré. — Si celui sur qui la lettre était originairement tirée, et sur qui a été fait le protêt faute d'acceptation, se présente pour la payer, il sera préféré à tous autres. — Co. 119, 158 *et la note.*

§ XI.
Des Droits et Devoirs du Porteur.

160. Le porteur d'une lettre de change tirée du continent et des îles de l'Europe, et payable dans les possessions européennes de la France, soit à vue, soit à un ou plusieurs jours, mois ou usances de vue, doit en exiger le paiement ou l'acceptation dans les six mois de sa date, sous peine de perdre son recours sur les endosseurs, et même sur le tireur, si celui-ci a fait provision. — Le délai est de huit mois pour les lettres de change tirées des Echelles du Levant et des côtes septentrionales de l'Afrique sur les possessions européennes de la France; et réciproquement, du continent et des îles de l'Europe sur les établissemens français aux Echelles du Levant et aux côtes septentrionales de l'Afrique. — Le délai est d'un an pour les lettres de change tirées des côtes occidentales de l'Afrique, jusques et compris le cap de Bonne-Espérance.—Il est aussi d'un an pour les lettres de change tirées du continent et des îles des Indes occidentales sur les possessions européennes de la France; et réciproquement, du continent et des îles de l'Europe sur les possessions françaises ou établissemens français aux côtes occidentales de l'Afrique, au continent et aux îles des Indes occidentales.—Le délai est de deux ans pour les lettres de change tirées du continent et des îles des Indes orientales sur les possessions européennes de la France; et réciproquement, du continent et des îles de l'Europe sur les possessions fran-

---

(a) Ord. *mars* 1673, *tit.* v.

Art. 3. En cas de protêt de la lettre de change, elle pourra être acquittée par tout autre que celui sur qui elle aura été tirée; et au moyen du paiement, il demeurera subrogé en tous les droits du porteur de la lettre, quoiqu'il n'en ait point de transport, subrogation ni ordre.

caises ou établissemens français au continent et aux îles des Indes orientales.—La même déchéance aura lieu contre le porteur d'une lettre de change à vue, à un ou plusieurs jours, mois ou usances de vue, tirée de la France, des possessions ou établissemens français, et payable dans les pays étrangers, qui n'en exigera pas le paiement ou l'acceptation dans les délais ci-dessus prescrits pour chacune des distances respectives (1).—Les délais ci-dessus, de huit mois, d'un an ou de deux ans, sont doubles en cas de guerre maritime. — Les dispositions ci-dessus

ne préjudicieront néanmoins pas aux stipulations contraires qui pourraient intervenir entre le preneur, le tireur, et même les endosseurs (2). — Co. 118 n., 129 n., 143 n., 173 n.

161. Le porteur d'une lettre de change doit en exiger le paiement le jour de son échéance (3). — Co. 130 n., 143 n., 158 n. (a).

162. Le refus de paiement doit être constaté, le lendemain du jour de l'échéance, par un acte que l'on nomme *protêt faute de paiement*. — Si ce jour est un jour férié légal, le protêt est fait le jour suivant (4). — Co. 130 n., 161 *note*, 168 no-

---

(1-2) Cet alinéa et le dernier de cet article ont été ajoutés à l'ancien article 160 en exécution de l'article 2 de la loi du 19 mars 1817. Ce sont là les seules modifications qu'a subies le texte primitif.

(3) L. 6 *therm. an III.*

ART. 1er. Tout *débiteur* de billet à ordre, lettre de change, billet au porteur ou autre effet négociable, dont le porteur ne se sera pas présenté dans les trois jours qui suivront celui de l'échéance, est autorisé à déposer la somme portée au billet, aux mains du receveur de l'enregistrement dans l'arrondissement duquel l'effet est payable.

2. L'acte de dépôt contiendra la date du billet, celle de l'échéance et le nom de celui au bénéfice duquel il aura été originairement fait.

3. Le dépôt consommé, le débiteur ne sera tenu qu'à remettre l'acte de dépôt en échange du billet.

4. La somme déposée sera remise à celui qui représentera l'acte de dépôt, sans autre for-

malité que celle de la remise d'icelui, et de la signature du porteur sur le registre du receveur.

5. Si le porteur ne sait pas écrire, il en sera fait mention sur le registre.

6. Les droits attribués aux receveurs de l'enregistrement pour les présens dépôts, sont fixés à un pour cent. Ils sont dus par le porteur du billet.

(a) ORD. *mars 1813, tit.* V.

ART. 4. Les porteurs de lettres qui auront été acceptées, ou dont le paiement échet à jour certain, seront tenus de les faire payer ou protester dans dix jours après celui de l'échéance.

(4) AV. C. D'ÉT. 13 *mars 1810, approuvé le 20 du même mois.*

Le conseil d'État est d'avis que le 1er janvier doit être considéré comme une des fêtes auxquelles s'applique l'article 162 du Code de commerce; et qu'en conséquence, lorsqu'il y aura refus de paiement d'un effet de commerce échu la veille, cet effet ne pourra être protesté que le 2 janvier.

te 1, 173 »., 184. — Pr. 1037 et la note.

163. Le porteur n'est dispensé du protêt faute de paiement, ni par le protêt faute d'acceptation, ni par la mort ou faillite de celui sur qui la lettre de change est tirée. — Dans le cas de faillite de l'accepteur avant l'échéance, le porteur peut faire protester, et exercer son recours. — Co. 164 »., 173 », 437, 444. — C. 1188. — Pr. 124.

164. Le porteur d'une lettre de change protestée faute de paiement peut exercer son action en garantie, — Ou individuellement contre le tireur et chacun des endosseurs, — Ou collectivement contre les endosseurs et le tireur. — La même faculté existe pour chacun des endosseurs, à l'égard du tireur et des endosseurs qui le précèdent. — Co. 140, 165 ».

165. Si le porteur exerce le recours individuellement contre son cédant, il doit lui en faire notifier le protêt, et, à défaut de remboursement, le faire citer en jugement dans les quinze jours qui suivent la date du protêt, si celui-ci réside dans la distance de cinq myriamètres. — Ce délai, à l'égard du cédant domicilié à plus de cinq myriamètres de l'endroit où la lettre de change était payable, sera augmenté d'un jour par deux myriamètres et demi excédant les cinq myriamètres (a). — Co. 167 ». — Pr. 59, 61, 68-70, 420, 1033.

166. Les lettres de change tirées de France et payables hors du territoire continental de la France, en Europe, étant protestées, les tireurs et endosseurs résidant en France seront poursuivis dans les délais ci-après : — De deux mois pour celles qui étaient payables en Corse, dans l'île d'Elbe ou de Capraja, en Angleterre et dans les États limitrophes de la France ; — De quatre mois pour celles qui étaient payables dans les autres États de l'Europe ; — — De six mois pour celles qui étaient payables aux Échelles du Levant et sur les côtes septentrionales de l'Afrique ; — D'un an pour celles qui étaient payables aux côtes occidentales de l'Afrique, jusques et compris le cap de Bonne-Espérance, et dans les Indes occidentales ; — De deux ans pour celles qui étaient payables dans les Indes orientales. — Ces délais seront observés dans les mêmes proportions pour le recours à exercer contre les tireurs et en-

---

(a) ORD. *mars* 1673, *tit.* V.

ART. 13. Ceux qui auront tiré ou endossé des lettres, seront poursuivis en garantie dans la quinzaine, s'ils sont domiciliés dans la distance de dix lieues, et au-delà, à raison d'un jour pour cinq lieues, sans distinction du ressort des parlemens; savoir : pour les personnes domiciliées dans notre Royaume et hors icelui, les délais seront de deux mois pour les personnes

domiciliées en Angleterre, Flandre ou Hollande ; de trois mois pour l'Italie, l'Allemagne et les cantons suisses ; de quatre mois pour l'Espagne, de six pour le Portugal, la Suède et le Danemark.

14. Les délais ci-dessus seront comptés du lendemain des protêts, jusqu'au jour de l'action en garantie inclusivement, sans distinction des dimanches et jours de fêtes.

dosseurs résidant dans les possessions françaises situées hors d'Europe. — Les délais ci-dessus, de six mois, d'un an et de deux ans, seront doublés en temps de guerre maritime. — Co. 160 v., 165 *et la note*, 167 v.

167. Si le porteur exerce son recours collectivement contre les endosseurs et le tireur, il jouit, à l'égard de chacun d'eux, du délai déterminé par les articles précédens. — Chacun des endosseurs a le droit d'exercer le même recours, ou individuellement, ou collectivement, dans le même délai. — A leur égard, le délai court du lendemain de la date de la citation en justice. — Co. 164 v., 168 v., 189, 631.

168. Après l'expiration des délais ci-dessus, — Pour la présentation de la lettre de change à vue, ou à un ou plusieurs jours ou mois ou usances de vue. — Pour le protêt faute de paiement, — Pour l'exercice de l'action en garantie, — Le porteur de la lettre de change est déchu de tous droits contre les endosseurs (1). — Co. 160-162, 165 v., 169 v. (*a*).

169. Les endosseurs sont également déchus de toute action en garantie contre leurs cédans, après les délais ci-dessus prescrits, chacun en ce qui le concerne. — Co. 164 v., 168 *note*.

170. La même déchéance a lieu contre le porteur et les endosseurs, à l'égard du tireur lui-même, si ce dernier justifie qu'il y avait provision à l'échéance de la lettre de change. — Le porteur, en ce cas, ne conserve d'action que contre celui sur qui la lettre était tirée (*b*). — Co. 115 v., 160 v., 189.

---

(1) Av. C. d'Ét. 3 *janv.* 1814, *approuvé le* 27 *du même mois.*

Le conseil d'État est d'avis, que l'exception tirée de la force majeure est applicable au cas de l'invasion de l'ennemi et des événemens de guerre, pour relever le porteur de lettres de change et de billets à ordre de la déchéance prononcée par le Code de commerce, à défaut de protêt à l'échéance, et de dénonciation aux tireurs et endosseurs dans les délais, et que l'application, selon les cas et les circonstances, appartient à la prudence des juges.

Av. C. d'Ét. 12 *nov.* 1810.

Le conseil d'État est d'avis, qu'il appartient non à l'administration mais aux tribunaux, dans l'exercice de leur juridiction, d'apprécier sous le double rapport du fait et du droit, les circonstances de force majeure qui leur sont signalées, à l'effet de relever, s'il y a lieu, les porteurs de lettres de change des déchéances encourues à défaut de protêt à l'échéance et de dénonciation dans les délais prescrits.

(*a*) Ord. *mars* 1673, *tit.* V. Art. 15. Après les délais ci-dessus (*Voyez* Co. 165 *note*), les porteurs des lettres seront non recevables dans leur action en garantie, et toute autre demande contre les tireurs et endosseurs.

(*b*) Ord. *mars* 1673, *tit.* V. Art. 16. Les tireurs ou endosseurs des lettres seront tenus de prouver, en cas de dénégation, que ceux sur qui elles étaient tirées, leur étaient redevables ou avaient provision au temps qu'elles ont dû être protestées; sinon ils seront tenus de les garantir.

171. Les effets de la déchéance prononcée par les trois articles précédens cessent en faveur du porteur, contre le tireur, ou contre celui des endosseurs qui, après l'expiration des délais fixés pour le protêt, la notification du protêt ou la citation en jugement, a reçu par compte, compensation ou autrement, les fonds destinés au paiement de la lettre de change (*a*). — Co. 168 *n*. — O. 1289 *n*.

172. Indépendamment des formalités prescrites pour l'exercice de l'action en garantie, le porteur d'une lettre de change protestée faute de paiement peut, en obtenant la permission du juge, saisir conservatoirement les effets mobiliers des tireur, accepteurs et endosseurs (*b*). — Co. 164 *n*. — Pr. 417, 557 *n*.

§ XII.
Des Protêts.

173. Les protêts faute d'acceptation ou de paiement sont faits par deux notaires, ou par un notaire et deux témoins, ou par un huissier et deux témoins.

— Le protêt doit être fait — Au domicile de celui sur qui la lettre de change était payable, ou à son dernier domicile connu, — Au domicile des personnes indiquées par la lettre de change pour la payer au besoin, — Au domicile du tiers qui a accepté par intervention; — Le tout par un seul et même acte. — En cas de fausse indication de domicile, le protêt est précédé d'un acte de perquisition (*c*). — Co. 119, 126, 162, 175, 184, 187, 189. — O. 102 *n*. — Pr. 585. — T. 1er, art. 65 § 3 *n*. — Supp. *Notaire*, L. 25 vent. an XI, art. 9; L. 21 juin 1843, art. 1, 3.

174. L'acte de protêt contient — La transcription littérale de la lettre de change, de l'acceptation, des endossemens, et des recommandations qui y sont indiquées, — La sommation de payer le montant de la lettre de change. — Il énonce — La présence ou l'absence de celui qui doit payer, — Les motifs du refus de payer, et l'impuissance ou le refus de signer (*d*).

175. Nul acte, de la part du

(*a*) Ord. *mars* 1673, *tit.* V.
Art. 17. Si depuis le temps réglé pour le protêt, les tireurs ou endosseurs ont reçu la valeur en argent ou marchandise, par compte, compensation ou autrement, ils seront aussi tenus de la garantie.

(*b*) Ord. *mars* 1673, *tit.* V.
Art. 12. Les porteurs pourront aussi, par la permission du juge, saisir les effets de ceux qui auront tiré ou endossé les lettres, encore qu'elles aient été acceptées; même les effets de ceux sur lesquels elles auront été tirées, en cas qu'ils les aient acceptées.

(*c*) Ord. *mars* 1673, *tit.* V.
Art. 8. Les protêts ne pourront être faits que par deux notaires ou un notaire et deux témoins, ou par un huissier ou sergent, même de la justice consulaire, avec deux records, et contiendront le nom et le domicile des témoins ou records.

(*d*) Ord. *mars* 1673, *tit.* V.
Art. 9. Dans l'acte de protêt, les lettres de change seront transcrites avec les ordres et les réponses, s'il y en a; et la copie du tout signée, sera laissée à la partie, à peine de faux; et des dommages intérêts.

porteur de la lettre de change, ne peut suppléer l'acte de protêt, hors le cas prévu par les articles 150 et suivans, touchant la perte de la lettre de change (*a*).

176. Les notaires et les huissiers sont tenus, à peine de destitution, dépens, dommages-intérêts envers les parties, de laisser copie exacte des protêts, et de les inscrire en entier, jour par jour et par ordre de dates, dans un registre particulier, coté, paraphé, et tenu dans les formes prescrites pour les répertoires. — Co. 173, 174. — C. 1149, 1382. — Pr. 71, 1031.

§ XIII.
Du Rechange.

177. Le rechange s'effectue par une retraite. — Co. 178 n.

178. La retraite est une nouvelle lettre de change, au moyen de laquelle le porteur se rembourse sur le tireur, ou sur l'un des endosseurs, du principal de la lettre protestée, de ses frais, et du nouveau change qu'il paie. — Co. 110, 140, 179 n.

179. Le rechange se règle, à l'égard du tireur, par le cours du change du lieu où la lettre de change était payable, sur le lieu d'où elle a été tirée. — Il se règle, à l'égard des endosseurs, par le cours du change du lieu où la lettre de change a été remise ou négociée par eux, sur le lieu où le remboursement s'effectue (*b*). — Co. 72, 76, 110, 120, 181, 183, 185 n.

180. La retraite est accompagnée d'un compte de retour. — Co. 178, 180.

181. Le compte de retour comprend : — Le principal de la lettre de change protestée, — Les frais de protêt et autres frais légitimes, tels que commission de banque, courtage, timbre et ports de lettres. — Il énonce le nom de celui sur qui la retraite est faite, et le prix du change auquel elle est négociée. — Il est certifié par un agent de change. — Dans les lieux où il n'y a pas d'agent de change, il est certifié par deux commerçans. — Il est accompagné de la lettre de change protestée, du protêt, ou d'une expédition de l'acte de protêt. — Dans le cas où la retraite est faite sur l'un des endosseurs, elle est accompagnée, en outre, d'un certificat qui constate le cours du change du lieu où la lettre de change était payable, sur le lieu d'où elle a été tirée (*c*). — Co. 72, 76, 180, 183.

182. Il ne peut être fait plusieurs comptes de retour sur une même lettre de change. — Ce compte de retour est rem-

---

(*a*) Ord. *mars* 1673, *tit.* V. Art. 10. Le protêt ne pourra être suppléé par aucun autre acte.

(*b*) Ord. *mars* 1673, *tit.* VI. Art. 3. Le prix du change sera réglé suivant le cours du lieu où la lettre sera tirée eu égard à celui où la remise sera faite.

(*c*) Ord. *mars* 1673, *tit.* VI. Art. 4. Ne sera dû aucun rechange pour le retour des lettres, s'il n'est justifié par pièces valables, qu'il a été pris de l'argent dans le lieu auquel la lettre aura été tirée; sinon le rechange ne sera que pour la restitution du change avec l'intérêt, les frais du protêt et du voyage.

boursé d'endosseur à endosseur respectivement, et définitivement par le tireur.

183. Les rechanges ne peuvent être cumulés. Chaque endosseur n'en supporte qu'un seul, ainsi que le tireur (*a*).—Co. 179.

184. L'intérêt du principal de la lettre de change protestée faute de paiement est dû à compter du jour du protêt (*b*).—Co. 173, 185.—C. 1153, 1907 *note*, 2277.

185. L'intérêt des frais de protêt, rechange et autres frais légitimes, n'est dû qu'à compter du jour de la demande en justice.—Co. 173, 177, 181, 184 *note*, 631.—C. 1153.

186. Il n'est point dû de rechange, si le compte de retour n'est pas accompagné des certificats d'agens de change ou de commerçans, prescrits par l'article 181.

SECTION II.
Du Billet à ordre.

187. Toutes les dispositions relatives aux lettres de change, et concernant,—l'échéance,—Co. 130 s.—l'endossement,—Co. 136 s.—la solidarité,—Co. 140.—l'aval,—Co. 151 s.—le paiement,—Co. 143 s.—le paiement par intervention,—Co. 158 s.—le protêt,—Co. 173 s.—les devoirs et droits du porteur,—Co. 160 s.—le rechange ou les intérêts,—Co. 177 s.—sont applicables aux billets à ordre, sans préjudice des dispositions relatives aux cas prévus par les articles 636, 637 et 638.—Co. 135 *note*, 189.—C. 1328.

188. Le billet à ordre est daté.—Il énonce—La somme à payer,—Le nom de celui à l'ordre de qui il est souscrit,—L'époque à laquelle le paiement doit s'effectuer,—La valeur qui a été fournie en espèces, en marchandises, en compte, ou de toute autre manière.

SECTION III.
De la Prescription.

189. Toutes actions relatives aux lettres de change, et à ceux des billets à ordre souscrits par des négocians, marchands ou banquiers, ou pour faits de commerce, se prescrivent par cinq ans, à compter du jour du protêt, ou de la dernière poursuite juridique, s'il n'y a eu condamnation, ou si la dette n'a été re-

---

s'il en a été fait, après l'affirmation en justice.

(*a*) Ord. *mars* 1673, *tit.* VI.

Art. 5. La lettre de change, même payable au porteur, ou à ordre, étant protestée, le rechange ne sera dû par celui qui l'aura tirée, que pour le lieu où la remise aura été faite, et non pour les autres lieux où elle aura été négociée; sauf à se pourvoir par le porteur contre les endosseurs, pour le paiement du rechange des lieux où elle aura été négociée, suivant leur ordre.

6. Le rechange sera dû par le tireur des lettres négociées pour les lieux où le pouvoir de négocier est donné par les lettres, et pour tous les autres, si le pouvoir de négocier est indéfini, et pour tous les lieux.

(*b*) Ord. *mars* 1673, *tit.* VI.

Art. 7. L'intérêt du principal et du change sera dû du jour du protêt, encore qu'il n'ait été demandé en justice. Celui du rechange, des frais du protêt et du voyage, ne sera dû que du jour de la demande.

connue par acte séparé. — Néanmoins les prétendus débiteurs seront tenus, s'ils en sont requis, d'affirmer, sous serment, qu'ils ne sont plus redevables; et leurs veuves, héritiers ou ayant-cause, qu'ils estiment de bonne foi qu'il n'est plus rien dû (a).—Co. 1, 135 *note*, 155, 173.—C. 1357 n., 2242 n., 2275, 2278.—Pr. 120, 121. — P. 366.

LIVRE DEUXIÈME.

DU COMMERCE MARITIME.

(Tit. i-viii-ix-x-xi-xiv, lois décrétées le 15 septembre 1807, promulguées le 25.)

TITRE PREMIER.

DES NAVIRES ET AUTRES BATIMENS DE MER.

190. Les navires et autres bâtimens de mer sont meubles. — C. 531. — Néanmoins ils sont affectés aux dettes du vendeur, et spécialement à celles que la loi déclare privilégiées (b). — Co. 191 n., 280.—C. 2095 n., 2120. — Pr. 620.

191. Sont privilégiées, et dans l'ordre où elles sont rangées, les dettes ci-après désignées : — 1º Les frais de justice et autres, faits pour parvenir à la vente et à la distribution du prix; — Co. 193 1º 3º. — C. 2101 1º. — 2º Les droits de pilotage, tonnage, cale, amarrage et bassin ou avant-bassin; — Co. 193 2º. —

(a) Ord. *mars* 1673, tit. v.

Art. 21. Les lettres ou billets de change seront réputés acquittés après cinq ans de cessation de demande et poursuites, à compter du lendemain de l'échéance ou du protêt, ou de la dernière poursuite. Néanmoins les prétendus débiteurs seront tenus d'affirmer, s'ils en sont requis, qu'ils ne sont plus redevables; et leurs veuves, héritiers ou ayant-cause, qu'ils estiment de bonne foi qu'il n'est plus rien dû.

22. Le contenu ès deux articles ci-dessus aura lieu à l'égard des mineurs et des absens.

Nota. L'article 20 établit une prescription de trois ans en faveur des personnes qui ont cautionné des lettres de change.

(b) Ord. *aout* 1681, liv. II, tit. x.

Art. 1er. Tous navires et autres bâtimens de mer seront réputés meubles, et ne seront sujets à retrait lignager ni à aucuns droits seigneuriaux.

2. Seront néanmoins tous vaisseaux affectés aux dettes du vendeur, jusqu'à ce qu'ils aient fait un voyage en mer sous le nom et aux risques du nouvel acquéreur, si ce n'est qu'ils aient été vendus par décret.

8° Les gages du gardien, et frais de garde du bâtiment, depuis son entrée dans le port jusqu'à la vente; — Co. 191 8°. — 4° Le loyer des magasins où se trouvent déposés les agrès et les apparaux; — Co. 191 3°. — 5° Les frais d'entretien du bâtiment et de ses agrès et apparaux, depuis son dernier voyage et son entrée dans le port; — Co. 191 3°. — C. 2102 3°. — 6° Les gages et loyers du capitaine et autres gens de l'équipage employés au dernier voyage; — Co. 191 4°, 195, 271. — 7° Les sommes prêtées au capitaine pour les besoins du bâtiment pendant le dernier voyage, et le remboursement du prix des marchandises par lui vendues pour le même objet; — Co. 191 5°, 195. — C. 2102 3°. — 8° Les sommes dues aux vendeurs, aux fournisseurs et ouvriers employés à la construction, si le navire n'a point encore fait de voyage; et les sommes dues aux créanciers pour fournitures, travaux, main-d'œuvre, pour radoub, victuailles, armement et équipement, avant le départ du navire, s'il a déjà navigué; — Co. 191 6°, 194. — 9° Les sommes prêtées à la grosse sur le corps, quille, agrès, apparaux, pour radoub, victuailles, armement, équipement, avant le départ du navire; — Co. 191 7°, 315, 329. — 10° Le montant des primes d'assurances faites sur le corps, quille, agrès, apparaux, et sur armement et équipement du navire, dues pour le dernier voyage; — Co. 191 8°, 194, 334. — 11° Les dommages-intérêts dus aux affréteurs, pour le défaut de délivrance des marchandises qu'ils ont chargées, ou pour remboursement des avaries souffertes par lesdites marchandises par la faute du capitaine ou de l'équipage. — Co. 191 9°. — C. 1149, 1382. — Les créanciers compris dans chacun des numéros du présent article viendront en concurrence, et au marc le franc, en cas d'insuffisance du prix (a). — U. 2093, 2097. — Pr. 656 u.

192. Le privilège accordé aux dettes énoncées dans le précédent article ne peut être exercé qu'autant qu'elles seront justifiées dans les formes suivantes : — 1° Les frais de justice seront constatés par les états de frais arrêtés par les

----

(a) ORD. aout 1681, liv. I, tit. XIV.

ART. 16. Les loyers des matelots employés au dernier voyage, seront payés par préférence à tous créanciers; après eux, les opposans pour deniers prêtés pour les nécessités du navire pendant le voyage; ensuite, ceux qui auront prêté pour radoub, victuailles et équipement avant le départ; en quatrième lieu, les marchands chargeurs; le tout par concurrence entre les créanciers étant en même degré de privilège.

Et quant aux créanciers chirographaires et autres non privilégiés, ils seront payés suivant les lois et coutumes des lieux où l'adjudication aura été faite.

17. Si le navire vendu n'a point encore fait de voyage, le vendeur, les charpentiers, calfateurs et autres ouvriers employés à la construction, ensemble les créanciers pour les bois, cordages, et autres choses fournies pour le bâtiment, seront payés par préférence à tous créanciers et par concurrence entre eux.

tribunaux compétens ; — Co. 191 1°. — 2° Les droits de tonnage et autres, par les quittances légales des receveurs ; — Co. 191 2°. — 3° Les dettes désignées par les numéros 1, 3, 4 et 5 de l'article 191 seront constatées par des états arrêtés par le président du tribunal de commerce ; — 4° Les gages et loyers de l'équipage, par les rôles d'armement et désarmement arrêtés dans les bureaux de l'inscription maritime ; — Co. 191 6°, 250 n. — 5° Les sommes prêtées et la valeur des marchandises vendues pour les besoins du navire pendant le dernier voyage, par des états arrêtés par le capitaine, appuyés de procès-verbaux signés par le capitaine et les principaux de l'équipage, constatant la nécessité des emprunts ; — Co. 191 7°, 194. — 6° La vente du navire par un acte ayant date certaine, et les fournitures pour l'armement, équipement et victuailles du navire, seront constatées par les mémoires, factures ou états visés par le capitaine et arrêtés par l'armateur, dont un double sera déposé au greffe du tribunal de commerce avant le départ du navire, ou, au plus tard, dans les dix jours après son départ ; — C. 1317, 1319, 1328. — 7° Les sommes prêtées à la grosse sur le corps, quille, agrès, apparaux, armement et équipement, avant le départ du navire, seront constatées par des contrats passés devant notaires, ou sous signature privée, dont les expéditions ou doubles seront déposés au greffe du tribunal de commerce dans les dix jours de leur date ; — Co. 191 9°, 311 n. — 8° Les primes d'assurances seront constatées par les polices ou par les extraits des livres des courtiers d'assurances ; — Co. 79, 84, 191, 10°, 332. — 9° Les dommages-intérêts dus aux affréteurs seront constatés par les jugemens, ou par les décisions arbitrales qui seront intervenues. — Co. 191 11°. — C. 1149, 1382.

193. Les privilèges des créanciers seront éteints, — Indépendamment des moyens généraux d'extinction des obligations, — C. 1234. — Par la vente en justice faite dans les formes établies par le titre suivant ; — Co. 197-215. — Ou lorsqu'après une vente volontaire, le navire aura fait un voyage en mer sous le nom et aux risques de l'acquéreur, et sans opposition de la part des créanciers du vendeur. — Co. 190 *note* (art. 2), 195.

194. Un navire est censé avoir fait un voyage en mer, — Lorsque son départ et son arrivée auront été constatés dans deux ports différens et trente jours après le départ ; — Lorsque, sans être arrivé dans un autre port, il s'est écoulé plus de soixante jours entre le départ et le retour dans le même port, ou lorsque le navire, parti pour un voyage de long cours, a été plus de soixante jours en voyage, sans réclamation de la part des créanciers du vendeur.

195. La vente volontaire d'un navire doit être faite par écrit, et peut avoir lieu par acte public, ou par acte sous signature privée. — Elle peut être faite pour le navire entier, ou pour une portion du navire, — Le navire étant dans le port ou en voyage. — Co. 196, 633. — C. 1317 n., 1322 n., 1582.

196. La vente volontaire

d'un navire en voyage ne préjudicie pas aux créanciers du vendeur. — En conséquence, nonobstant la vente, le navire ou son prix continue d'être le gage desdits créanciers, qui peuvent même, s'ils le jugent convenable, attaquer la vente pour cause de fraude (a). — Co. 190 n. — C. 1167.

TITRE DEUXIÈME.

DE LA SAISIE ET VENTE DES NAVIRES.

197. Tous bâtimens de mer peuvent être saisis et vendus par autorité de justice; et le privilége des créanciers sera purgé par les formalités suivantes (b). — Co. 191, 198 n., 215. — C. 531, 2120. — Pr. 583 n., 620.

198. Il ne pourra être procédé à la saisie que vingt-quatre heures après le commandement de payer (c). — Co. 199, — Pr. 68, 583, 1033.

199. Le commandement devra être fait à la personne du propriétaire ou à son domicile, s'il s'agit d'une action générale à exercer contre lui. — Le commandement pourra être fait au capitaine du navire, si la créance est du nombre de celles qui sont susceptibles de privilége sur le navire; aux termes de l'article 191. — Pr. 68.

200. L'huissier énonce dans le procès-verbal, — Les nom, profession et demeure du créancier pour qui il agit; — Le titre en vertu duquel il procède; — La somme dont il poursuit le paiement; — L'élection de domicile faite par le créancier dans le lieu où siége le tribunal devant lequel la vente doit être poursuivie, et dans le lieu où le navire saisi est amarré; — C. 111. — Pr. 442 et la note. — Les noms du propriétaire et du capitaine; — Le nom, l'espèce et le tonnage du bâtiment. — Il fait l'énonciation et la description des chaloupes, canots, agrès, ustensiles, armes, munitions et provisions. — Pr. 588. — Il établit un gardien. — Co. 198 note. — C. 1962. — Pr. 596. — P. 400. — T. 1er, art. 34.

201. Si le propriétaire du

____

(a) Ord. août 1681, liv. II, tit. X.

Art. 3. La vente d'un vaisseau étant en voyage, ou faite sous seing privé, ne pourra préjudicier aux créanciers du vendeur.

(b) Ord. août 1681, liv. I, tit. XIV.

Art. 1er. Tous navires et autres vaisseaux pourront être saisis et décrétés par autorité de justice; et seront tous priviléges et hypothèques purgés par le décret qui sera fait en la forme ci-après.

(c) Ord. août 1681, liv. I, tit. XIV.

Art. 2. Le sergent, après avoir fait commandement de payer, procédera par saisie du vaisseau, déclarera par son procès-verbal le nom du maître, celui du bâtiment, de son port, ensemble le lieu où il sera amarré, fera inventaire des agrès, ustensiles, armes et munitions, et y établira un gardien solvable.

navire saisi demeure dans l'arrondissement du tribunal, le saisissant doit lui faire notifier, dans le délai de trois jours, copie du procès-verbal de saisie, et le faire citer devant le tribunal, pour voir procéder à la vente des choses saisies. — Pr. 59, 61, 68 n. — Si le propriétaire n'est point domicilié dans l'arrondissement du tribunal, les significations et citations lui sont données à la personne du capitaine du bâtiment saisi, ou, en son absence, à celui qui représente le propriétaire ou le capitaine; et le délai de trois jours est augmenté d'un jour à raison de deux myriamètres et demi de la distance de son domicile.— Co. 165, 199 n. — Pr. 1033.— S'il est étranger et hors de France, les citations et significations sont données ainsi qu'il est prescrit par le Code de procédure civile, art. 69 (a).

202. Si la saisie a pour objet un bâtiment dont le tonnage soit au-dessus de dix tonneaux, — Il sera fait trois criées et publications des objets en vente. — Les criées et publications seront faites consécutivement, de huitaine en huitaine, à la bourse et dans la principale place publique du lieu où le bâtiment est amarré. — L'avis en sera inséré dans un des papiers publics imprimés dans le lieu où siége le tribunal devant lequel la saisie se poursuit; et s'il n'y en a pas, dans l'un de ceux qui seraient imprimés dans le département (b). — Co. 203 n., 207. — Pr. 617, 620.

203. Dans les deux jours qui suivent chaque criée et publication, il est apposé des affiches, — Au grand mât du bâtiment saisi, — A la porte principale du tribunal devant lequel on procède, — Dans la place publique et sur le quai du port où le bâtiment est amarré, ainsi qu'à la bourse de commerce.—Co. 201 et la note, 204 n., 207.

204. Les criées, publications et affiches doivent désigner—Les noms, profession et demeure du poursuivant, — Les titres en vertu desquels il agit, — Le montant de la somme qui lui est due, — L'élection de domicile par lui faite dans le lieu où siége le tribunal, et dans le lieu où le bâtiment est amarré, — Les nom et domicile du propriétaire du navire saisi, —Le nom du bâtiment, et, s'il est armé ou en armement, celui du capitaine, —Le tonnage du navire, —Le lieu où il est gisant ou flottant, — le nom de l'avoué du

---

(a) ORD. *août* 1681, *liv.* I, *tit.* XIV.

ART. 3. Le procès-verbal sera signifié au domicile du saisi, s'il en a dans le ressort, avec assignation pour voir procéder à la vente; et s'il n'a domicile dans le ressort, la signification sera faite, et l'assignation donnée au maître; et si le saisi est étranger et hors du Royaume, le tout sera signifié à notre procureur qui sera tenu d'en donner incessamment avis à notre procureur général.

(b) ORD. *août* 1681, *liv.* I, *tit.* XIV.

ART. 4. Les criées et publications seront faites ensuite par trois dimanches consécutifs à l'issue de la messe paroissiale du lieu où le vaisseau sera amarré, et les affiches seront apposées le lendemain de chaque criée au

poursuivant, — La première mise à prix, — Les jours des audiences auxquelles les enchères seront reçues (a). — Pr. 442 *note*.

205. Après la première criée, les enchères seront reçues le jour indiqué par l'affiche. — Le juge commis d'office pour la vente continue de recevoir les enchères après chaque criée, de huitaine en huitaine, à jour certain fixé par son ordonnance (b).

206. Après la troisième criée, l'adjudication est faite au plus offrant et dernier enchérisseur, à l'extinction des feux, sans autre formalité. — Le juge commis d'office peut accorder une ou deux remises, de huitaine chacune. — Elles sont publiées et affichées (c).

— Co. 202, 209. — Pr. 624.

207. Si la saisie porte sur des barques, chaloupes et autres bâtimens du port de dix tonneaux et au-dessous, l'adjudication sera faite à l'audience, après la publication sur le quai pendant trois jours consécutifs, avec affiche au mât, ou, à défaut, en autre lieu apparent du bâtiment, et à la porte du tribunal. — Il sera observé un délai de huit jours francs entre la signification de la saisie et la vente (d). — Co. 201 s. — Pr. 620, 1039.

208. L'adjudication du navire fait cesser les fonctions du capitaine; sauf à lui à se pourvoir en dédommagement contre qui de droit (e). — Co. 218, 219. — C. 1149, 1382.

209. Les adjudicataires des

grand mât, sur le quai, à la principale porte de l'église et de l'auditoire de l'amirauté, et aux autres lieux accoutumés.

(a) ORD. *aout* 1681, *liv.* I, *tit.* XIV.

ART. 5. Les publications et affiches déclareront aussi le nom du vaisseau saisi et son port, et le lieu où il sera gisant ou flottant, et indiqueront les jours d'audience, auxquels les enchères auront été remises.

(b) ORD. *aout* 1681, *liv.* I, *tit.* XIV.

ART. 6. Il sera procédé à la réception des premières enchères, incontinent après la première criée, au jour désigné par l'affiche, et le juge continuera de les recevoir après chaque criée, de huitaine en huitaine, à jour certain et limité.

(c) ORD. *aout* 1681, *liv.* I, *tit.* XIV.

ART. 7. Après la troisième criée, l'adjudication sera faite

par le juge, au plus offrant et dernier enchérisseur, sans autre formalité.

8. Pourra toutefois le juge accorder une ou deux remises, qui seront publiées et affichées comme les précédentes.

(d) ORD. *aout* 1681, *liv.* I, *tit.* XIV.

ART. 9. L'adjudication des barques, chaloupes et autres bâtimens du port de dix tonneaux et au-dessous, sera faite à l'audience, après trois publications seulement sur le quai à trois divers jours ouvrables consécutifs, pourvu qu'il y ait huit jours francs entre la saisie et la vente.

(e) ORD. *aout* 1681, *liv.* I, *tit.* XIV.

ART. 13. La maîtrise du vaisseau ne pourra être saisie ni vendue, ni aucune opposition à fin de distraction ou de charge être reçue pour raison de ce, et pourront les adjudicataires en

navires de tout tonnage seront tenus de payer le prix de leur adjudication dans le délai de vingt-quatre heures, ou de le consigner, sans frais, au greffe du tribunal de commerce, à peine d'y être contraints par corps. — A défaut de paiement ou de consignation, le bâtiment sera remis en vente, et adjugé trois jours après une nouvelle publication et affiche unique, à la folle enchère des adjudicataires, qui seront également contraints par corps pour le paiement du déficit, des dommages, des intérêts et des frais (a). — Pr. 126, 624. — Supp. *Caisse des dépôts et consignations*, Ord. 3 juillet 1816, art. 1er 6o, 14.

210. Les demandes en distraction seront formées et notifiées au greffe du tribunal avant l'adjudication. — Si les demandes en distraction ne sont formées qu'après l'adjudication, elles seront converties, de plein droit, en opposi-tions à la délivrance des sommes provenant de la vente (b). — Co. 211 s. — Pr. 557 s., 608, 656 s., 725 s.

211. Le demandeur ou l'opposant aura trois jours pour fournir ses moyens. — Le défendeur aura trois jours pour contredire. — La cause sera portée à l'audience sur une simple citation (c). — Co. 210, — Pr. 83.

212. Pendant trois jours après celui de l'adjudication, les oppositions à la délivrance du prix seront reçues; passé ce temps, elles ne seront plus admises (d). — Co. 210. — Pr. 557 s.

213. Les créanciers opposans sont tenus de produire au greffe leurs titres de créance, dans les trois jours qui suivent la sommation qui leur en est faite par le créancier poursuivant ou par le tiers saisi; faute de quoi il sera procédé à la distribution du prix de la vente, sans qu'ils y soient compris (e). — Co. 214. — Pr. 656 s.

---

pourvoir pour son dédommagement, si aucun lui est dû, contre ceux qui l'auront préposé.

(a) Ord. *août 1681, liv.* I, *tit.* XIV.

Art. 10. Les adjudicataires seront tenus, dans les vingt-quatre heures de leur adjudication, d'en payer le prix, sinon de le consigner entre les mains d'un notable bourgeois ou au greffe de l'amirauté, sans frais; et ce temps passé, ils y seront contraints par corps, et le vaisseau sera publié de nouveau à l'issue de la messe paroissiale, et adjugé trois jours après à leur folle enchère.

(b) Ord. *août 1681, liv.* I, *tit.* XIV.

Art. 11. Les oppositions à fin de distraire, seront formées au greffe avant l'adjudication, après laquelle elles seront converties en oppositions pour deniers.

(c) Ord. *août 1681, liv.* I, *tit.* XIV.

Art. 12. Les opposans à fin de distraire seront tenus de bailler leurs moyens d'opposition dans trois jours après qu'elle aura été formée, pour y défendre dans le même délai, et ensuite être la cause portée à l'audience sur un simple acte.

(d) Ord. *août 1681, liv.* I, *tit.* XIV.

Art. 14. Les oppositions pour deniers ne pourront être reçues trois jours après l'adjudication.

(e) Ord. *août 1681, liv.* I, *tit.* XIV.

Art. 15. Les créanciers op-

214. La collocation des créanciers et la distribution de deniers sont faites entre les créanciers privilégiés, dans l'ordre prescrit par l'article 191; et entre les autres créanciers, au marc le franc de leurs créances. — Tout créancier colloqué l'est tant pour son principal que pour les intérêts et frais.

215. Le bâtiment prêt à faire voile n'est pas saisissable, si ce n'est à raison de dettes contractées pour le voyage qu'il va faire; et, même dans ce dernier cas, le cautionnement de ces dettes empêche la saisie. — Co. 231. — Le bâtiment est censé prêt à faire voile lorsque le capitaine est muni de ses expéditions pour son voyage (a).

TITRE TROISIÈME.

DES PROPRIÉTAIRES DE NAVIRES.

216. (Ainsi modifié : *Loi du 14 juin 1841.*) Tout propriétaire de navire est civilement responsable des faits du capitaine, et tenu des engagemens contrac'4s par ce dernier, pour ce qui est relatif au navire et à l'expédition. — Il peut, dans tous les cas, s'affranchir des obligations ci-dessus par l'abandon du navire et du fret. — Toutefois, la faculté de faire abandon n'est point accordée à celui qui est en même temps capitaine et propriétaire ou copropriétaire du navire. Lorsque le capitaine ne sera que copropriétaire, il ne sera responsable des engagemens contractés par lui, pour ce qui est relatif au navire et à l'expédition, que dans la proportion de son intérêt (b). — Co. 191, 203, 221 s., 298, 353, 369 s., 405, 407. — C. 1384.

217. Les propriétaires des navires équipés en guerre ne seront toutefois responsables des délits et déprédations commis en mer par les gens de guerre qui sont sur leurs navires, ou par les équipages, que jusqu'à concurrence de la somme pour laquelle ils auront donné caution, à moins qu'ils n'en soient participans ou

posans seront tenus, trois jours après la sommation qui leur en sera faite, de donner leurs causes d'opposition, et de produire les titres de leur créance au greffe, pour y répondre trois jours après, et ensuite être procédé à la distribution du prix.

(a) Ord. d'août 1681, liv. I, tit. XIV.

Art. 18. Les intéressés au navire dont on saisira quelque portion lorsqu'il sera prêt à faire voile, pourront le faire naviguer, en donnant caution jusqu'à con-

currence de l'estimation qui sera faite de la portion saisie.

(b) Ancien art. 216. Tout propriétaire de navire est civilement responsable des faits du capitaine pour ce qui est relatif au navire et à l'expédition. — La responsabilité cesse par l'abandon du navire et du fret. Ord. août 1681, liv. II, tit. VIII.

Art. 2. Les propriétaires de navires seront responsables des faits du maître; mais ils en demeureront déchargés en abandonnant leur bâtiment et le fret.

complices (1). — Co. 223 (a).

218. Le propriétaire peut congédier le capitaine. — Il n'y a pas lieu à indemnité, s'il n'y a convention par écrit (b). — Co. 208, 219. — C. 1134.

219. Si le capitaine congédié est copropriétaire du navire, il peut renoncer à la copropriété, et exiger le remboursement du capital qui la représente. — Le montant de ce capital est déterminé par des experts convenus ou nommés d'office. — Co. 218 *et la note*, 414. — Pr. 802 x.

220. En tout ce qui concerne l'intérêt commun des propriétaires d'un navire, l'avis de la majorité est suivi. — C. 410. — La majorité se détermine par une portion d'intérêt dans le navire, excédant la moitié de sa valeur. — La licitation du navire ne peut être accordée que sur la demande des propriétaires, formant ensemble la moitié de l'intérêt total dans le navire, s'il n'y a, par écrit, convention contraire (c). — C. 815, 1134, 1686 x.

TITRE QUATRIÈME.

DU CAPITAINE.

221. Tout capitaine, maître ou patron, chargé de la conduite d'un navire ou autre bâtiment, est garant de ses fautes, même légères, dans l'exercice de ses fonctions. — Co.

---

(1) Art. 2 *prair. an XI.*

Art. 20. Tout armateur de bâtimens armés en course, ou en guerre et marchandises, sera tenu de fournir un cautionnement par écrit de la somme de trente-sept mille francs. — Et si l'état-major et la mestrance, l'équipage et la garnison comprennent en tout plus de deux cent cinquante hommes, le cautionnement sera de soixante-quatorze mille francs. — Dans ce dernier cas le cautionnement sera fourni solidairement par l'armateur, deux cautions non intéressées dans l'armement, et par le capitaine.

(a) Ord. *aout* 1681, *liv.* II, *tit.* VIII.

Art. 3. Ne seront toutefois les propriétaires des navires équipés en guerre, responsables des délits et déprédations commis en mer par les gens de guerre étant sur leurs vaisseaux, ou par les équipages, sinon jusqu'à concurrence de la somme pour laquelle ils auront donné caution, si ce n'est qu'ils en soient participans ou complices.

(b) Ord. *aout* 1681, *liv.* II, *tit.* VIII.

Art. 4. Pourront tous propriétaires de navires congédier le maître en le remboursant, s'il le requiert, de la part qu'il aura au vaisseau, au dire de gens à ce connaissant.

(c) Ord. *aout* 1681, *liv.* II, *tit.* VIII.

Art. 5. En tout ce qui concerne l'intérêt commun des propriétaires, l'avis du plus grand nombre sera suivi, et sera réputé le plus grand nombre celui des intéressés qui auront la plus grande part au vaisseau.

6. Aucun ne pourra contraindre son associé de procéder à la licitation d'un navire commun,

208, 216, 218, 219, 230, 250 s., 293, 405, 407, 433-436. — O. 1881 s., 1992.

222. Il est responsable des marchandises dont il se charge (a). — Il en fournit une reconnaissance. — Cette reconnaissance se nomme *connaissement*. — Co. 226, 228 s., 281 s., 293, 420.

223. Il appartient au capitaine de former l'équipage du vaisseau, et de choisir et louer les matelots et autres gens de l'équipage; ce qu'il fera néanmoins de concert avec les propriétaires, lorsqu'il sera dans le lieu de leur demeure (b).— Co. 250 s.

224. Le capitaine tient un registre coté et paraphé par l'un des juges du tribunal de commerce, ou par le maire ou son adjoint dans les lieux où il n'y a pas de tribunal de commerce. — Ce registre contient — Les résolutions prises pendant le voyage, — La recette et la dépense concernant le navire, et généralement tout ce qui concerne le fait de sa charge, et tout ce qui peut donner lieu à un compte à rendre, à une demande à former (c). — Co. 218, 242.

225. Le capitaine est tenu, avant de prendre charge, de faire visiter son navire, aux termes et dans les formes prescrites par les réglemens.— Le procès-verbal de visite est déposé au greffe du tribunal de commerce; il en est délivré extrait au capitaine (d).— Co. 226, 228, 297.

226. Le capitaine est tenu d'avoir à bord—L'acte de propriété du navire, — L'acte de francisation (1),— Le rôle d'équipage, — Les connaissemens

---

si ce n'est que les avis soient également partagés sur l'entreprise de quelque voyage.

(a) Ord. *aout* 1681, *liv.* II, *tit.* 1er.

Art. 9. Demeurera responsable (*le capitaine, maitre ou patron*) de toutes les marchandises chargées dans son bâtiment, dont il sera tenu de rendre compte, sur le pied des connaissemens.

(b) Ord. *aout* 1681, *liv.* II, *tit.* 1er.

Art. 5. Appartiendra au maitre de faire l'équipage du vaisseau, et de choisir et louer les pilote, contre-maitre, matelots et compagnons; ce qu'il fera néanmoins de concert avec les propriétaires, lorsqu'il sera dans le lieu de leur demeure.

(c) Ord. *aout* 1681, *liv.* II, *tit.* 1er.

Art. 10. Sera tenu d'avoir un registre ou journal coté et paraphé en chaque feuillet par l'un des principaux intéressés au bâtiment, sur lequel il écrira le jour qu'il aura été établi maitre, le nom des officiers et matelots de l'équipage, le prix et les conditions de leur engagement, les paiemens qu'il leur fera, sa recette et sa dépense concernant le navire, et généralement tout ce qui regarde le fait de sa charge, ou pour raison de quoi il aura quelque compte à rendre, ou quelque demande à faire.

(d) Ord. *aout* 1681, *liv.* I, *tit.* V.

Art. 7. Les maitres, capitaines et patrons seront tenus de souffrir la visite de leurs bâtimens, à peine d'amende arbitraire.

(1) Décr. 27 *vendém.* an II.

Art. 12. Aucun Français résidant en pays étranger ne pour-

et chartes-parties, — Les procès-verbaux de visite, — Les acquits de paiement ou à caution des douanes (1). — C. 225, 228,

ra être propriétaire, en totalité ou en partie, d'un bâtiment français, s'il n'est pas associé d'une maison de commerce française, faisant le commerce en France ou possession de France, et s'il n'est pas prouvé, par le certificat du consul de France dans le pays étranger où il réside, qu'il n'a point prêté serment de fidélité à cet État, et qu'il s'y est soumis à la juridiction consulaire de France (*Voyez ci-dessous* L. 9 juin 1845, art. 11).

13. Le serment à prêter par le propriétaire avant la délivrance des congé et acte de francisation, sera en cette forme: «(*Le nom, état, domicile*), jure et affirme que (*le nom du bâtiment, du port auquel appartient le bâtiment*), est un (*espèce, tonnage du bâtiment et description, suivant le certificat du mesureur vérificateur*), a été construit à (*lieu de construction*), en (*année de construction*) ; (*s'il a été pris ou confisqué, ou perdu sur la côte, exprimer le lieu, le temps des jugement et vente*) ; que je suis seul propriétaire dudit bâtiment, ou conjointement avec (*nom, état, domicile des intéressés*), et qu'aucune autre personne quelconque n'y a droit, titre, intérêt, portion ou propriété ; que je suis citoyen de France, soumis et fidèle à la constitution des Français, ainsi que les associés ci-dessus (*s'il y en a*) ; qu'aucun étranger n'est directement ou indirectement intéressé dans le susdit bâtiment (*Voyez ci-dessous* L. 9 juin 1845, art. 11).

L. 9 juin 1845.

Art. 11. L'article 2 de la loi du 21 septembre 1793 est abrogé dans la disposition qui porte qu'aucun bâtiment ne sera réputé français, s'il n'appartient entièrement à des Français. — Toutefois la moitié au moins de la propriété devra appartenir à des Français. — Les articles 12 et 13 de la loi du 27 vendém. an 11 sont modifiés conformément aux dispositions des paragraphes précédens.

(1) Déca. 27 *vendémiaire an II.*

Art. 9. Les bâtimens de trente tonneaux et au-dessus auront un congé où seront la date et le numéro de l'acte de francisation, qui exprimera les noms, état, domicile du propriétaire, et son affirmation qu'il est seul propriétaire (ou conjointement avec des Français dont il indiquera les noms, état et domicile), le nom du bâtiment, du port auquel il appartient, le temps et le lieu où le bâtiment a été construit, ou condamné, ou adjugé ; le nom du vérificateur, qui certifiera que le bâtiment est de construction.... ; qu'il a... mâts... ponts ; que sa longueur, de l'éperon à l'étambot, est de ..pieds... pouces ; sa plus grande largeur de.. pieds... pouces ; que sa hauteur entre les ponts est de..... pieds.. pouces (s'il n'y a qu'un pont) ; que la profondeur de la cale est de... pieds.... pouces ; qu'il mesure... tonneaux ; qu'il est un brick, ou navire ou bateau, qu'il a ou n'a pas de galerie en tête.

10. Ces congés et actes de francisation seront délivrés au bureau du port ou district, auquel appartient le bâtiment.

230, 273 n., 281 n., 286 n. (a).

227. Le capitaine est tenu d'être en personne dans son navire, à l'entrée et à la sortie des ports, havres ou rivières (b). — Co. 228, 241.

228. En cas de contravention aux obligations imposées par les quatre articles précédens, le capitaine est responsable de tous les événemens envers les intéressés au navire et au chargement. — Co. 230, 257.

229. Le capitaine répond également de tout le dommage qui peut arriver aux marchandises qu'il aurait chargées sur le tillac de son vaisseau sans le consentement par écrit du chargeur. — Cette disposition n'est point applicable au petit cabotage (1). — Co. 222, 230, 411 (c).

230. La responsabilité du capitaine ne cesse que par la preuve d'obstacles de force majeure. — Co. 1148, 1302, 1784.

231. Le capitaine et les gens de l'équipage qui sont à bord, ou qui sur les chaloupes se rendent à bord pour faire voile, ne peuvent être arrêtés pour dettes civiles, si ce n'est à raison de celles qu'ils auront contractées pour le voyage; et même, dans ce dernier cas, ils ne peuvent être arrêtés, s'ils donnent caution (d). — Co. 215. — C. 2040, 2041, 2070. — Pr. 517 n.

232. Le capitaine, dans le lieu de la demeure des propriétaires ou de leurs fondés de pouvoir, ne peut, sans leur autorisation spéciale, faire travailler au radoub du bâtiment, acheter des voiles, cordages et autres choses pour le bâtiment, prendre à cet effet de leur bâtiment, lorsqu'ils sortiront de quelque port, havre ou rivière.

(a) Ord. août 1681, liv. III, tit. IX.

Art. 6. Seront encore de bonne prise les vaisseaux avec leur chargement, dans lesquels il ne sera trouvé chartes-parties, connaissemens, ni factures: faisons défenses à tous capitaines, officiers et équipages des vaisseaux preneurs de les soustraire, à peine de punition corporelle.

13. Défendons à tous capitaines de vaisseaux armés en guerre d'arrêter ceux de nos sujets, amis ou alliés qui auront amené leurs voiles, et représenté leur charte-partie ou police de chargement, et d'y prendre ou souffrir être pris aucune chose, à peine de la vie.

(b) Ord. août 1681, liv. II, tit. 1er.

Art. 13. Les maîtres seront tenus, sous peine d'amende arbitraire, d'être en personne dans

(1) Pour le petit cabotage, voyez Ord. 18 oct. 1740; Arr. 11 vent. an XI (5 mars 1803), Ord. 12 fév. 1815.

(c) Ord. août 1681, liv. II, tit. 1er.

Art. 12. Faisons défenses aux maîtres et patrons de charger aucunes marchandises sur le tillac de leurs vaisseaux, sans l'ordre ou consentement des marchands, à peine de répondre en leur nom de tout le dommage qui en pourrait arriver.

(d) Ord. août 1681, liv. II, tit. 1er.

Art. 14. Défendons d'arrêter pour dettes civiles, les maîtres, patrons, pilotes et matelots, étant à bord pour faire voile, si ce n'est pour les dettes qu'ils auront contractées pour le voyage.

l'argent sur le corps du navire, ni fréter le navire (a). — Co. 236, 831.

233. Si le bâtiment était frété du consentement des propriétaires, et que quelques-uns d'eux fissent refus de contribuer aux frais nécessaires pour l'expédier, le capitaine pourra, en ce cas, vingt-quatre heures après sommation faite aux refusans de fournir leur contingent, emprunter à la grosse pour leur compte sur leur portion d'intérêt dans le navire, avec autorisation du juge (b). — Co. 833.

234. (*Ainsi modifié : Loi du 14 juin 1841.*) Si, pendant le cours du voyage, il y a nécessité de radoub, ou d'achat de victuailles, le capitaine, après l'avoir constaté par un procès-verbal signé des principaux de l'équipage, pourra, en se faisant autoriser en France par le tribunal de commerce, ou, à défaut, par le juge de paix, chez l'étranger par le consul français, ou, à défaut, par le magistrat des lieux, emprunter sur le corps et quille du vaisseau, mettre en gage ou vendre des marchandises jusqu'à concurrence de la somme que les besoins constatés exigent. — Les propriétaires, ou le capitaine qui les représente, tiendront compte des marchandises vendues, d'après le cours des marchandises de même nature et qualité dans le lieu de la décharge du navire, à l'époque de son arrivée. — Co. 72. — L'affréteur unique ou les chargeurs divers, qui seront tous d'accord, pourront s'opposer à la vente ou à la mise en gage de leurs marchandises, en les déchargeant et en payant le fret en proportion de ce que le voyage est avancé. A défaut du consentement d'une partie des chargeurs, celui qui voudra user de la faculté de déchargement sera tenu du fret entier sur ses marchandises (1). — Co. 72, 191 7°, 236, 249, 298, 400 8° (c).

(a) Ord. *août 1681, liv.* II, *tit.* 1er.

Art. 17. Ne pourra (*le capitaine, maître ou patron*), dans le lieu de la demeure des propriétaires, faire travailler au radoub du navire, acheter voiles, cordages, ou autres choses pour le bâtiment, ni prendre pour cet effet argent sur le corps du vaisseau, si ce n'est de leur consentement, à peine de payer en son nom.

Liv. III, tit. 1er, art. 2 Le maître sera tenu de suivre l'avis des propriétaires du vaisseau quand il l'affrétera dans le lieu de leur demeure.

(b) Ord. *août 1681, liv.* II, *tit.* 1er.

Art. 18. Si toutefois le navire était affrété du consentement des propriétaires, et qu'aucuns d'eux fissent refus de contribuer aux frais nécessaires pour mettre le bâtiment dehors, le maître pourra en ce cas emprunter à grosse aventure pour le compte et sur la part des refusans, vingt-quatre heures après leur avoir fait sommation par écrit de fournir leur portion.

(1) Ce dernier alinéa a été ajouté à l'ancien article 234, en exécution de l'article 1er de la loi du 11 juin 1841.

(c) Ord. *août 1681, liv.* II, *tit.* 1er.

Art. 19. Pourra aussi (*le maître*), pendant le cours de son voyage, prendre deniers sur le

235. Le capitaine, avant son départ d'un port étranger ou des colonies françaises pour revenir en France, sera tenu d'envoyer à ses propriétaires, ou à leurs fondés de pouvoir, un compte signé de lui, contenant l'état de son chargement, le prix des marchandises de sa cargaison, les sommes par lui empruntées, les noms et demeures des prêteurs (*a*).

236. Le capitaine qui aura, sans nécessité, pris de l'argent sur le corps, avitaillement ou équipement du navire, engagé ou vendu des marchandises ou des victuailles, ou qui aura employé dans ses comptes des avaries et des dépenses supposées, sera responsable envers l'armement, et personnellement tenu du remboursement de l'argent ou du paiement des objets, sans préjudice de la poursuite criminelle, s'il y a lieu (*b*). — Co. 234.

237. Hors le cas d'innavigabilité légalement constatée, le capitaine ne peut, à peine de nullité de la vente, vendre le navire sans un pouvoir spécial des propriétaires. — Co. 234 *note* O, 241, 369, 390 *s.* — C. 1987 *s.*

238. Tout capitaine de navire, engagé pour un voyage, est tenu de l'achever, à peine de tous dépens, dommages et intérêts envers les propriétaires et les affréteurs (*c*). — Co. 241, 252 *s.* — C. 1149, 1991.

239. Le capitaine qui navigue à profit commun sur le chargement, ne peut faire aucun trafic ni commerce pour son compte particulier, s'il n'y

---

corps et quille du vaisseau, pour radoub, victuailles et autres nécessités du bâtiment; même mettre des apparaux en gage ou vendre des marchandises de son chargement, à condition d'en payer le prix sur le pied que le reste sera vendu · le tout par l'avis des contre-maître et pilote qui attesteront sur le journal la nécessité de l'emprunt et de la vente, et la qualité de l'emploi; sans qu'en aucun cas il puisse vendre le vaisseau, qu'en vertu de procuration spéciale des propriétaires.

(*a*) Ord. *août* 1681, *liv.* II, *tit.* 1er.

Art. 30. Seront tenus, sous pareille peine (*à peine de la privation de la maîtrise et de leur part au profit*), de donner avant leur départ aux propriétaires du bâtiment, un compte signé d'eux, contenant l'état et le prix des marchandises de leur

chargement, les sommes par eux empruntées, et les noms et demeures des prêteurs.

(*b*) Ord. *août* 1681, *liv.* II, *tit.* 1er.

Art. 20. Le maître qui aura pris, sans nécessité, de l'argent sur le corps, avictuaillement ou équipement du vaisseau, vendu des marchandises, engagé des apparaux ou employé dans ses mémoires des avaries et dépenses supposées, sera tenu de payer en son nom, déclaré indigne de la maîtrise, et banni du port de sa demeure ordinaire.

(*c*) Ord. *août* 1681, *liv.* II, *tit.* 1er.

Art. 21. Les maîtres frétés pour faire un voyage seront tenus de l'achever, à peine des dommages et intérêts des propriétaires et marchands, et d'être procédé extraordinairement contre eux, s'il y échet.

à convention contraire (*a*). — Co. 240, 251.

240. En cas de contravention aux dispositions mentionnées dans l'article précédent, les marchandises embarquées par le capitaine pour son compte particulier sont confisquées au profit des autres intéressés. — Co. 239 *note*.

241. Le capitaine ne peut abandonner son navire pendant le voyage, pour quelque danger que ce soit, sans l'avis des officiers et principaux de l'équipage; et, en ce cas, il est tenu de sauver avec lui l'argent et ce qu'il pourra des marchandises les plus précieuses de son chargement, sous peine d'en répondre en son propre nom. — Co. 227, 237, 246 **n.**, 410 **n.** — Si les objets ainsi tirés du navire sont perdus par quelque cas fortuit, le capitaine en demeurera déchargé (*b*). — C. 1148, 1302.

242. Le capitaine est tenu, dans les vingt-quatre heures de son arrivée, de faire viser son registre, et de faire son rapport. — Co. 224. — Le rapport doit énoncer, — Le lieu et le temps de son départ, — La route qu'il a tenue, — Les hasards qu'il a courus, — Les desordres arrivés dans le navire, et toutes les circonstances remarquables de son voyage (*c*). — Co. 243 **n.** — T. 4e, art. 1 13°.

243. Le rapport est fait au greffe, devant le président du tribunal de commerce.—Dans les lieux où il n'y a pas de tribunal de commerce, le rapport est fait au juge de paix de l'arrondissement. — Le juge de paix qui a reçu le rapport est tenu de l'envoyer, sans délai, au président du tribunal de commerce le plus voisin. — Dans l'un et l'autre cas, le dépôt en est fait au greffe du

---

(*a*) ORD. *aout* 1681, *liv.* II, *tit.* 1er.

ART. 23. Les maîtres et patrons qui naviguent à profit commun, ne pourront faire aucun négoce séparé, pour leur compte particulier, à peine de confiscation de leurs marchandises au profit des autres intéressés.

(*b*) ORD. *aout* 1681, *liv.* II, *tit.* 1er.

ART. 26. Leur faisons défenses (*aux capitaines*) d'abandonner leur bâtiment pendant le voyage, pour quelque danger que ce soit, sans l'avis des principaux officiers et matelots; et en ce cas, ils seront tenus de sauver avec eux l'argent, et ce qu'ils pourront des marchandises les plus précieuses de leur chargement, à peine d'en répondre en leur nom et de punition corporelle.

27. Si les effets ainsi tirés du vaisseau sont perdus par quelque cas fortuit, le maître en demeurera déchargé.

(*c*) ORD. *aout* 1681, *liv.* I, *tit.* X.

ART. 4. Tous maîtres et capitaines de navires seront tenus de faire leur rapport au lieutenant de l'amirauté, vingt-quatre heures après leur arrivée au port, à peine d'amende arbitraire.

5. Le maître faisant son rapport, représentera son congé, et déclarera le lieu et le temps de son départ, le port et le chargement de son navire, la route qu'il aura tenue, les hasards qu'il aura courus, les desordres arrivés dans son vaisseau, et toutes les circonstances considérables de son voyage.

tribunal de commerce. — T. 4e, art. 1130.

244. Si le capitaine aborde dans un port étranger, il est tenu de se présenter au consul de France, de lui faire un rapport, et de prendre un certificat constatant l'époque de son arrivée et de son départ, l'état et la nature de son chargement (a).

245. Si, pendant le cours du voyage, le capitaine est obligé de relâcher dans un port français, il est tenu de déclarer au président du tribunal de commerce du lieu les causes de sa relâche. — Dans les lieux où il n'y a pas de tribunal de commerce, la déclaration est faite au juge de paix du canton. — Si la relâche forcée a lieu dans un port étranger, la déclaration est faite au consul de France, ou, à son défaut, au magistrat du lieu (b). — T. 4e, art. 1140.

246. Le capitaine qui a fait naufrage, et qui s'est sauvé seul ou avec partie de son équipage, est tenu de se présenter devant le juge du lieu, ou, à défaut de juge, devant toute autre autorité civile, d'y faire son rapport, de le faire vérifier par ceux de son équipage qui se seraient sauvés et se trouveraient avec lui, et d'en lever expédition. — Co. 245 *note* (art. 6), 247 s., 258, 298, 302, 327, 350, 369. — T. 4e, art. 1150.

247. Pour vérifier le rapport du capitaine, le juge reçoit l'interrogatoire des gens de l'équipage, et, s'il est possible, des passagers, sans préjudice des autres preuves. — Les rapports non vérifiés ne sont point admis à la décharge du capitaine, et ne font point foi en justice, excepté dans le cas où le capitaine naufragé s'est sauvé seul dans le lieu où il a fait son rapport. — La preuve des faits contraires est réservée aux parties (c). — Co. 246. — Pr. 256 s.

(a) ORD. *aout* 1681, *liv.* I, *tit.* IX.

ART. 22. Les maîtres qui aborderont les ports où il y a des consuls de la nation française, seront tenus, en arrivant, de leur représenter leurs congés, de faire rapport de leurs voyages, et de prendre d'eux, en partant, un certificat du temps de leur arrivée et départ, et de l'état et qualité de leur chargement.

(b) ORD. *aout* 1681, *liv.* I, *tit.* X.

ART. 6. Si pendant le voyage il (*le maître*) est obligé de relâcher en quelque port, il déclarera au lieutenant de l'amirauté du lieu la cause de son relâchement, et lui représentera son congé, sans être tenu d'en prendre un autre pour se remettre en mer.

Liv. II, tit. 1er, art. 24. Défendons aux maîtres, à peine de punition exemplaire, d'entrer sans nécessité dans aucun havre étranger; et en cas qu'ils y fussent poussés par la tempête ou chassés par les pirates, ils seront tenus d'en partir et de faire voile au premier temps propre.

35. Si le maître fait fausse route, commet quelque larcin, souffre qu'il en soit fait dans son bord, ou donne frauduleusement lieu à l'altération ou confiscation des marchandises ou du vaisseau, il sera puni corporellement.

(c) ORD. *aout* 1681, *liv.* I, *tit.* X.

ART. 7. La vérification des

248. Hors les cas de péril imminent, le capitaine ne peut décharger aucune marchandise avant d'avoir fait son rapport, à peine de poursuites extraordinaires contre lui (a).—Co. 242.

249. Si les victuailles du bâtiment manquent pendant le voyage, le capitaine, en prenant l'avis des principaux de l'équipage, pourra contraindre ceux qui auront des vivres en particulier de les mettre en commun, à la charge de leur en payer la valeur (b). — Co. 191 7°, 224.

TITRE CINQUIÈME.

DE L'ENGAGEMENT ET DES LOYERS DES MATELOTS ET GENS DE L'ÉQUIPAGE.

250. Les conditions d'engagement du capitaine et des hommes d'équipage d'un navire sont constatées par le rôle d'équipage, ou par les conventions des parties (c). — Co. 191 6°, 192 4°, 226, 433 s., 633.

251. Le capitaine et les gens de l'équipage ne peuvent, sous aucun prétexte, charger dans le navire aucune marchandise pour leur compte, sans la permission des propriétaires et sans en payer le fret, s'ils n'y sont autorisés par l'engagement (d). — Co. 239, 240. — C. 1134.

252. Si le voyage est rompu par le fait des propriétaires, capitaine ou affréteurs, avant le départ du navire, les matelots loués au voyage ou

---

rapports pourra être faite par la déposition des gens de l'équipage, sans préjudice des autres preuves.

8. Les officiers de l'amirauté ne pourront contraindre les maîtres de vérifier leur rapport: mais les rapports non vérifiés ne feront point de foi pour la décharge des maîtres.

(a) Ord. août 1681, *liv.* I, *tit.* X.

Art. 9. Faisons défenses aux maîtres de décharger aucunes marchandises après leur arrivée, avant que d'avoir fait leur rapport, si ce n'est en cas de péril imminent, à peine de punition corporelle contre les maîtres, et de confiscation des marchandises contre les marchands qui auront fait faire la décharge.

(b) Ord. août 1681, *liv.* II, *tit.* 1er.

Art. 31. Si les victuailles du vaisseau manquent dans le voyage, le maître pourra contraindre ceux qui auront des vivres en particulier, de les mettre en commun, à la charge de leur en payer le prix.

(c) Ord. août 1681, *liv.* III, *tit.* IV.

Art. 1er. Les conventions des maîtres avec les gens de leur équipage, seront rédigées par écrit, et en contiendront toutes les conditions; soit qu'ils s'engagent au mois ou au voyage, soit au profit ou au fret; sinon les matelots en seront crus à leur serment.

(d) Ord. août 1681, *liv.* III, *tit.* IV.

Art. 2. Les matelots ne pourront charger aucune marchandise pour leur compte, sous prétexte de portée ni autrement, sans en payer le fret, s'il n'en est fait mention dans leur engagement.

au mois sont payés des journées par eux employées à l'équipement de navire. Ils retiennent pour indemnité les avances reçues. — Si les avances ne sont pas encore payées, ils reçoivent pour indemnité un mois de leurs gages convenus. — Si la rupture arrive après le voyage commencé, les matelots loués au voyage sont payés en entier aux termes de leur convention. — Les matelots loués au mois reçoivent leurs loyers stipulés pour le temps qu'ils ont servi, et en outre, pour indemnité, la moitié de leurs gages pour le reste de la durée présumée du voyage pour lequel ils étaient engagés. — Les matelots loués au voyage ou au mois reçoivent, en outre, leur conduite de retour jusqu'au lieu du départ du navire, à moins que le capitaine, les propriétaires ou affréteurs, ou l'officier d'administration, ne leur procurent leur embarquement sur un autre navire revenant audit lieu de leur départ (a). — Co. 238, 257 s., 271 s., 304, 319, 349.

253. S'il y a interdiction de commerce avec le lieu de la destination du navire, ou si le navire est arrêté par ordre du gouvernement avant le voyage commencé, — Il n'est dû aux matelots que les journées employées à équiper le bâtiment (b). — Co. 254 *et la note,* 272, 276 s., 299, 300, 350, 369, 387. — C. 1148.

254. Si l'interdiction de commerce ou l'arrêt du navire arrive pendant le cours du voyage, — Dans le cas d'interdiction, les matelots sont payés à proportion du temps qu'ils auront servi; — Dans le cas de l'arrêt, le loyer des matelots engagés au mois court pour moitié pendant le temps de l'arrêt; — Le loyer des matelots engagés au voyage est payé aux termes de leur engagement (c). — Co. 250, 272.

(a) Ord. *août* 1681, *liv.* III, *tit.* IV.

Art. 3. Si le voyage est rompu par le fait des propriétaires, maîtres ou marchands, avant le départ du vaisseau, les matelots loués au voyage, seront payés des journées par eux employées à équiper le navire, et d'un quart de leur loyer; et ceux engagés au mois, seront payés à proportion, eu égard à la durée ordinaire du voyage; mais si la rupture arrive après le voyage commencé, les matelots loués au voyage seront payés de leurs loyers en entier; et ceux loués au mois, des loyers dus pour le temps qu'ils auront servi, et pour celui qui leur sera nécessaire à s'en retourner au lieu du départ du vaisseau; et les uns et les autres seront en outre payés de leur nourriture jusqu'au même lieu.

(b) Ord. *août* 1681, *liv.* III, *tit.* IV.

Art. 4. En cas d'interdiction de commerce, avec le lieu de la destination du vaisseau, avant le voyage commencé, il ne sera dû aucuns loyers aux matelots engagés au voyage ou au mois; et ils seront seulement payés des journées par eux employées à équiper le bâtiment · et si c'est pendant le voyage, ils seront payés à proportion du temps qu'ils auront servi.

(c) Ord. *août* 1681, *liv.* III, *tit.* IV.

Art. 5. Si le vaisseau est

255. Si le voyage est prolongé, le prix des loyers des matelots engagés au voyage est augmenté en proportion de la prolongation (*a*). — Co. 257, 272.

256. Si la décharge du navire se fait volontairement dans un lieu plus rapproché que celui qui est désigné par l'affrétement, il ne leur est fait aucune diminution. — Co. 255 *et la note.*

257. Si les matelots sont engagés au profit ou au fret, il ne leur est dû aucun dédommagement ni journées pour la rupture, le retardement ou la prolongation de voyage occasionnés par force majeure. — C. 1148, 1302. — Si la rupture, le retardement ou la prolongation arrivent par le fait des chargeurs, les gens de l'équipage ont part aux indemnités qui sont adjugées au navire. — Ces indemnités sont partagées entre les propriétaires du navire et les gens de l'équipage dans la même proportion que l'aurait été le fret. — Si l'empêchement arrive par le fait du capitaine ou des propriétaires, ils sont tenus des indemnités dues aux gens de l'équipage (*b*). — Co. 252.

258. En cas de prise, de bris et naufrage, avec perte entière du navire et des marchandises, les matelots ne peuvent prétendre aucun loyer. — Ils ne sont point tenus de restituer ce qui leur a été avancé sur leurs loyers (*c*). — Co. 246, 272, 800, 369. — C. 1186, 1302.

259. Si quelque partie du navire est sauvée, les matelots engagés au voyage ou au mois sont payés de leurs loyers échus sur les débris du navire qu'ils

---

arrêté par ordre souverain, avant le voyage commencé, il ne sera aussi dû aux matelots que les journées employées à équiper le navire : mais si c'est pendant le cours du voyage, le loyer des matelots engagés au mois, courra pour moitié pendant le temps de l'arrêt ; et celui des matelots engagés au voyage, sera payé aux termes de leur engagement.

(*a*) ORD. *août* 1681, *liv.* III, *tit.* IV.

ART. 6. En cas que le voyage soit prolongé, les loyers des matelots, loués au voyage, seront augmentés à proportion ; et si la décharge se fait volontairement, en un lieu plus proche que celui désigné par l'affrétement, il ne leur en sera fait aucune diminution : mais s'ils sont loués au mois, ils seront en l'un et l'autre cas payés pour le temps qu'ils auront servi.

(*b*) ORD. *août* 1681, *liv.* III, *tit.* IV.

ART. 7. Et quant aux matelots et autres gens de l'équipage allant au profit ou au fret, ils ne pourront prétendre journées ni dédommagement, en cas que le voyage soit rompu, retardé, prolongé par force majeure, soit avant ou depuis le départ du vaisseau : mais si la rupture, le retardement, ou la prolongation arrive par le fait des marchands chargeurs, ils auront part aux dommages et intérêts qui seront adjugés au maître ; lequel, aussi bien que les propriétaires, seront tenus de ceux des matelots, si l'empêchement arrive par leur fait.

(*c*) ORD. *août* 1681, *liv.* III, *tit.* IV.

ART. 8. En cas de prise, bris et naufrage avec perte entière du vaisseau et des marchandises,

ont sauvés. — Si les débris ne suffisent pas, ou s'il n'y a que des marchandises sauvées, ils sont payés de leurs loyers subsidiairement sur le fret (*a*). — Co. 191 6°, 261, 286, 327, 428.

260. Les matelots engagés au fret sont payés de leurs loyers seulement sur le fret, à proportion de celui que reçoit le capitaine. — Co. 250, 259 *note*, 286.

261. De quelque manière que les matelots soient loués, ils sont payés des journées par eux employées à sauver les débris et les effets naufragés. — Co. 258, 259 *et la note*, 260.

262. Le matelot est payé de ses loyers, traité et pansé aux dépens du navire, s'il tombe malade pendant le voyage, ou s'il est blessé au service du navire (*b*). — Co. 263 n., 400 6°.

263. Le matelot est traité et pansé aux dépens du navire et du chargement, s'il est blessé en combattant contre les en-nemis et les pirates.—Co. 261 *et la note*, 272, 400 6°.

264. Si le matelot, sorti du navire sans autorisation, est blessé à terre, les frais de ses pansement et traitement sont à sa charge: il pourra même être congédié par le capitaine. — Ses loyers, en ce cas, ne lui seront payés qu'à proportion du temps qu'il aura servi (*c*). — Co. 272.

265. En cas de mort d'un matelot pendant le voyage, si le matelot est engagé au mois, ses loyers sont dus à sa succession jusqu'au jour de son décès.—Si le matelot est engagé au voyage, la moitié de ses loyers est due s'il meurt en allant ou au port d'arrivée. — Le total de ses loyers est dû s'il meurt en revenant. — Si le matelot est engagé au profit ou au fret, sa part entière est due s'il meurt le voyage commencé. — Les loyers du matelot tué en défendant le navire sont dus en entier pour tout le

---

les matelots ne pourront prétendre aucun loyer; et ne seront néanmoins tenus de restituer ce qui leur aura été avancé.

(*a*) Ord. *août* 1681, *liv.* III, *tit.* IV.

Art. 9. Si quelque partie du vaisseau est sauvée, les matelots engagés au voyage ou au mois, seront payés de leurs loyers échus, sur les débris qu'ils auront sauvés; et s'il n'y a que des marchandises sauvées, les matelots, même ceux engagés au fret, seront payés de leurs loyers par le maître, à proportion du fret qu'il recevra: et de quelque manière qu'ils soient loués, ils seront en outre payés des journées par eux employées à sauver les débris et les effets naufragés.

(*b*) Ord. *août* 1681, *liv.* III, *tit.* IV.

Art. 11. Le matelot qui sera blessé au service du navire, ou qui tombera malade pendant le voyage, sera payé de ses loyers, et pansé aux dépens du navire; et s'il est blessé en combattant contre les ennemis ou les pirates, il sera pansé aux dépens du navire et de la cargaison.

(*c*) Ord. *août* 1681, *liv.* III, *tit.* IV.

Art. 12. Mais s'il (*le matelot*) est blessé à terre, y étant descendu sans congé, il ne sera point pansé aux dépens du navire ni des marchandises; et il pourra être congédié sans pouvoir prétendre que ses loyers à proportion du temps qu'il aura servi.

voyage, si le navire arrive à bon port (a). — Co. 262, 263, 267, 272.

266. Le matelot pris dans le navire et fait esclave ne peut rien prétendre contre le capitaine, les propriétaires ni les affréteurs, pour le paiement de son rachat. — Il est payé de ses loyers jusqu'au jour où il est pris et fait esclave (b).— Co. 267 n.

267. Le matelot pris et fait esclave, s'il a été envoyé en mer ou à terre pour le service du navire, a droit à l'entier paiement de ses loyers. — Il a droit au paiement d'une indemnité pour son rachat, si le navire arrive à bon port (c). — Co. 268, 269, 272.

268. L'indemnité est due par les propriétaires du navire, si le matelot a été envoyé en mer ou à terre pour le service du navire. — L'indemnité est due par les propriétaires du navire et du chargement, si le matelot a été envoyé en mer ou à terre pour le service du navire et du chargement. — Co. 267 *et la note*, 269.

269. Le montant de l'indemnité est fixé à six cents francs. — Le recouvrement et l'emploi en seront faits suivant les formes déterminées par le gouvernement, dans un règlement relatif au rachat des captifs. — Co. 267 *et la note*, 268.

270. Tout matelot qui justifie qu'il est congédié sans cause valable, a droit à une indemnité contre le capitaine. — L'indemnité est fixée au tiers des loyers, si le congé a lieu avant le voyage commencé. —

(a) Ord. *août* 1681, *liv.* III, *tit.* IV.

Art. 13. Les héritiers du matelot engagé par mois, qui décédera pendant le voyage, seront payés des loyers jusqu'au jour de son décès.

14. La moitié des loyers du matelot engagé par voyage, sera due s'il meurt en allant, et le total si c'est au retour; et s'il naviguait au fret ou au profit, sa part entière sera acquise à ses héritiers, pourvu que le voyage soit commencé.

15. Les loyers du matelot tué en défendant le navire, seront entièrement payés, comme s'il avait servi tout le voyage, pourvu que le navire arrive à bon port.

(b) Ord. *août* 1681, *liv.* III, *tit.* IV.

Art. 16. Les matelots pris dans le navire et faits esclaves, ne pourront rien prétendre contre les maîtres, les propriétaires ni les marchands pour le paiement de leur rachat.

(c) Ord. *août* 1681, *liv.* III, *tit.* IV.

Art. 17. Mais si aucun d'eux est pris, étant envoyé en mer ou à terre pour le service du navire, son rachat sera payé aux dépens du navire; et si c'est pour le navire et la cargaison, il sera payé aux dépens de tous les deux, pourvu qu'ils arrivent à bon port : le tout néanmoins jusqu'à concurrence de trois cents livres, sans préjudice de ses loyers.

18. Le règlement des sommes destinées au rachat des matelots, sera fait à la diligence du maître, incontinent après l'arrivée du vaisseau; et les deniers seront déposés entre les mains du principal intéressé, qui sera tenu de les employer incessamment au rachat, à peine du quadruple, des matelots détenus.

L'indemnité est fixée à la totalité des loyers et aux frais du retour, si le congé a lieu pendant le cours du voyage. — Le capitaine ne peut, dans aucun des cas ci-dessus, répéter le montant de l'indemnité contre les propriétaires du navire. — Il n'y a pas lieu à indemnité, si le matelot est congédié avant la clôture du rôle d'équipage. — Dans aucun cas le capitaine ne peut congédier un matelot dans les pays étrangers (a). — Co. 223, 252.

271. Le navire et le fret sont spécialement affectés aux loyers des matelots (b). — Co. 191 6°, 192 4°, 280, 286, 428, 433 ».

272. Toutes les dispositions concernant les loyers, pansement et rachat des matelots sont communes aux officiers et à tous autres gens de l'équipage (c).

TITRE SIXIÈME.

DES CHARTES-PARTIES, AFFRÉTEMENS OU NOLISSEMENS.

273. Toute convention pour louage d'un vaisseau, appelée *charte-partie*, *affrétement* ou *nolissement*, doit être rédigée par écrit. — Elle énonce — Le nom et le tonnage du navire, — Le nom du capitaine, — Les noms du fréteur et de l'affréteur, — Le lieu et le temps convenu pour la charge et pour la décharge, — Le prix du fret ou nolis, — Si l'affrétement est total ou partiel, — L'indemnité convenue pour les cas de retard (d). — Co. 80, 102 *note*, 226, 274 »., 286 »., 633. — C. 1317, 1322.

274. Si le temps de la charge et de la décharge du navire n'est point fixé par les conven-

---

(a) Ord. *août* 1681, *liv.* III, *tit.* IV.

Art. 10. Si le maître congédie le matelot, sans cause valable, avant le voyage commencé, il lui paiera le tiers de ses loyers; et le total, si c'est pendant le voyage, avec les frais de son retour, sans les pouvoir passer en compte aux propriétaires du bâtiment.

(b) Ord. *août* 1681, *liv.* III, *tit.* IV.

Art. 19. Le navire et le fret demeureront spécialement affectés aux loyers des matelots.

(c) Ord. *août* 1681, *liv.* III, *tit.* IV.

Art. 21. Ce qui est ordonné par le présent titre touchant les loyers, pansement et rachat des matelots, aura lieu pour les officiers et autres gens de l'équipage.

(d) Ord. *août* 1681, *liv.* III, *tit.* 1er.

Art. 1er. Toute convention pour le louage d'un vaisseau, appelée charte-partie, affrétement ou nolissement, sera rédigée par écrit et passée entre les marchands et le maître ou les propriétaires du bâtiment.

3. La charte-partie contiendra le nom et le port du vaisseau, le nom du maître et celui de l'affréteur, le lieu et le temps de la charge et décharge, le prix du fret ou nolis, avec les intérêts des retardemens et séjours; et il sera loisible aux parties d'y ajouter les autres conditions dont elles seront convenues.

tions des parties, il est réglé suivant l'usage des lieux (*a*).— C. 1159.

275. Si le navire est frété au mois, et s'il n'y a convention contraire, le fret court du jour où le navire a fait voile (*b*). — Co. 300. — C. 1134.

276. Si, avant le départ du navire, il y a interdiction de commerce avec le pays pour lequel il est destiné, les conventions sont résolues sans dommages-intérêts de part ni d'autre. — Le chargeur est tenu des frais de la charge et de la décharge de ses marchandises (*c*).—Co. 253, 277 s., 299. — C. 1148.

277. S'il existe une force majeure qui n'empêche que pour un temps la sortie du navire, les conventions subsistent, et il n'y a pas lieu à dommages-intérêts à raison du retard. — Elles subsistent également, et il n'y a lieu à aucune augmentation de fret, si la force majeure arrive pendant le voyage (*d*). — Co. 276, 300.— C. 1148.

278. Le chargeur peut, pendant l'arrêt du navire, faire décharger ses marchandises à ses frais, à condition de les recharger ou d'indemniser le capitaine (*e*). — Co. 276 s.

279. Dans le cas de blocus du port pour lequel le navire est destiné, le capitaine est tenu, s'il n'a des ordres contraires, de se rendre dans un des ports voisins de la même puissance où il lui sera permis d'aborder.

280. Le navire, les agrès et apparaux, le fret et les marchandises chargées, sont res-

---

(*a*) Ord. *août 1681, liv.* III, *tit.* 1er.

Art. 4. Le temps de la charge et décharge des marchandises sera réglé suivant l'usage des lieux où elle se fera, s'il n'est point fixé par la charte-partie.

(*b*) Ord. *août 1681, liv.* III, *tit.* 1er.

Art. 5. Si le navire est frété au mois, et que le temps du fret ne soit point aussi réglé par la charte-partie, il ne courra que du jour que le vaisseau fera voile.

(*c*) Ord. *août 1681, liv.* III, *tit.* 1er.

Art. 7. Si toutefois avant le départ du vaisseau il arrive interdiction de commerce par guerre, représailles ou autrement, avec le pays pour lequel il était destiné, la charte-partie sera résolue sans dommages et intérêts de part ni d'autre, et paiera le marchand les frais de la charge et décharge de ses marchandises; mais si c'est avec d'autres pays, la charte-partie subsistera en son entier.

(*d*) Ord. *août 1681, liv.* III, *tit.* 1er.

Art. 8. Si les ports sont seulement fermés, ou les vaisseaux arrêtés pour un temps, par force majeure, la charte-partie subsistera aussi en son entier, et le maître et le marchand seront réciproquement tenus d'attendre l'ouverture des ports et la liberté des vaisseaux, sans dommages et intérêts de part ni d'autre.

(*e*) Ord. *août 1681, liv.* III, *tit.* 1er.

Art. 9. Pourra néanmoins le marchand, pendant le temps de la fermeture des ports ou de l'arrêt, faire décharger sa marchandise à ses frais, à condition de la recharger ou d'indemniser le maître.

pectivement affectés à l'exécution des conventions des parties (a). — Co. 191, 271, 315.

TITRE SEPTIÈME.

DU CONNAISSEMENT.

281. Le connaissement doit exprimer la nature et la quantité ainsi que les espèces ou qualités des objets à transporter. — Il indique — Le nom du chargeur, — Le nom et l'adresse de celui à qui l'expédition est faite, — Le nom et le domicile du capitaine, — C. 102. — Le nom et le tonnage du navire, — Le lieu du départ et celui de la destination. — Il énonce le prix du fret. — Co. 286.—Il présente en marge les marques et numéros des objets à transporter. — Le connaissement peut être à ordre, ou au porteur, ou à personne dénommée (b). — Co. 136 n., 222, 226, 228, 281 n., 418, 420.

282. Chaque connaissement est fait en quatre originaux au moins :—Un pour le chargeur, — Un pour celui à qui les marchandises sont adressées, — Un pour le capitaine, — Un pour l'armateur du bâtiment. — Les quatre originaux sont signés par le chargeur et par le capitaine, dans les vingt-quatre heures après le chargement. — Le chargeur est tenu de fournir au capitaine, dans le même délai, les acquits des marchandises chargées (c). — Co. 226. — C. 1325.

283. Le connaissement rédigé dans la forme ci-dessus prescrite fait foi entre toutes les parties intéressées au chargement, et entre elles et les assureurs. — Co. 281 n.

284. En cas de diversité entre les connaissemens d'un mê-

(a) Ord. aout 1681, liv. III, tit. 1er.

Art. 11. Le navire, ses agrés et apparaux, le fret et les marchandises chargées, seront respectivement affectés aux conventions de la charte-partie.

(b) Ord. aout 1681, liv. III, tit. 11.

Art. 2. Les connaissemens contiendront la qualité, quantité et marque des marchandises, le nom du chargeur et de celui auquel elles doivent être consignées, les lieux du départ et de la décharge, le nom du maître et celui du vaisseau, avec le prix du fret.

(c) Ord. aout 1681, liv. III, tit. 11.

Art. 1er. Les connaissemens, polices de chargement ou reconnaissances des marchandises chargées dans le vaisseau, seront signués par le maître ou par l'écrivain du bâtiment.

3. Chaque connaissement sera fait triple. L'un demeurera au chargeur; l'autre sera envoyé à celui auquel les marchandises doivent être consignées; et le troisième sera mis entre les mains du maître ou de l'écrivain

4. Vingt-quatre heures après que le vaisseau aura été chargé, les marchands seront tenus de présenter au maître les connaissemens pour les signer, et de lui fournir les acquits de leurs marchandises, à peine de payer l'intérêt du retardement.

me chargement, celui qui sera entre les mains du capitaine sera foi, s'il est rempli de la main du chargeur, ou de celle de son commissionnaire; et celui qui est présenté par le chargeur ou le consignataire sera suivi, s'il est rempli de la main du capitaine (a).

285. Tout commissionnaire ou consignataire qui aura reçu les marchandises mentionnées dans les connaissemens ou chartes-parties sera tenu d'en donner reçu au capitaine qui le demandera, à peine de tous dépens, dommages - intérêts, même de ceux de retardement (b). — Co. 91 s., 305. — C. 1149, 1382. — Pr. 126 1°.

TITRE HUITIÈME.

DU FRET OU NOLIS.

280. Le prix du loyer d'un navire ou autre bâtiment de mer est appelé *fret* ou *nolis* — Il est réglé par les conventions des parties.—Il est constaté par la charte-partie ou par le connaissement. — Il a lieu pour la totalité ou pour partie du bâtiment, pour un voyage entier ou pour un temps limité, au tonneau, au quintal, à forfait, ou à cueillette, avec désignation du tonnage du vaisseau (c). — Co. 72, 80, 273 s., 281 s., 287 s., 433 s., 633.

287. Si le navire est loué en totalité, et que l'affréteur ne lui donne pas toute sa charge, le capitaine ne peut prendre d'autres marchandises sans le consentement de l'affréteur. —L'affréteur profite du fret des marchandises qui complètent le chargement du navire qu'il a entièrement affrété (d). — Co. 251.

288. L'affréteur qui n'a pas

(a) Ord. août 1681, liv. III, tit. II.

Art. 6. En cas de diversité entre les connaissemens d'une même marchandise, celui qui sera entre les mains du maître fera foi, s'il est rempli de la main du marchand ou de celle de son commissionnaire; et celui qui sera entre les mains du marchand sera suivi, s'il est rempli de la main du maître.

(b) Ord. août 1681, liv. III, tit. II.

Art. 5. Les facteurs, commissionnaires et autres qui recevront les marchandises mentionnées dans les connaissemens ou chartes-parties, seront tenus d'en donner le reçu aux maîtres qui la demanderont, à peine de tous dépens, dommages et intérêts, et même de ceux du retardement.

(c) Ord. août 1681, liv. III, tit. III.

Art. 1er. Le loyer des vaisseaux appelé fret ou nolis sera réglé par la charte-partie ou par le connaissement, soit que les bâtimens aient été loués en entier ou pour partie, au voyage ou au mois, avec désignation ou sans désignation de portée, au tonneau, au quintal ou à cueillette, et en quelque autre manière que ce puisse être.

(d) Ord. août 1681, liv. III, tit. III.

Art. 2. Si le vaisseau est loué en entier et que l'affréteur ne

chargé la quantité de marchandises portée par la charte-partie est tenu de payer le fret en entier, et pour le chargement complet auquel il s'est engagé. — S'il en charge davantage, il paie le fret de l'excédant sur le prix réglé par la charte-partie. — Si cependant l'affréteur, sans avoir rien chargé, rompt le voyage avant le départ, il paiera en indemnité au capitaine, la moitié du fret convenu par la charte-partie pour la totalité du chargement qu'il devait faire. — Si le navire a reçu une partie de son chargement, et qu'il parte à non-charge, le fret entier sera dû au capitaine (a). — Co. 252, 273, 291, 294. — C. 1142.

289. Le capitaine qui a déclaré le navire d'un plus grand port qu'il n'est, est tenu des dommages-intérêts envers l'affréteur (b). — Co. 221, 273, 290. — C. 1149, 1382.

290. N'est réputé y avoir erreur en la déclaration du tonnage d'un navire, si l'erreur n'excède un quarantième, ou si la déclaration est conforme au certificat de jauge (c). — Co. 289.

291. Si le navire est chargé à cueillette, soit au quintal, au tonneau ou à forfait, le chargeur peut retirer ses marchandises, avant le départ du navire, en payant le demi-fret. — Il supportera les frais de charge, ainsi que ceux de décharge et de rechargement des autres marchandises qu'il faudrait déplacer, et ceux du retardement (d). — Co. 293. — C. 1382.

292. Le capitaine peut faire mettre à terre, dans le lieu du

---

lui donne pas toute sa charge, le maître ne pourra, sans son consentement, prendre d'autres marchandises pour l'achever, ni sans lui tenir compte du fret.

(a) Ord. août 1681, liv. III, tit. III.

Art. 3. Le marchand qui n'aura pas chargé la quantité de marchandises portée par la charte-partie, ne laissera pas d'en payer le fret, comme si le tout avait été chargé; et s'il en charge plus, il paiera le fret de l'excédant.

(b) Ord. août 1681, liv. III, tit. III.

Art. 4. Le maître qui aura déclaré son vaisseau d'un plus grand port qu'il n'est, sera tenu des dommages et intérêts du marchand.

(c) Ord. août 1681, liv. II, tit. X.

Art. 1. Tous navires seront jaugés, incontinent après leur construction, par les gardes jurés ou prud'hommes du métier de charpentier, qui donneront leur attestation du port du bâtiment, laquelle sera enregistrée au greffe de l'amirauté.

5. Pour connaître le port et la capacité d'un vaisseau et en régler la jauge, le fond de cale, qui est le lieu de la charge, sera mesuré à raison de quarante-deux pieds cubes pour tonneau de mer.

Liv. III, tit. III, art. 5. Ne sera réputé y avoir erreur en la déclaration de la portée du vaisseau, si elle n'est au-dessus du quarantième.

(d) Ord. août 1681, liv. III, tit. III.

Art. 6. Si le vaisseau est chargé à cueillette, ou au quintal ou tonneau, le marchand qui voudra retirer ses marchandises

chargement, les marchandises trouvées dans son navire, si elles ne lui ont point été déclarées, ou en prendre le fret au plus haut prix qui sera payé dans le même lieu pour les marchandises de même natûre (a). — Co. . 80.

293. Le chargeur qui retire ses marchandises pendant le voyage, est tenu de payer le fret en entier et tous les frais de déplacement occasionnés par le déchargement : si les marchandises sont retirées pour cause des faits ou des fautes du capitaine, celui-ci est responsable de tous les frais (b). — Co. 211, 295.

294. Si le navire est arrêté au départ, pendant la route, ou au lieu de sa décharge, par le fait de l'affréteur, les frais du retardement sont dus par l'affréteur. — Si ayant été frété pour l'aller et le retour, le navire fait son retour sans chargement ou avec un chargement incomplet, le fret entier est dû au capitaine. ainsi que l'intérêt du retardement (c).

295. Le capitaine est tenu des dommages-intérêts envers l'affréteur, si, par son fait, le navire a été arrêté ou retardé au départ, pendant sa route, ou au lieu de sa décharge. — Ces dommages-intérêts sont réglés par des experts (d). — Co. 106, 221, 414. — C. 1149, 1382. — Pr. 302 s.

296. Si le capitaine est contraint de faire radouber le navire pendant le voyage, l'affréteur est tenu d'attendre, ou de payer le fret en entier.—Dans le cas où le navire ne pourrait être radoubé, le capitaine est tenu d'en louer un autre. — Si le capitaine n'a pu louer un autre navire, le fret n'est dû qu'à proportion de ce que le voyage est avancé (e). — Co. 211, 297, 391.

---

avant le départ du vaisseau, pourra les faire décharger à ses frais, en payant la moitié du fret.
(a) Ord. *aout* 1681, *liv.* III, *tit.* III.

Art. 7. Le maître pourra aussi décharger à terre les marchandises trouvées dans son vaisseau, qui ne lui auront point été déclarées ; ou en prendre le fret, au plus haut prix qui sera payé pour marchandises de pareille qualité.
(b) Ord. *aout* 1681, *liv.* III, *tit.* III.

Art. 8. Le marchand qui retirera ses marchandises pendant le voyage, ne laissera pas d'en payer le fret entier, pourvu qu'il ne les retire point par le fait du maître.
(c) Ord. *aout* 1681, *liv.* III, *tit.* III.

Art. 9. Si le navire est arrêté pendant sa route, ou au lieu de sa décharge par le fait du marchand affréteur; ou si le vaisseau ayant été affrété allant et venant, il est contraint de faire son retour lège; l'intérêt du retardement, et le fret entier seront dus au maître,
(d) Ord. *aout* 1681, *liv.* III, *tit.* III.

Art. 10. Le maître sera aussi tenu des dommages et intérêts de l'affréteur, au dire de gens à ce connaissans, si par son fait le vaisseau était arrêté ou retardé au lieu de sa décharge, ou pendant sa route.
(e) Ord. *aout* 1681, *liv.* III, *tit.* III.

Art. 11. Si le maître est contraint de faire radouber son vaisseau pendant le voyage, le chargeur sera tenu d'attendre ou de payer le fret entier; et en

297. Le capitaine perd son fret, et répond des dommages-intérêts de l'affréteur, si celui-ci prouve que, lorsque le navire a fait voile, il était hors d'état de naviguer. — La preuve est admissible nonobstant et contre les certificats de visite au départ (a). — Co. 109, 225. — C. 1149, 1382.

298. (Ainsi modifié : *Loi du 14 juin 1841.*) Le fret est dû pour les marchandises que le capitaine a été contraint de vendre pour subvenir aux victuailles, radoub et autres nécessités pressantes du navire, en tenant par lui compte de leur valeur, au prix que le reste, ou autre pareille marchandise de même qualité, sera vendu au lieu de la décharge, si le navire arrive à bon port. — Si le navire se perd, le capitaine tiendra compte des marchandises sur le pied qu'il les aura vendues, en retenant également le fret porté aux connaissemens. — Sauf, dans ces deux cas, le droit réservé aux propriétaires de navire par le paragraphe 2 de l'article 216. — Lorsque de l'exercice de ce droit résultera une perte pour ceux dont les marchandises auront été vendues ou mises en gage, elle sera répartie au marc le franc sur la valeur de ces marchandises et de toutes celles qui sont arrivées à leur destination ou qui ont été sauvées du naufrage postérieurement aux événemens de mer qui ont nécessité la vente ou la mise en gage (1). — Co. 234, 236 (b).

299. S'il arrive interdiction de commerce avec le pays pour lequel le navire est en route, et qu'il soit obligé de revenir avec son chargement, il n'est dû au capitaine que le fret de l'aller, quoique le vaisseau ait été affrété pour l'aller et le retour (c). — Co. 253, 276, 300.

300. Si le vaisseau est arrêté dans le cours de son voyage par l'ordre d'une puissan-

---

cas que le vaisseau ne puisse être raccommodé, le maître sera obligé d'en louer incessamment un autre : et s'il n'en peut trouver, il sera seulement payé de son fret, à proportion de ce que le voyage sera avancé.

(a) Ord. *aout* 1681, *liv.* III, *tit.* III.

Art. 12. Si toutefois le marchand prouvait que lorsque le vaisseau a fait voile, il était incapable de naviguer, le maître perdra son fret, et répondre des dommages et intérêts du marchand.

(1) Les deux derniers alinéas de cet article ont été ajoutés à l'ancien article 298, en exécution de l'article 2 de la loi du 14 juin 1841.

(b) Ord. *aout* 1681, *liv.* III, *tit.* III.

Art. 14. Le fret sera pareillement dû, pour les marchandises que le maître aura été contraint de vendre, pour victuailles, radoub et autres nécessités pressantes, en tenant par lui compte de leur valeur, au prix que le reste sera vendu au lieu de leur décharge.

(c) Ord. *aout* 1681, *liv.* III, *tit.* III.

Art. 15. S'il arrive interdiction de commerce avec le pays pour lequel le vaisseau est en route, et qu'il soit obligé de revenir avec son chargement, il ne sera dû au maître que le fret de l'aller ; quand même le navire aurait été affrété allant et venant.

ce, — Il n'est dû aucun fret pour le temps de sa détention, si le navire est affrété au mois; ni augmentation de fret, s'il est loué au voyage. — La nourriture et les loyers de l'équipage pendant la détention du navire sont réputés avaries (a). —Co. 258, 397 ×.

301. Le capitaine est payé du fret des marchandises jetées à la mer pour le salut commun, à la charge de contribution (b). — Co. 400 2° 410 ×.

302. Il n'est dû aucun fret pour les marchandises perdues par naufrage ou échouement, pillées par des pirates ou prises par les ennemis. — Le capitaine est tenu de restituer le fret qui lui aura été avancé, s'il n'y a convention contrai-re (c).—Co. 246, 258 ×., 303 ×. — C. 1134, 1148.

303. Si le navire et les marchandises sont rachetés, ou si les marchandises sont sauvées du naufrage, le capitaine est payé du fret jusqu'au lieu de la prise ou du naufrage. — Il est payé du fret entier en contribuant au rachat, s'il conduit les marchandises au lieu de leur destination (d). — Co. 302, 304.

304. La contribution pour le rachat se fait sur le prix courant des marchandises au lieu de leur décharge, déduction faite des frais, et sur la moitié du navire et du fret.— Les loyers des matelots n'entrent point en contribution (e).

305. Si le consignataire re-

(a) Ord. aout 1681, *liv.* III, *tit.* III.

Art. 16. Si le vaisseau est arrêté par ordre souverain, dans le cours de son voyage, il ne sera dû ni fret pour le temps de sa détention, s'il est affrété au mois, ni augmentation de fret, s'il est loué au voyage : mais la nourriture et les loyers des matelots, pendant le temps de la détention, seront réputés avaries.

(b) Ord. aout 1681, *liv.* III, *tit.* III.

Art. 13. Le maître sera payé du fret des marchandises qui auront été jetées à la mer pour le salut commun, à la charge de la contribution.

(c) Ord. aout 1681, *liv.* III, *tit.* III.

Art. 18. Il n'est dû aucun fret des marchandises perdues par naufrage ou échouement, pillées par les pirates, ou prises par les ennemis; et sera tenu le maître, en ce cas, de restituer ce qui lui en aura été avancé, s'il n'y a convention contraire.

(d) Ord. aout 1681, *liv.* III, *tit.* III.

Art. 19. Si le navire et les marchandises sont rachetés, le maître sera payé de son fret jusqu'au lieu de la prise, même de son fret entier, s'il les conduit au lieu de leur destination, en contribuant au rachat.

21. Le maître est aussi payé du fret des marchandises sauvées du naufrage, en les conduisant au lieu de leur destination.

22. S'il ne peut trouver de vaisseau pour conduire les marchandises sauvées, il sera payé du fret, à proportion seulement du voyage avancé.

(e) Ord. aout 1681, *liv.* III, *tit.* III.

Art. 20. La contribution pour le rachat se fera sur le prix courant des marchandises au lieu de leur décharge, déduction faite des frais; et sur le total du navire et du fret, déduction faite des victuailles consommées et des

fuse de recevoir les marchandises, le capitaine peut, par autorité de justice, en faire vendre pour le paiement de son fret, et faire ordonner le dépôt du surplus. —S'il y a insuffisance, il conserve son recours contre le chargeur (a).— Co. 106, 306 s.—C. 1961.

306. Le capitaine ne peut retenir les marchandises dans son navire, faute du paiement de son fret ; — Il peut, dans le temps de la décharge, demander le dépôt en mains tierces jusqu'au paiement de son fret (b). — C. 1961.

307. Le capitaine est préféré, pour son fret, sur les marchandises de son chargement, pendant quinzaine après leur délivrance, si elles n'ont passé en mains tierces (c). — Co. 286, 308. — C. 2095.

308. En cas de faillite des chargeurs ou réclamateurs avant l'expiration de la quinzaine, le capitaine est privilégié sur tous les créanciers pour le paiement de son fret et des avaries qui lui sont dues. — Co. 307 *et la note*, 897, 437, 551.

309. En aucun cas le chargeur ne peut demander de diminution sur le prix du fret.

310. Le chargeur ne peut abandonner pour le fret les marchandises diminuées de prix, ou détériorées par leur vice propre ou par cas fortuit. —C. 1158.—Si toutefois des futailles contenant vin, huile, miel et autres liquides, ont tellement coulé qu'elles soient vides, ou presque vides, lesdites futailles pourront être abandonnées pour le fret (d). — Co. 369 s.

---

avances faites aux matelots ; lesquels contribueront aussi à la décharge du fret, à proportion de ce qui leur restera dû de leurs loyers.

Liv. III, tit. iv, art. 20. Les loyers des matelots ne contribueront à aucunes avaries, si ce n'est pour le rachat du navire.

(a) Ord. *août* 1681, *liv.* III, *tit.* iii.

Art. 17. En cas que le dénommé au connaissement refuse de recevoir les marchandises, le maître pourra par autorité de justice en faire vendre pour le paiement de son fret, et déposer le reste dans un magasin.

(b) Ord. *août* 1681, *liv.* III, *tit.* iii.

Art. 22. Le maître ne pourra retenir la marchandise dans son vaisseau faute du paiement de son fret : mais il pourra, dans le temps de la décharge, s'opposer au transport, ou la faire saisir, même dans les allèges ou gabares.

(c) Ord. *août* 1681, *liv.* III, *tit.* iii.

Art. 24. Le maître sera préféré pour son fret, sur les marchandises de son chargement, tant qu'elles seront dans le vaisseau, sur des gabares, ou sur le quai ; et même pendant quinzaine après la délivrance, pourvu qu'elles n'aient point passé entre les mains d'un tiers.

(d) Ord. *août* 1681, *liv.* III, *tit.* iii.

Art. 25. Ne pourront les marchands obliger le maître de prendre pour son fret les marchandises diminuées de prix, gâtées ou empirées par leur vice propre, ou par cas fortuit.

26. Si toutefois les marchandises mises en futailles, comme vin, huile, miel et autres liqueurs, ont tellement coulé que les futailles soient vides ou presque vides, les marchands chargeurs les pourront abandonner pour le fret.

TITRE NEUVIÈME.

DES CONTRATS A LA GROSSE.

311. Le contrat à la grosse est fait devant notaire, ou sous signature privée. — Il énonce — Le capital prêté et la somme convenue pour le profit maritime, — Les objets sur lesquels le prêt est affecté, — Co. 315 s. — Les noms du navire et du capitaine, — Ceux du prêteur et de l'emprunteur; — Si le prêt a lieu pour un voyage, — Pour quel voyage, et pour quel temps; — L'époque du remboursement (a). — Co. 191 9°, 192 7°, 312 s., 432, 633. — C. 1104, 1317, 1323, 1964.

312. Tout prêteur à la grosse, en France, est tenu de faire enregistrer son contrat au greffe du tribunal de commerce, dans les dix jours de la date, à peine de perdre son privilège;—Co. 191 9°, 192 7°. — Et si le contrat est fait à l'étranger, il est soumis aux formalités prescrites à l'article 234.

313. Tout acte de prêt à la grosse peut être négocié par la voie de l'endossement, s'il est à ordre. — En ce cas, la négociation de cet acte a les mêmes effets et produit les mêmes actions en garantie que celle des autres effets de commerce. — Co. 136 s., 314.

314. La garantie de paiement ne s'étend pas au profit maritime, à moins que le contraire n'ait été expressément stipulé. — Co. 313, 318. — C. 1134.

315. Les emprunts à la grosse peuvent être affectés, — Sur le corps et quille du navire, — Sur les agrès et apparaux, — Sur l'armement et les victuailles, — Sur le chargement, — Sur la totalité de ces objets conjointement, ou sur une partie déterminée de chacun d'eux (b). — Co. 191 9°, 234, 280.

316. Tout emprunt à la grosse, fait pour une somme excédant la valeur des objets sur lesquels il est affecté, peut être déclaré nul, à la demande du prêteur, s'il est prouvé qu'il y a fraude de la part de l'emprunteur (c). —

(a) Ord. août 1681, liv. III, tit. V.

Art. 1er, Les contrats à grosse aventure, autrement dits contrats à la grosse ou à retour de voyage, pourront être faits par devant notaires, ou sous signature privée.

(b) Ord. août 1681, liv. III, tit. V.

Art. 2. L'argent à la grosse pourra être donné sur le corps et quille du vaisseau, ses agrès et apparaux, armement et victuailles, conjointement ou séparément, et sur le tout, ou partie de son chargement, pour un voyage entier, ou pour un temps limité.

(c) Ord. août 1681, liv. III, tit. V.

Art. 3. Faisons défenses de prendre deniers à la grosse sur le corps et quille du navire, ou sur les marchandises de son chargement, au-delà de leur va-

Co. 317, 329. — C. 1116, 1117.

317. S'il n'y a fraude, le contrat est valable jusqu'à la concurrence de la valeur des effets affectés à l'emprunt, d'après l'estimation qui en est faite ou convenue. — Le surplus de la somme empruntée est remboursé avec intérêt au cours de la place (*a*). — Co. 316. — C. 1907 *et la note.*

318. Tous emprunts sur le fret à faire du navire et sur le profit espéré des marchandises sont prohibés. — Le prêteur, dans ce cas, n'a droit qu'au remboursement du capital, sans aucun intérêt (*b*). — Co. 314. — C. 6, 1133, 1172.

319. Nul prêt à la grosse ne peut être fait aux matelots ou gens de mer sur leurs loyers ou voyages (*c*).

320. Le navire, les agrès et les apparaux, l'armement et les victuailles, même le fret acquis, sont affectés par privilége au capital et intérêts de l'argent donné à la grosse sur le corps et quille du vaisseau. — Le chargement est également affecté au capital et intérêts de l'argent donné à la grosse sur le chargement. — Si l'emprunt a été fait sur un objet particulier du navire ou du chargement, le privilége n'a lieu que sur l'objet, et dans la proportion de la quotité affectée à l'emprunt (*d*). — Co. 171 8º, 172 7º, 315.

321. Un emprunt à la grosse fait par le capitaine dans le lieu de la demeure des pro-

---

leur, à peine d'être contraint, en cas de fraude, au paiement des sommes entières, nonobstant la perte ou prise du vaisseau.

(*a*) ORD. *aout* 1681, *liv.* III, *tit.* V.

ART. 13. Si, toutefois celui qui a pris deniers à la grosse, justifie n'avoir pu charger des effets pour la valeur des sommes prises à la grosse, le contrat, en cas de perte, sera diminué à proportion de la valeur des effets chargés, et ne subsistera que pour le surplus, dont le preneur paiera le change, suivant le cours de la place où le contrat aura été passé, jusqu'à l'entier paiement du principal : et si le navire arrive à bon port, ne sera aussi dû que le change, et non le profit maritime de ce qui excédera la valeur des effets chargés.

(*b*) ORD. *aout* 1681, *liv.* III, *tit.* V.

ART. 4. Défendons aussi sous pareille peine (*Voyez* Co. 316 *note*), de prendre deniers sur le

fret à faire par le vaisseau, et sur le profit espéré des marchandises; même sur les loyers des matelots, si ce n'est en présence et du consentement du maître, et au-dessous de la moitié du loyer.

(*c*) ORD. *aout* 1681, *liv.* III, *tit.* V.

ART. 5. Faisons en outre défenses à toutes personnes de donner de l'argent à la grosse aux matelots sur leurs loyers ou voyages, sinon en présence et du consentement du maître, à peine de confiscation du prêt, et de cinquante livres d'amende.

(*d*) ORD. *aout* 1681, *liv.* III, *tit.* V.

ART. 7. Le navire, ses agrès et apparaux, armement et victuailles, même le fret, seront affectés par privilége au principal et intérêts de l'argent donné sur le corps et quille du vaisseau pour les nécessités du voyage; et le chargement, au paiement des deniers pris pour le faire.

priétaires du navire, sans leur autorisation authentique ou leur intervention dans l'acte, ne donne action et privilége que sur la portion que le capitaine peut avoir au navire et au fret (*a*). — Co. 232, 236, 332. — C. 1317.

322. Sont affectées aux sommes empruntées, même dans le lieu de la demeure des intéressés, pour radoub et victuailles, les parts et portions des propriétaires qui n'auraient pas fourni leur contingent pour mettre le bâtiment en état, dans les vingt-quatre heures de la sommation qui leur en sera faite (*b*). — Co. 233, 331.

323. Les emprunts faits pour le dernier voyage du navire sont remboursés par préférence aux sommes prêtées pour un précédent voyage, quand même il serait déclaré qu'elles sont laissées par continuation ou renouvellement. — Les sommes empruntées pendant le voyage sont préférées à celles qui auraient été

empruntées avant le départ du navire; et s'il y a plusieurs emprunts faits pendant le même voyage, le dernier emprunt sera toujours préféré à celui qui l'aura précédé (*c*).

324. Le prêteur à la grosse sur marchandises chargées dans un navire désigné au contrat ne supporte pas la perte des marchandises, même par fortune de mer, si elles ont été chargées sur un autre navire, à moins qu'il ne soit légalement constaté que ce chargement a eu lieu par force majeure. —Co. 241, 296, 326.—C. 1148, 1302.

325. Si les effets sur lesquels le prêt à la grosse a eu lieu sont entièrement perdus, et que la perte soit arrivée par cas fortuit, dans le temps et dans le lieu des risques, la somme prêtée ne peut être réclamée (*d*). — Co. 324. — C. 1104, 1964.

326. Les déchets, diminutions et pertes qui arrivent par le vice propre de la chose, et les dommages causés par le

---

(*a*) Oɴᴅ. *aout* 1681, *liv.* III, *tit.* v.

Aʀᴛ. 8. Ceux qui donneront deniers à la grosse au maître dans le lieu de la demeure des propriétaires, sans leur consentement, n'auront hypothèque ni privilége que sur la portion que le maître pourra avoir au vaisseau et au fret, quoique les contrats fussent causés pour radoub ou victuailles du bâtiment.

(*b*) Oɴᴅ. *aout* 1681, *liv.* III, *tit.* v.

Aʀᴛ. 9. Seront toutefois affectées aux deniers pris par les maîtres, pour radoub et victuailles, les parts et portions des propriétaires qui auront refusé

de fournir leur contingent pour mettre le bâtiment en état.

(*c*) Oɴᴅ. *aout* 1681, *liv.* III, *tit.* v.

Aʀᴛ. 10. Les deniers laissés par renouvellement ou continuation, n'entreront point en concurrence avec les deniers actuellement fournis pour le même voyage.

(*d*) Oɴᴅ. *aout* 1681, *liv.* III, *tit.* v.

Aʀᴛ. 11. Tous contrats à la grosse demeureront nuls par la perte entière des effets sur lesquels on aura prêté, pourvu qu'elle arrive par cas fortuit, dans le temps et dans les lieux des risques.

fait de l'emprunteur, ne sont point à la charge du prêteur (a). — Co. 103. — C. 1382.

327. En cas de naufrage, le paiement des sommes empruntées à la grosse est réduit à la valeur des effets sauvés et affectés au contrat, déduction faite des frais de sauvetage (b). — Co. 259, 331, 386.

328. Si le temps des risques n'est point déterminé par le contrat, il court, à l'égard du navire, des agrès, apparaux, armement et victuailles, du jour que le navire a fait voile, jusqu'au jour où il est ancré ou amarré au port ou au lieu de sa destination. — A l'égard des marchandises, le temps des risques court du jour qu'elles ont été chargées dans le navire, ou dans les gabares pour les y porter, jusqu'au jour où elles sont délivrées à terre (c). — Co. 315, 341.

329. Celui qui emprunte à la grosse sur des marchandises n'est point libéré par la perte du navire et du chargement, s'il ne justifie qu'il y avait, pour son compte, des effets jusqu'à la concurrence de la somme empruntée (d). — Co. 316, 324 v.

330. Les prêteurs à la grosse contribuent, à la décharge des emprunteurs, aux avaries communes. — Les avaries simples sont aussi à la charge des prêteurs, s'il n'y a convention contraire (e). — Co. 397, 399.

331. S'il y a contrat à la grosse et assurance sur le même navire ou sur le même chargement, le produit des effets sauvés du naufrage est partagé entre le prêteur à la grosse, *pour son capital seulement*, et

---

(a) Ord. *aout* 1681, *liv.* III, *tit.* v.

ART. 12. Ne sera réputé cas fortuit tout ce qui arrive par le vice propre de la chose, ou par le fait des propriétaires, maîtres ou marchands chargeurs, s'il n'est autrement porté par la convention.

(b) Ord. *aout* 1681, *liv.* III, *tit.* v.

ART. 17. Seront toutefois, en cas de naufrage, les contrats à la grosse réduits à la valeur des effets sauvés.

(c) Ord. *aout* 1681, *liv.* III, *tit.* v.

ART. 13. Si le temps des risques n'est point réglé par le contrat, il courra à l'égard du vaisseau, ses agrès, apparaux et victuailles, du jour qu'il aura fait voile, jusqu'à ce qu'il soit ancré au port de sa destination et amarré à quai; et quant aux marchandises, sitôt qu'elles auront été chargées dans le vaisseau, ou dans des gabares pour les y porter, jusqu'à ce qu'elles soient délivrées à terre.

(d) Ord. *aout* 1681, *liv.* III, *tit.* v.

ART. 14. Le chargeur qui aura pris de l'argent à la grosse sur marchandise, ne sera point libéré par la perte du navire et de son chargement, s'il ne justifie qu'il y avait pour son compte des effets jusqu'à concurrence de pareille somme.

(e) Ord. *aout* 1681, *liv.* III, *tit.* v.

ART. 16. Les donneurs à la grosse contribueront à la décharge des preneurs, aux grosses avaries; comme rachats, compositions, jets, mâts et cordages coupés pour le salut commun du navire et des marchandises, et non aux simples avaries ou dommages particuliers qui leur pourraient arriver, s'il n'y a convention contraire.

l'assureur, pour les sommes assurées, au marc le franc de leur intérêt respectif, sans préju- | dice des priviléges établis à l'article 191 (*n*). — Co. 259, 327, 333, 417.

TITRE DIXIÈME.

DES ASSURANCES.

SECTION PREMIÈRE.

Du Contrat d'assurance, de sa Forme et de son Objet.

332. Le contrat d'assurance est rédigé par écrit. — Il est daté du jour auquel il est souscrit. — Il y est énoncé si c'est avant ou après midi. — Il peut être fait sous signature privée. — Il ne peut contenir aucun blanc. — Il exprime — Le nom et le domicile de celui qui fait assurer, sa qualité de propriétaire ou de commissionnaire ; — Le nom et la désignation du navire, — Le nom du capitaine, — Le lieu où les marchandises ont été ou doivent être chargées, — Le port d'où ce navire a dû ou doit partir, — Les ports ou rades dans lesquels il doit charger ou décharger, — Ceux dans lesquels il doit entrer, — La nature et la valeur ou l'estimation des marchandises ou objets que l'on fait assurer, — Les temps auxquels les risques doivent commencer et finir, — La somme assurée, — La prime ou le coût de l'assurance, — La soumission des parties à des arbitres, en cas de contestation, si elle a été convenue, — Et généralement toutes les autres conditions dont les parties sont convenues (*b*). — Co. 72, 77,

---

(*a*) Ord. *août* 1681, *liv.* III, *tit.* V.

Art. 18. S'il y a contrat à la grosse, et assurance sur un même chargement, le donneur sera préféré aux assureurs sur les effets sauvés du naufrage pour son capital seulement.

(*b*) Ord. *août* 1681, *liv.* III, *tit.* VI.

Art. 2. Le contrat appelé police d'assurance sera rédigé par écrit, et pourra être fait sous signature privée.

3. La police contiendra le nom et le domicile de celui qui se fait assurer, sa qualité de propriétaire ou de commissionnaire, les effets sur lesquels l'assurance sera faite, le nom du navire et du maître, celui du lieu où les marchandises auront été ou devront être chargées, du havre d'où le vaisseau devra partir ou sera parti, des ports où il devra charger et décharger, et de tous ceux où il devra entrer, le temps auquel les risques commenceront et finiront, les sommes qu'on entend assurer, la prime ou coût de l'assurance, la soumission des parties aux arbitres, en cas de contestation, et généralement toutes les autres conditions dont elles voudront convenir.

68. Faisons défenses à tous greffiers de police, commis de chambre d'assurances, notaires, courtiers et censaux, de faire signer des polices où il y ait aucun blanc, à peine de tous dommages et intérêts ; comme aussi d'en faire aucunes dans lesquelles ils soient intéressés directement ou indi-

79, 81, 192 8°, 833 «., 432, 435 «., 633 — C. 1104, 1817, 1822, 1984.

333. La même police peut contenir plusieurs assurances, soit à raison des marchandises, soit à raison du taux de la prime, soit à raison de différens assureurs. — Co. 335.

334. L'assurance peut avoir pour objet : — Le corps et quille du vaisseau, vide ou chargé, armé ou non armé, seul ou accompagné, — Les agrès et paraux, — Les armemens, — Les victuailles, — Les sommes prêtées à la grosse, — Les marchandises du chargement, et toutes autres choses ou valeurs estimables à prix d'argent, aujettes aux risques de la navigation (a). — Co. 191 10 . 192 8°, 342, 347.

335. L'assurance peut être

---

rectement, par eux ou par personnes interposées, et de prendre transport des droits des assurés ; à peine de cinq cents livres d'amende pour la première fois, et de destitution en cas de récidive, sans que les peines puissent être modérées.

70. Lorsque la police contien-a soumission à l'arbitrage, et que l'une des parties demandera d'être renvoyée devant des arbitres avant aucune contestation en cause, l'autre partie sera tenue d'en convenir, sinon le juge en nommera pour le refusant.

71. Huitaine après la nomination d'arbitres, les parties produiront entre leurs mains ; et dans la huitaine suivante, sera donnée sentence contradictoire ou par défaut sur ce qui se trouvera par devers eux.

72. Les sentences arbitrales seront homologuées au siége de l'amirauté dans le ressort duquel elles auront été rendues ; défendons au juge de prendre, sous ce prétexte, aucune connaissance du fond, à peine de nullité et de tous dépens, dommages et intérêts des parties.

73. L'appel des sentences arbitrales et d'homologation ressortira en nos cours de parlement, et ne pourra être reçu que la peine portée par la soumission n'ait été payée.

74. Les sentences arbitrales seront exécutoires, nonobstant l'appel, en donnant caution par-devant les juges qui les auront homologuées.

(a) Ord. août 1681, *liv.* III, *tit.* VI.

Art. 7. Les assurances pourront être faites sur le corps et quille du vaisseau, vide ou chargé, avant ou pendant le voyage, sur les victuailles et sur les marchandises, conjointement ou séparément, chargées en vaisseau armé ou non armé, seul ou accompagné, pour l'envoi ou le retour, pour un voyage entier, ou pour un temps limité.

8. Si l'assurance est faite sur le corps et quille du vaisseau, ses agrès, apparaux, armement, et victuailles, ou sur une portion, l'estimation en sera faite par la police, sauf à l'assureur, en cas de fraude, de faire procéder à nouvelle estimation.

9. Tous navigateurs, passagers et autres, pourront faire assurer la liberté de leurs personnes ; et en ce cas, les polices contiendront le nom, le pays, la demeure, l'âge et la qualité de celui qui se fait assurer, le nom du navire, du havre d'où il doit partir, et celui de son dernier reste, la somme qui sera payée en cas de prise, tant pour la rançon que pour les frais de retour, à qui les deniers en

faite sur le tout ou sur une partie desdits objets conjointement ou séparément. — Co. 334 *et la note*, 357 s. — Elle peut être faite en temps de paix ou en temps de guerre, avant ou pendant le voyage du vaisseau. — Elle peut être faite pour l'aller et le retour, ou seulement pour l'un des deux, pour le voyage entier ou pour un temps limité; — Co. 356. — Pour tous voyages et transports par mer, rivières et canaux navigables.

336. En cas de fraude dans l'estimation des effets assurés, en cas de supposition ou de falsification, l'assureur peut faire procéder à la vérification et estimation des objets, sans préjudice de toutes autres poursuites, soit civiles, soit criminelles.—Co. 334 *note* (art. 8), 348, 357 s., 380. — O. 1116 s. — Pr. 302 s.

337. Les chargemens faits aux échelles du Levant, aux côtes d'Afrique et autres parties du monde, pour l'Europe, peuvent être assurés, sur quelque navire qu'ils aient lieu, sans désignation du navire ni du capitaine. — Les marchandises elles-mêmes peuvent, en ce cas, être assurées sans désignation de leur nature et espèce.—Mais la police doit indiquer celui à qui l'expédition est faite ou doit être consignée, s'il n'y a convention contraire dans la police d'assurance (*a*). — Co. 332. —C. 1134.

338. Tout effet dont le prix est stipulé dans le contrat en monnaie étrangère est évalué au prix que la monnaie stipulée vaut en monnaie de France, suivant le cours à l'époque de la signature de la police (*b*). — Co. 72.

339. Si la valeur des marchandises n'est point fixée par le contrat, elle peut être justifiée par les factures ou par les livres: à défaut, l'estimation en est faite suivant le prix courant au temps et au lieu du chargement, y compris tous les

---

seront fournis, et sous quelle peine.

10. Défendons de faire aucune assurance sur la vie des personnes.

11. Pourront néanmoins ceux qui rachèteront les captifs, faire assurer, sur les personnes qu'ils tireront d'esclavage, le prix du rachat, que les assureurs seront tenus de payer, si le racheté, faisant son retour, est repris, tué, noyé, ou s'il périt par autre voie que par la mort naturelle.

(*a*) Ord. août 1681, *liv.* III, *tit.* VI.

Art. 4. Pourront toutefois les chargemens qui seront faits pour l'Europe, aux échelles du Levant, aux côtes d'Afrique, et aux autres parties du monde, être assurés sur quelque navire qu'ils puissent être, sans désignation du maître ni du vaisseau; pourvu que celui à qui ils devront être consignés soit dénommé dans la police.

(*b*) Décl. 17 août 1779.

Art. 11. Tout effet dont le prix sera porté dans la police d'assurance en monnaies étrangères, ou autres que celles qui ont cours dans l'intérieur de notre Royaume et dont la valeur numéraire est fixée par nos édits, sera évalué au prix que la monnaie stipulée pourra valoir en livres tournois. Faisons très-expresses inhibitions et défenses de faire aucune stipulation contraire, à peine de nullité.

droits payés et les frais faits jusqu'à bord (a). — Co. 109.

340. Si l'assurance est faite sur le retour d'un pays où le commerce ne se fait que par troc, et que l'estimation des marchandises ne soit pas faite par la police, elle sera réglée sur le pied de la valeur de celles qui ont été données en échange, en y joignant les frais de transport (b). — Co. 332.

341. Si le contrat d'assurance ne règle point le temps des risques, les risques commencent et finissent dans le temps réglé par l'article 328 pour les contrats à la grosse (c). — Co. 331.

342. L'assureur peut faire réassurer par d'autres les effets qu'il a assurés.—L'assuré peut faire assurer le coût de l'assurance. — La prime de réassurance peut être moindre ou plus forte que celle de l'assurance (d). — Co. 334, 357.

343. L'augmentation de prime qui aura été stipulée en temps de paix pour le temps de guerre qui pourrait survenir, et dont la quotité n'aura pas été déterminée par les contrats d'assurance, est réglée par les tribunaux, en ayant égard aux risques, aux circonstances et aux stipulations de chaque police d'assurance.

344. En cas de perte des marchandises assurées et chargées pour le compte du capitaine sur le vaisseau qu'il commande, le capitaine est tenu de justifier aux assureurs l'achat des marchandises, et d'en fournir un connaissement signé par deux des principaux de l'équipage (e).

345. Tout homme de l'équipage et tout passager qui

(a) Ord. août 1681, liv. III, tit. VI.

Art. 64. La valeur des marchandises sera justifiée par livres ou factures; sinon l'estimation en sera faite suivant le prix courant au temps et lieu du chargement, y compris tous droits et frais faits jusqu'à bord, si ce n'est qu'elles soient estimées par la police.

(b) Ord. août 1681, liv. III, tit. VI.

Art. 65. Si l'assurance est faite sur le retour d'un pays où le commerce ne se fait que par troc, l'estimation des marchandises de rapport sera faite sur le pied de la valeur de celles données en échange, et des frais faits pour le transport.

(c) Ord. août 1681, liv. III, tit. VI.

Art. 5. Si la police ne règle point le temps des risques, ils commenceront et finiront dans le temps réglé pour les contrats à la grosse par l'article 13 du titre précédent (Co. 328 note).

(d) Ord. août 1681, liv. III, tit. VI.

Art. 20. Il sera loisible aux assureurs de faire réassurer par d'autres les effets qu'ils auront assurés; et aux assurés, de faire assurer le coût de l'assurance, et la solvabilité des assureurs.

21. Les primes des réassurances pourront être moindres ou plus fortes que celles des assurances.

(e) Ord. août 1681, liv. III, tit. VI.

Art. 62. Le maître qui aura fait assurer des marchandises chargées dans son vaisseau pour son compte, sera tenu, en cas de perte, d'en justifier l'achat et d'en fournir un connaissement signé de l'écrivain et du pilote.

apportent des pays étrangers des marchandises assurées en France sont tenus d'en laisser un connaissement dans les lieux où le chargement s'effectue, entre les mains du consul de France, et, à défaut, entre les mains d'un Français notable négociant, ou du magistrat du lieu (a). — Co. 281 s.

346. Si l'assureur tombe en faillite lorsque le risque n'est pas encore fini, l'assuré peut demander caution, ou la résiliation du contrat. — L'assureur a le même droit en cas de faillite de l'assuré. — Co. 437 s., 443 s. — C. 1184, 1188, 2010, 2041. — Pr. 517 s.

347. Le contrat d'assurance est nul, s'il a pour objet, Le fret des marchandises existant à bord du navire, — Le profit espéré des marchandises, — Les loyers des gens de mer, — Les sommes empruntées à la grosse, — Les profits maritimes des sommes prêtées à la grosse (b). — Co. 334, 342, 365. — O. 6, 1133, 1172.

348. Toute réticence, toute fausse déclaration de la part de l'assuré, toute différence entre le contrat d'assurance et le connaissement, qui diminueraient l'opinion du risque ou en changeraient le sujet, annulent l'assurance. — L'assurance est nulle, même dans le cas où la réticence, la fausse déclaration ou la différence, n'auraient pas influé sur le dommage ou la perte de l'objet assuré. — Co. 357 s., 380.

SECTION II.
Des Obligations de l'Assureur et de l'Assuré.

349. Si le voyage est rompu avant le départ du vaisseau, même par le fait de l'assuré, l'assurance est annulée; l'assureur reçoit, à titre d'indemnité, demi pour cent de la somme assurée (c). — Co. 253, 332.

350. Sont aux risques des

(a) Ord. août 1681, liv. III, tit. VI.

Art. 63. Tous mariniers et autres qui rapporteront des pays étrangers des marchandises, qu'ils auront fait assurer en France, seront tenus d'en laisser un connaissement entre les mains du consul ou de son chancelier, s'il y a consulat dans le lieu du chargement, sinon, entre les mains d'un notable marchand de la nation française.

(b) Ord. août 1681, liv. III, tit. VI.

Art. 15. Les propriétaires des navires ni les maîtres ne pourront faire assurer le fret à faire de leurs bâtimens; les marchands, le profit espéré de leurs marchandises; ni les gens de mer, leurs loyers.

16. Faisons défenses à ceux qui prendront deniers à la grosse, de les faire assurer, à peine de nullité de l'assurance, et de punition corporelle.

17. Défendons aussi, sous pareille peine de nullité, aux donneurs à la grosse, de faire assurer le profit des sommes qu'ils auront données.

(c) Ord. août 1681, liv. III, tit. VI.

Art. 37. Si le voyage est entièrement rompu avant le départ du vaisseau, même par le fait des assurés, l'assurance demeurera pareillement nulle, et l'assureur restituera la prime à la réserve du demi pour cent.

assureurs, toutes pertes et dommages qui arrivent aux objets assurés, par tempête, naufrage, échouement, abordage fortuit, changemens forcés de route, de voyage ou de vaisseau, par jet, feu, prise, pillage, arrêt par ordre de puissance, déclaration de guerre, représailles, et généralement par toutes les autres fortunes de mer (*a*). — Co. 351 s.

351. Tout changement de route, de voyage ou de vaisseau, et toutes pertes et dommages provenant du fait de l'assuré, ne sont point à la charge de l'assureur; et même la prime lui est acquise, s'il a commencé à courir les risques (*b*). — Co. 352 s., 361, 364, 391 s.

352. Les déchets, diminutions et pertes qui arrivent par le vice propre de la chose, et les dommages causés par le fait et faute des propriétaires, affréteurs ou chargeurs, ne sont point à la charge des assureurs (*c*).

353. L'assureur n'est point tenu des prévarications et fautes du capitaine et de l'équipage, connues sous le nom de *baraterie de patron*, s'il n'y a convention contraire (*d*). — Co. 216, 221.

354. L'assureur n'est point tenu du pilotage, louage et lamanage, ni d'aucune espèce de droits imposés sur le navire et les marchandises (*e*).

355. Il sera fait désignation dans la police, des marchandises sujettes, par leur nature, à détérioration particulière ou diminution, comme blés ou sels, ou marchandises susceptibles de coulage; sinon les assureurs ne répondront point

---

(*a*) Ord. *août* 1681, *liv.* III, *tit.* VI.

Art. 26. Seront aux risques des assureurs, toutes pertes et dommages qui arriveront sur mer par tempêtes, naufrages, échouemens, abordages, changemens de route, de voyage ou de vaisseau, jet, feu, prise, pillage, arrêt de prince, déclaration de guerre, représailles, et généralement toutes autres fortunes de mer.

(*b*) Ord. *août* 1681, *liv.* III, *tit.* VI.

Art. 27. Si toutefois le changement de route, de voyage ou de vaisseau arrive par l'ordre de l'assuré, sans le consentement des assureurs, ils seront déchargés des risques; ce qui aura pareillement lieu en toutes autres pertes et dommages qui arriveront par le fait ou la faute des assurés; sans que les assureurs soient tenus de restituer la prime, s'ils ont commencé à courir les risques.

(*c*) Ord. *août* 1681, *liv.* III, *tit.* VI.

Art. 29. Les déchets, diminutions et pertes qui arrivent par le vice propre de la chose, ne tomberont point sur les assureurs.

(*d*) Ord. *août* 1681, *liv.* III, *tit.* VI.

Art. 28. Ne seront aussi tenus les assureurs de porter les pertes et dommages arrivés aux vaisseaux et marchandises par la faute des maîtres et mariniers, si par la police ils ne sont chargés de la baraterie de patron.

(*e*) Ord. *août* 1681, *liv.* III, *tit.* VI.

Art. 30. Ne seront aussi tenus des pilotages, louages, lamanages, des droits de congé, visite, rapports et d'ancrages, ni de tous autres imposés sur les navires et marchandises.

des dommages ou pertes qui pourraient arriver à ces mêmes denrées, si ce n'est toutefois que l'assuré eût ignoré la nature du chargement lors de la signature de la police (*a*). — Co. 332, 369.

356. Si l'assurance a pour objet des marchandises pour l'aller et le retour, et si, le vaisseau étant parvenu à sa première destination, il ne se fait point de chargement en retour, ou si le chargement en retour n'est pas complet, l'assureur reçoit seulement les deux tiers proportionnels de la prime convenue, s'il n'y a stipulation contraire (*b*).

357. Un contrat d'assurance ou de réassurance consenti pour une somme excédant la valeur des effets chargés est nul à l'égard de l'assuré seulement, s'il est prouvé qu'il y a dol ou fraude de sa part (*c*). — Co. 332, 359, 380. — C. 1116.

358. S'il n'y a ni dol ni fraude, le contrat est valable jusqu'à concurrence de la valeur des effets chargés, d'après l'estimation qui en est faite ou convenue. — En cas de pertes, les assureurs sont tenus d'y contribuer chacun à proportion des sommes par eux assurées. — Co. 360. — Ils ne reçoivent pas la prime de cet excédant de valeur, mais seulement l'indemnité de demi pour cent (*d*). — Co. 359.

359. S'il existe plusieurs contrats d'assurance faits sans fraude sur le même chargement, et que le premier contrat assure l'entière valeur des effets chargés, il subsistera seul. — Les assureurs qui ont signé les contrats subséquens sont libérés; ils ne reçoivent que demi pour cent de la somme assurée. — Si l'entière valeur des effets chargés n'est pas assurée par le premier contrat, les assureurs qui ont signé les contrats subséquens, répon-

---

(*a*) Ord. *août* 1681, *liv.* III, *tit.* VI.

Art. 31. Il sera fait désignation dans la police des marchandises sujettes à coulage; sinon les assureurs ne répondront point des dommages qui leur pourront arriver par tempête; si ce n'est que l'assurance soit faite sur retour des pays étrangers.

(*b*) Ord. *août* 1681, *liv.* III, *tit.* VI.

Art. 6. La prime, ou coût de l'assurance, sera payée en son entier lors de la signature de la police; mais si l'assurance est faite sur marchandises pour l'aller et le retour, et que le vaisseau étant parvenu au lieu de sa destination, il ne se fasse point de retour; l'assureur sera tenu de rendre le tiers de la prime,

s'il n'y a stipulation contraire.

(*c*) Ord. *août* 1681, *liv.* III, *tit.* VI.

Art. 22. Défendons de faire assurer ou réassurer des effets au-delà de leur valeur, par une ou plusieurs polices, à peine de nullité de l'assurance et de confiscation des marchandises.

(*d*) Ord. *août* 1681, *liv.* III, *tit.* VI.

Art. 23. Si toutefois il se trouve une police faite sans fraude, qui excède la valeur des effets chargés, elle subsistera jusqu'à concurrence de leur estimation; et en cas de perte, les assureurs en seront tenus, chacun à proportion des sommes par eux assurées, comme aussi de rendre la prime du surplus, à la réserve du demi pour cent.

66. (*Voyez* Co. 363 *note*.)

dent de l'excédant, en suivant l'ordre de la date des contrats (a). — Co. 335.

360. S'il y a des effets chargés pour le montant des sommes assurées, en cas de perte d'une partie, elle sera payée par tous les assureurs de ces effets, au marc le franc de leur intérêt. — Co. 358.

361. Si l'assurance a lieu divisément pour des marchandises qui doivent être chargées sur plusieurs vaisseaux désignés, avec énonciation de la somme assurée sur chacun, et si le chargement entier est mis sur un seul vaisseau, ou sur un moindre nombre qu'il n'en est désigné dans le contrat, l'assureur n'est tenu que de la somme qu'il a assurée sur le vaisseau ou sur les vaisseaux qui ont reçu le charge-

ment, nonobstant la perte de tous les vaisseaux désignés ; et il recevra néanmoins demi pour cent des sommes dont les assurances se trouvent annulées (b). — Co. 351, 391 s.

362. Si le capitaine a la liberté d'entrer dans différens ports pour compléter ou échanger son chargement, l'assureur ne court les risques des effets assurés que lorsqu'ils sont à bord, s'il n'y a convention contraire (c).

363. Si l'assurance est faite pour un temps limité, l'assureur est libre après l'expiration du temps, et l'assuré peut faire assurer les nouveaux risques (d).

364. L'assureur est déchargé des risques, et la prime lui est acquise, si l'assuré envoie le vaisseau en un lieu

---

(a) ORD. *août* 1681, *liv.* III, *tit.* VI.

ART. 21. Et s'il y a plusieurs polices aussi faites sans fraude, et que la première monte à la valeur des effets chargés, elle subsistera seule ; et les autres assureurs sortiront de l'assurance, et rendront aussi la prime, à la réserve du demi pour cent.

25. En cas que la première police ne monte pas à la valeur des effets chargés, les assureurs de la seconde répondront du surplus ; et s'il y a des effets chargés pour le contenu aux assurances, en cas de perte d'une partie, elle sera payée par les assureurs y dénommés, au marc la livre de leur intérêt.

(b) ORD. *août* 1681, *liv.* III, *tit.* VI.

ART. 32. Si l'assurance est faite divisément sur plusieurs vaisseaux désignés, et que la charge entière soit mise sur un seul, l'assureur ne courra risque que de la somme

qu'il aura assurée sur le bâtiment qui aura reçu le chargement, quand même tous les vaisseaux désignés viendraient à périr ; et il rendra la prime de surplus, à la réserve du demi pour cent.

(c) ORD. *août* 1681, *liv.* III, *tit.* VI.

ART. 33. Lorsque les maîtres et patrons auront la liberté de toucher en différens ports ou échelles, les assureurs ne courront point les risques des effets qui seront à terre, quoique destinés pour le chargement qu'ils auront assuré, et que le vaisseau soit au port pour le prendre, s'il n'y a convention expresse par la police.

(d) ORD. *août* 1681, *liv.* III, *tit.* VI.

ART. 34. Si l'assurance est faite pour un temps limité, sans désignation de voyage, l'assureur sera libre après l'expiration du temps, et pourra l'assuré faire assurer le nouveau risque

plus éloigné que celui qui est désigné par le contrat, quoique sur la même route. — L'assurance a son entier effet, si le voyage est raccourci (a). — Co. 351, 391 ».

365. Toute assurance faite après la perte ou l'arrivée des objets assurés est nulle, s'il y a présomption qu'avant la signature du contrat l'assuré a pu être informé de la perte, ou l'assureur de l'arrivée des objets assurés (b). — Co. 366 ». — C. 1131.

366. La présomption existe, si, en comptant trois quarts de myriamètre par heure, sans préjudice des autres preuves, il est établi que de l'endroit de l'arrivée ou de la perte du vaisseau, ou du lieu où la première nouvelle en est arrivée, elle a pu être portée dans le lieu où le contrat d'assurance a été passé, avant la signature du contrat (c). — Co. 368. — C. 1350, 1352.

367. Si cependant l'assurance est faite sur bonnes ou mauvaises nouvelles, la présomption mentionnée dans les articles précédens n'est point admise. — Le contrat n'est annulé que sur la preuve que l'assuré savait la perte, ou l'assureur l'arrivée du navire, avant la signature du contrat (d).

368. En cas de preuve contre l'assuré, celui-ci paie à l'assureur une double prime. — En cas de preuve contre l'assureur, celui-ci paie à l'assuré une somme double de la prime convenue. — Celui d'entre eux contre qui la preuve est faite est poursuivi correctionnellement (e). — Co. 367. — C. 1348, 1353.

(a) Ord. *août 1681, liv. III, tit. VI.*

Art. 36. Les assureurs seront déchargés des risques, et ne laisseront de gagner la prime, si l'assuré, sans leur consentement, envoie le vaisseau en un lieu plus éloigné que celui désigné par la police, quoique sur la même route; mais l'assurance aura son effet entier, si le voyage est seulement raccourci.

(b) Ord. *août 1681, liv. III, tit. VI.*

Art. 38. Déclarons nulles les assurances faites après la perte ou l'arrivée des choses assurées, si l'assuré en savait, ou pouvait savoir la perte, ou l'assureur l'arrivée, avant la signature de la police.

(c) Ord. *août 1681, liv. III, tit. VI.*

Art. 39. L'assuré sera présumé avoir su la perte, et l'assureur l'arrivée des choses assurées, s'il se trouve que, de l'endroit de la perte ou de l'abord du vaisseau, la nouvelle en ait pu être portée avant la signature de la police, dans le lieu où elle a été passée, en comptant une lieue et demie pour heure; sans préjudice des autres preuves qui pourront être rapportées.

(d) Ord. *août 1681, liv. III, tit. VI.*

Art. 40. Si toutefois l'assurance est faite sur bonnes ou mauvaises nouvelles, elle subsistera, s'il n'est vérifié par autre preuve que celle de la lieue et demie pour heure, que l'assuré savait la perte, ou l'assureur l'arrivée du vaisseau, avant la signature de la police.

(e) Ord. *août 1681, liv. III, tit. VI.*

Art. 41. En cas de preuve contre l'assuré, il sera tenu de restituer à l'assureur ce qu'il aura

SECTION III.
Du Délaissement.

369. Le délaissement des objets assurés peut être fait, — En cas de prise, — De naufrage, — D'échouement avec bris, — D'innavigabilité par fortune de mer, — En cas d'arrêt d'une puissance étrangère, — En cas de perte ou détérioration des effets assurés, si la détérioration ou la perte va au moins à trois quarts. — Il peut être fait, en cas d'arrêt de la part du gouvernement, après le voyage commencé (a). —Co. 370, 372 s.

370. Il ne peut être fait avant le voyage commencé (b). —Co. 369.

371. Tous autres dommages sont réputés avaries, et se règlent, entre les assureurs et les assurés, à raison de leurs intérêts.—Co. 369 note, 397 s., 435 s.

372. Le délaissement des objets assurés ne peut être partiel ni conditionnel. — Il ne s'étend qu'aux effets qui sont l'objet de l'assurance et du risque (c). — Co. 332, 350.

373. Le délaissement doit être fait aux assureurs dans le terme de six mois, à partir du jour de la réception de la nouvelle de la perte arrivée aux ports ou côtes de l'Europe, ou sur celles d'Asie et d'Afrique, dans la Méditerranée, ou bien, en cas de prise, de la réception de celle de la conduite du navire dans l'un des ports, ou lieux situés aux côtes ci-dessus mentionnées; — Dans le délai d'un an après la réception de la nouvelle ou de la perte arrivée, ou de la prise conduite aux colonies des Indes occidentales, aux îles Açores, Canaries, Madère et autres îles et côtes occidentales d'Afrique et orientales d'Amérique; — Dans le délai de deux ans après la nouvelle des pertes arrivées ou des prises conduites dans toutes les autres parties du monde. — Et ces délais passés, les assurés ne seront plus recevables à faire le délaissement (d). — Co. 375, 431.

---

reçu, et de lui payer double prime; et si elle est faite contre l'assureur, il sera pareillement condamné à la restitution de la prime, et d'en payer le double à l'assuré.

(a) Ord. *août* 1681, *liv.* III, *tit.* VI

Art. 46. Ne pourra le délaissement être fait qu'en cas de prise, naufrage, bris, échouement, arrêt de prince, ou perte entière des effets assurés; et tous autres dommages ne seront réputés qu'avarie, qui sera réglée entre les assureurs et les assurés, à proportion de leurs intérêts.

(b) Ord. *août* 1681, *liv.* III, *tit.* VI.

Art. 52. Si le vaisseau était ar-

rêté, en vertu de nos ordres, dans un des ports de notre Royaume, avant le voyage commencé, les assurés ne pourront, à cause de l'arrêt, faire l'abandon de leurs effets.

(c) Ord. *août* 1681, *liv.* III, *tit.* VI.

Art. 47. On ne pourra faire délaissement d'une partie et retenir l'autre, ni aucune demande d'avarie, si elle n'excède un pour cent.

(d) Ord. *août* 1681, *liv.* III, *tit.* VI.

Art. 48. Les délaissemens et toutes demandes en exécution de la police, seront faits aux assureurs, dans les six semaines après

374. Dans le cas où le délaissement peut être fait, et dans le cas de tous autres accidens au risque des assureurs, l'assuré est tenu de signifier à l'assureur les avis qu'il a reçus. — La signification doit être faite dans les trois jours de la réception de l'avis (a). — Co. 378. — Pr. 68, 1033.

375. Si, après un an expiré, à compter du jour du départ du navire, ou du jour auquel se rapportent les dernières nouvelles reçues, pour les voyages ordinaires, — Après deux ans pour les voyages de long cours, — Co. 377. — L'assuré déclare n'avoir reçu aucune nouvelle de son navire, il peut faire le délaissement à l'assureur, et demander le paiement de l'assurance, sans qu'il soit besoin d'attestation de la perte. — Après l'expiration de l'an ou des deux ans, l'assuré a, pour agir, les délais établis par l'article 373 (b).

376. Dans le cas d'une assurance pour temps limité, après l'expiration des délais établis, comme ci-dessus, pour les voyages ordinaires et pour ceux de long cours, la perte du navire est présumée arrivée dans le temps de l'assurance; — Co. 373, 375. — C. 1350, 1352.

377. Sont réputés voyages de long cours ceux qui se font aux Indes orientales et occidentales, à la mer Pacifique, au Canada, à Terre-Neuve, au Groënland, et aux autres côtes et îles de l'Amérique méridionale et septentrionale, aux Açores, Canaries, à Madère, et dans toutes les côtes et pays situés sur l'Océan au-delà des détroits de Gibraltar et du Sund (c). — Co. 373.

378. L'assuré peut, par la

la nouvelle des pertes arrivées aux côtes de la même province où l'assurance aura été faite : et pour celles qui arriveront en une autre province de notre Royaume, dans trois mois ; pour les côtes de Hollande, Flandre ou Angleterre, dans quatre mois ; pour celles d'Espagne, Italie, Portugal, Barbarie, Moscovie ou Norwège, dans un an ; et pour les côtes de l'Amérique, Brésil, Guinée et autres pays plus éloignés, dans deux ans ; et ce temps passé, les assurés ne seront plus recevables en leur demande

(a) ORD. *août* 1681, *liv.* III, *tit.* VI.

ART. 42. Lorsque l'assuré aura eu avis de la perte du vaisseau ou des marchandises assurées, de l'arrêt de prince et d'autres accidens étant aux risques des assureurs, il sera tenu de les leur

faire incontinent signifier ou à celui qui aura signé pour eux l'assurance, avec protestation de faire son délaissement en temps et lieu.

(b) ORD. *août* 1681, *liv.* III, *tit.* VI.

ART. 58. Si néanmoins l'assuré ne reçoit aucune nouvelle de son navire, il pourra, après l'an expiré (à compter du jour du départ pour les voyages ordinaires), et après deux ans (pour ceux de longs cours), faire son délaissement aux assureurs, et leur demander paiement, sans qu'il soit besoin d'aucune attestation de la perte

(c) ORD. *août* 1681, *liv.* III, *tit.* VI.

ART. 59. Les voyages de France en Moscovie, Groënland, Canada, aux bancs et îles de Terre-Neuve, et autres côtes et îles de l'Amé-

signification mentionnée en l'article 374, ou faire le délaissement avec sommation à l'assureur de payer la somme assurée dans le délai fixé par le contrat, ou se réserver de faire le délaissement dans les délais fixés par la loi (a). — Co. 374 *note.*

379. L'assuré est tenu, en faisant le délaissement, de déclarer toutes les assurances qu'il a faites ou fait faire, même celles qu'il a ordonnées, et l'argent qu'il a pris à la grosse, soit sur le navire, soit sur les marchandises; faute de quoi, le délai du paiement, qui doit commencer à courir du jour du délaissement, sera suspendu jusqu'au jour où il fera notifier ladite déclaration, sans qu'il en résulte aucune prorogation du délai établi pour former l'action en délaissement (b). — Co. 359, 373.

380. En cas de déclaration frauduleuse, l'assuré est privé des effets de l'assurance; il est tenu de payer les sommes empruntées, nonobstant la perte ou la prise du navire (c). — Co. 336, 357.

381. En cas de naufrage ou d'échouement avec bris, l'assuré doit, sans préjudice du délaissement à faire en temps et lieu, travailler au recouvrement des effets naufragés. — Sur son affirmation, les frais de recouvrement lui sont alloués jusqu'à concurrence de la valeur des effets recouvrés (d). — Co. 393. — O. 2102 3°.

...sique, au Cap-Vert, côtes de Guinée, et tous autres qui se feront au-delà du tropique, seront réputés voyages de long cours.

ORD 18 oct. 1710.

ART. 1er. Seront réputés voyages de long cours, ceux aux Indes tant orientales qu'occidentales, en Canada, Terre-Neuve, Groënland et îles de l'Amérique méridionale et septentrionale, aux Açores, Canaries, Madère, et en toutes les côtes et pays situés sur l'Océan au-delà des détroits de Gibraltar et du Sund, et ce, conformément au règlement du 20 août 1673.

(a) ORD. *août* 1681, *liv.* III, *tit.* VI.

ART. 43. Pourra néanmoins l'assuré, au lieu de protestation, faire en même temps son délaissement, avec sommation aux assureurs de payer les sommes assurées dans le temps porté par la police.

(b) ORD. *août* 1681, *liv.* III, *tit.* VI.

ART. 53. L'assuré sera tenu, en faisant son délaissement, de déclarer toutes les assurances qu'il aura fait faire, et l'argent qu'il aura pris à la grosse sur les effets assurés, à peine d'être privé de l'effet des assurances.

(c) ORD. *août* 1681, *liv.* III, *tit.* VI.

ART. 54. Si l'assuré a recélé des assurances ou des contrats à la grosse, et qu'avec celles qu'il aura déclarées elles excèdent la valeur des effets assurés, il sera privé de l'effet des assurances, et tenu de payer les sommes empruntées, nonobstant la perte ou prise du vaisseau.

55. Et s'il poursuit le paiement des sommes assurées au-delà de la valeur de ses effets, il sera en outre puni exemplairement.

(d) ORD. *août* 1681, *liv.* III, *tit.* VI.

ART. 45. En cas de naufrage ou échouement, l'assuré pourra travailler au recouvrement des effets naufragés, sans préjudice

382. Si l'époque du paiement n'est point fixée par le contrat, l'assureur est tenu de payer l'assurance trois mois après la signification du délaissement (*a*). — Co. 373. — Pr. 68, 1033.

383. Les actes justificatifs du chargement et de la perte sont signifiés à l'assureur avant qu'il puisse être poursuivi pour le paiement des sommes assurées (*b*). — Co. 212, 246 s.

384. L'assureur est admis à la preuve des faits contraires à ceux qui sont consignés dans les attestations. — Co. 383. — L'admission à la preuve ne suspend pas les condamnations de l'assureur au paiement provisoire de la somme assurée, à la charge par l'assuré de donner caution. — C. 2040, 2041. — Pr. 517 s. — L'enga-

gement de la caution est éteint après quatre années révolues, s'il n'y a pas eu de poursuite (*c*). — C. 2244.

385. Le délaissement signifié et accepté ou jugé valable, les effets assurés appartiennent à l'assureur, à partir de l'époque du délaissement. — L'assureur ne peut, sous prétexte du retour du navire, se dispenser de payer la somme assurée (*d*).

386. Le fret des marchandises sauvées, quand même il aurait été payé d'avance, fait partie du délaissement du navire, et appartient également à l'assureur, sans préjudice des droits des prêteurs à la grosse, de ceux des matelots pour leur loyer, et des frais et dépenses pendant le voyage (*e*). — Co. 191, 192, 271, 320, 327.

387. En cas d'arrêt de la

---

du délaissement qu'il pourra faire en temps et lieu, et du remboursement de ses frais, dont il sera cru sur son affirmation, jusqu'à concurrence de la valeur des effets recouvrés.

(*a*) Ord. *août* 1681, *liv.* III, *tit.* VI.

Art. 44. Si le temps du paiement n'est point réglé par la police, l'assureur sera tenu de payer l'assurance trois mois après la signification du délaissement.

(*b*) Ord. *août* 1681, *liv.* III, *tit.* VI.

Art. 58. Les assureurs sur le chargement ne pourront être contraints au paiement des sommes par eux assurées que jusqu'à concurrence de la valeur des effets dont l'assuré justifiera le chargement et la perte.

57. Les actes justificatifs du chargement et de la perte des effets assurés seront signifiés aux assureurs, incontinent après le

délaissement et avant qu'ils puissent être poursuivis pour le paiement des choses assurées.

(*c*) Ord. *août* 1681, *liv.* III, *tit.* VI.

Art. 61. L'assureur sera reçu à faire preuve contraire aux attestations, et cependant condamné, par provision, au paiement des sommes assurées, en baillant caution par l'assuré.

(*d*) Ord. *août* 1681, *liv.* III, *tit.* VI.

Art. 60. Après le délaissement signifié, les effets assurés appartiendront à l'assureur, qui ne pourra, sous prétexte du retour du vaisseau, se dispenser de payer les sommes assurées.

(*e*) Décl. 17 *août* 1779.

Art. 8. Le fret acquis pourra être assuré et ne pourra faire partie du délaissement du navire, s'il n'est expressément compris dans la police d'assurance; mais le fret à faire appartiendra aux

part d'une puissance, l'assuré est tenu de faire la signification à l'assureur, dans les trois jours de la réception de la nouvelle. — Co. 874, 890. — Pr. 68, 1033. — Le délaissement des objets arrêtés ne peut être fait qu'après un délai de six mois de la signification, si l'arrêt a eu lieu dans les mers d'Europe, dans la Méditerranée ou dans la Baltique; — Qu'après le délai d'un an, si l'arrêt a eu lieu en pays plus éloigné. — Ces délais ne courent que du jour de la signification de l'arrêt. — Dans le cas où les marchandises arrêtées seraient périssables, les délais ci-dessus mentionnés sont réduits à un mois et demi pour le premier cas, et à trois mois pour le second cas (a). — Co. 373.

388. Pendant les délais portés par l'article précédent, les assurés sont tenus de faire toutes diligences qui peuvent dépendre d'eux, à l'effet d'obtenir la main-levée des effets arrêtés (b). — Pourront, de leur côté, les assureurs, ou de concert avec les assurés, ou séparément, faire toutes démarches à même fin.

389. Le délaissement à titre d'innavigabilité ne peut être fait, si le navire échoué peut être relevé, réparé, et mis en état de continuer sa route pour le lieu de sa destination. — Dans ce cas, l'assuré conserve son recours sur les assureurs, pour les frais et avaries occasionnés par l'échouement (c). — Co. 390 s., 400 s°.

---

assureurs, comme faisant partie du délaissement, s'il n'y a clause contraire dans la police d'assurance : sans préjudice toutefois des loyers des matelots et des contrats à grosse aventure, à l'égard desquels les dispositions de l'ordonnance du mois d'août 1681 seront exécutées suivant leur forme et teneur.

(a) Ord. août 1681, liv. III, tit. VI.

ART. 49. En cas d'arrêt de prince, le délaissement ne pourra être fait qu'après six mois, si les effets sont arrêtés en Europe ou Barbarie; et après un an, si c'est en pays plus éloigné; le tout à compter du jour de la signification de l'arrêt aux assureurs; et ne courra, en ce cas, la fin de non-recevoir portée par l'article précédent contre les assurés, que du jour qu'ils auront pu agir.

50. Si toutefois les marchandises arrêtées sont périssables, le délaissement pourra être fait après six semaines, si elles sont arrêtées en Europe ou en Barbarie, et après trois mois, si c'est en pays plus éloigné, à compter aussi du jour de la signification de l'arrêt aux assureurs.

(b) Ord. août 1681, liv. III, tit. VI.

ART. 51. Les assurés seront tenus, pendant les délais portés par les deux articles précédens (Cr. 387 note), de faire toutes diligences pour obtenir main-levée des effets arrêtés, et pourront les assureurs les faire de leur chef, si bon leur semble.

(c) Décl. 17 août 1779.

ART. 4. Dans le cas où le navire, par fortune de mer, aurait été mis hors d'état de continuer sa navigation, et aurait été condamné en conséquence, les assurés pourront faire délaissement à leurs assureurs du corps et quille, agrès et apparaux dudit navire, en se conformant aux dispositions de l'ordonnance du mois

390. Si le navire a été déclaré innavigable, l'assuré sur le chargement est tenu d'en faire la notification dans le délai de trois jours de la réception de la nouvelle (a). — Co. 369, 374, 391. — Pr. 68, 1033.

391. Le capitaine est tenu, dans ce cas, de faire toutes diligences pour se procurer un autre navire à l'effet de transporter les marchandises au lieu de leur destination.— Co. 238, 241, 296, 390 *et la note*, 392 s.

392. L'assureur court les risques des marchandises chargées sur autre navire, dans le cas prévu par l'article précédent, jusqu'à leur arrivée et leur déchargement (b). — Co. 350, 393.

393. L'assureur est tenu, en outre, des avaries, frais de déchargement, magasinage rembarquement, de l'excédant du fret, et de tous autres frais qui auront été faits pour sauver les marchandises, jusqu'à concurrence de la somme assurée. — Co. 381, 392 *et la note*, 397.

394. Si, dans les délais prescrits par l'article 387, le capitaine n'a pu trouver de navire pour recharger les marchandises et les conduire au lieu de leur destination, l'assuré peut en faire le délaissement (c). — Co. 369, 391.

395. En cas de prise, si

---

d'août 1681 sur les délaissemens ; ne seront toutefois les assurés admis à faire ledit délaissement qu'en représentant les procès-verbaux de visite du navire, ordonnés par les articles 1er et 3e de la présente déclaration.

b. Ne pourront aussi les assurés être admis à faire le délaissement du navire qui aura échoué, si ledit navire relevé, soit par les forces de son équipage, soit par des secours empruntés, a continué sa route jusqu'au lieu de sa destination, sauf à eux à se pourvoir ainsi qu'il appartiendra tant pour les frais dudit échouement, que pour les avaries, soit du navire, soit des marchandises.

(a) Décl. 17 août 1779.

Art. 7. Lorsque le navire aura été condamné comme hors d'état de continuer sa navigation, les assurés sur les marchandises seront tenus de le faire incessamment signifier aux assureurs, lesquels ainsi que les assurés, feront leurs diligences pour trouver un autre navire, sur lequel les-dites marchandises seront chargées, à l'effet de les transporter à leur destination.

(b) Décl. 17 août 1779.

Art. p. Dans le cas où lesdites marchandises auraient été chargées sur un nouveau navire, les assureurs courront les risques sur lesdites marchandises jusqu'à leur débarquement dans le lieu de leur destination ; et seront en outre tenus de supporter, à la décharge des assurés, les avaries des marchandises, les frais de sautelage, de chargement, magasinage et rembarquement, ensemble les droits qui pourraient être payés ; et le surcroît de fret s'il y en a.

(c) Décl. 17 août 1779.

Art. 8. Dans le cas où il ne se serait pas trouvé de navire pour charger lesdites marchandises et les conduire au lieu de leur destination dans les délais portés par les articles 49 et 50 du titre des Assurances de l'ordonnance du mois d'août 1681, les assurés pourront en faire le délaissement

l'assuré n'a pu en donner avis à l'assureur, il peut racheter les effets sans attendre son ordre. — L'assuré est tenu de signifier à l'assureur la composition qu'il aura faite, aussitôt qu'il en aura les moyens (a). — Co. 369, 396.

396. L'assureur a le choix de prendre la composition à son compte, ou d'y renoncer : il est tenu de notifier son choix à l'assuré, dans les vingt-quatre heures qui suivent la signification de la composition. — S'il déclare prendre la composition à son profit, il est tenu de contribuer, sans délai, au paiement du rachat dans les termes de la convention, et à proportion de son intérêt; et il continue de courir les risques du voyage, conformément au contrat d'assurance. — Co. 392. — S'il déclare renoncer au profit de la composition, il est tenu au payement de la somme assurée, sans pouvoir rien prétendre aux effets rachetés. — Lorsque l'assureur n'a pas notifié son choix dans le délai susdit, il est censé avoir renoncé au profit de la composition (b). — Co. 395.

TITRE ONZIÈME.

DES AVARIES.

397. Toutes dépenses extraordinaires faites pour le navire et les marchandises, conjointement ou séparément, — Tout dommage qui arrive au navire et aux marchandises, depuis leur chargement et départ jusqu'à leur retour et déchargement, — Sont réputés avaries (c). — Co. 399 s., 435 s.

398. A défaut de conventions spéciales entre toutes les parties, les avaries sont réglées conformément aux dispositions ci-après.

399. Les avaries sont de deux classes, avaries grosses ou communes, et avaries sim-

---

en se conformant aux dispositions de ladite ordonnance sur les délaissemens.

(a) ORD. août 1681, liv. III, tit. VI.

ART. 66. En cas de prise, les assurés pourront racheter leurs effets sans attendre l'ordre des assureurs, s'ils n'ont pu leur en donner avis, à condition toutefois de les avertir ensuite, par écrit, de la composition qui aura été faite.

(b) ORD. août 1681, liv. III, tit. VI.

ART. 67. Les assureurs pourront prendre la composition à leur profit, à proportion de leur intérêt; et en ce cas ils seront tenus d'en faire leur déclaration sur-le-champ, de contribuer actuellement au paiement du rachat, et de courir les risques du retour, sinon de payer les sommes par eux assurées, sans qu'ils puissent rien prétendre aux effets rachetés.

(c) ORD. août 1681, liv. III, tit. VII.

ART. 1er. Toute dépense extraordinaire qui se fera pour les navires et marchandises, conjointement ou séparément, et tout dommage qui leur arrivera depuis leur charge et départ jusqu'à leur retour et décharge, seront réputés avaries.

ples ou particulières (a). — Co. 400, 403.

400. Sont avaries communes, — 1° Les choses données par composition et à titre de rachat du navire et des marchandises; — Co. 893 ». — 2° Celles qui sont jetées à la mer; — Co. 410 ». — 3° Les câbles ou mâts rompus ou coupés; — 4° Les ancres et autres effets abandonnés pour le salut commun; — 5° Les dommages occasionnés par le jet aux marchandises restées dans le navire; — 6° Les pansement et nourriture des matelots blessés en défendant le navire, les loyer et nourriture des matelots pendant la détention, quand le navire est arrêté en voyage par ordre d'une puissance, et pendant les réparations des dommages volontairement soufferts pour le salut commun, si le navire est affrété au mois; — Co. 262 »., 300.—

7° Les frais du déchargement pour alléger le navire et entrer dans un havre ou dans une rivière, quand le navire est contraint de le faire par tempête ou par la poursuite de l'ennemi: — Co. 410 ». — 8° Les frais faits pour remettre à flot le navire échoué dans l'intention d'éviter la perte totale ou la prise; — C. 2102 8°. — Et, en général, les dommages soufferts volontairement et les dépenses faites d'après délibérations motivées, pour le bien et salut commun du navire et des marchandises, depuis leur chargement et départ jusqu'à leur retour et déchargement (b). — Co. 220, 234, 399 *note.*

401. Les avaries communes sont supportées par les marchandises et par la moitié du navire et du fret, au marc le franc de la valeur (c). — Co 400, 403.

(a) Ord. *août 1681, liv. III, tit. VII.*

Art. 2. Les dépenses extraordinaires pour le bâtiment seul ou pour les marchandises seulement, et le dommage qui leur arrive en particulier, sont avaries simples et particulières; et les dépenses extraordinaires faites, et le dommage souffert pour le bien et le salut commun des marchandises et du vaisseau, sont avaries grosses et communes.

(b) Ord. *août 1681, liv. III, tit. VII.*

Art. 6. Les choses données par composition aux pirates pour le rachat du navire et des marchandises, celles jetées dans la mer, les câbles et mâts rompus ou coupés, les ancres et autres effets abandonnés pour le salut commun, le dommage fait aux marchandises restées dans le navire en faisant le jet, les pansement et nourriture du matelot blessé en défendant le navire, et les frais de la décharge pour entrer dans un havre ou dans une rivière, ou pour remettre à flot un vaisseau, sont avaries grosses ou communes.

7. La nourriture et les loyers des matelots d'un navire arrêté en voyage par ordre du souverain, seront aussi réputés avaries grosses, et le vaisseau est loué par mois; et s'il est loué au voyage, ils seront supportés par le vaisseau seul, comme avaries simples.

(c) Ord. *août 1681, liv. III, tit. VII.*

Art. 3. Les avaries simples seront supportées et payées par la chose qui aura souffert le dommage ou causé la dépense, et les

402. Le prix des marchandises est établi par leur valeur au lieu du déchargement (*a*). — Co. 72, 414.

403 Sont avaries particulières. — 1° Le dommage arrive aux marchandises par leur vice propre, par tempête, prise, naufrage ou échouement; — 2° Les frais faits pour les sauver; — C. 2102 3°. — 3° La perte des câbles, ancres, voiles, mâts, cordages, causée par tempête ou autre accident de mer; — Les dépenses résultant de toutes relâches occasionnées soit par la perte fortuite de ces objets, soit par le besoin d'avitaillement, soit par la voie d'eau à réparer; — 4° La nourriture et le loyer des matelots pendant la détention, quand le navire est arrêté en voyage par ordre d'une puissance, et pendant les réparations qu'on est obligé d'y faire, si le navire est affrété au voyage; — 5° La nourriture et le loyer des matelots pendant la quarantaine, que le navire soit loué au voyage ou au mois; — Et en général, les dépenses faites et le dommage souffert pour le navire seul, ou pour les marchandises seules, depuis leur chargement et départ jusqu'à leur retour et déchargement (*b*). — Co. 350, 399, 400 *note* (art. 7).

404. Les avaries particulières sont supportées et payées par le propriétaire de la chose qui a essuyé le dommage ou occasionné la dépense. — Co. 401 *et la note*, 408.

405. Les dommages arrivés aux marchandises, faute par le capitaine d'avoir bien fermé les écoutilles, amarré le navire, fourni de bons guindages, et par tous autres accidens provenant de la négligence du capitaine ou de l'équipage, sont également des avaries particulières supportées par le propriétaire des marchandises, mais pour lesquelles il a son recours contre le capitaine, le navire et le fret. — Co. 216, 221, 403 *note* (art. 4), 435 s.

406. Les lamanages, touages, pilotages, pour entrer dans les havres ou rivières, ou pour en sortir, les droits de

---

grosses ou communes tomberont tant sur le vaisseau que sur les marchandises, et seront réglées sur le tout au sol la livre.

a) Ord. *août 1681, liv. III, tit. VIII.*

Art. 6. L'état des pertes et dommages sera fait à la diligence du maître, dans le lieu de la décharge du bâtiment, et les marchandises jetées et sauvées seront estimées suivant le prix courant dans le même lieu.

(*b.* Ord. *août 1681, liv. III, tit. VII.*

Art. 6. La perte des câbles, ancres, voiles, mâts et cordages, causée par tempête ou autre fortune de mer; et le dommage arrivé aux marchandises par la faute du maître ou de l'équipage, ou pour n'avoir pas bien fermé les écoutilles, amarré le vaisseau, fourni de bons guindages et cordages, ou autrement, sont avaries simples qui tomberont sur le maître, le navire et le fret.

b. Les dommages arrivés aux marchandises par leur vice propre, par tempête, prise, naufrage ou échouement, les frais faits pour les sauver, et les droits, impositions et coutumes, sont aussi avaries simples pour le compte des propriétaires.

congés, visites, rapports, tonnes, balises, ancrages et autres
droits de navigation, ne sont
point avaries; mais ils sont de
simples frais à la charge du
navire (a).

407. En cas d'abordage de
navires, si l'événement a été
purement fortuit, le dommage
est supporté, sans répétition,
par celui des navires qui l'a
éprouvé. — C. 1148. — Si l'a-
bordage a été fait par la faute
de l'un des capitaines, le dommage est payé par celui qui
l'a causé. — C. 1382 s. — S'il
y a doute dans les causes de
l'abordage, le dommage est
réparé à frais communs, et par
égale portion, par les navires
qui l'ont fait et souffert. —
Dans ces deux derniers cas,
l'estimation du dommage est
faite par experts (b). — Co.
106, 414. — Pr. 303 s.

408. Une demande pour
avaries n'est point recevable, si
l'avarie commune n'excède pas
un pour cent de la valeur cumu-
lée du navire et des marchandises, et si l'avarie particulière
n'excède pas aussi un pour cent
de la valeur de la chose en-
dommagée (c). — Co. 400, 403.

409. La clause *franc d'a-
varies* affranchit les assureurs
de toutes avaries, soit communes, soit particulières, excepté
dans les cas qui donnent ouverture au délaissement; et,
dans ces cas, les assurés ont
l'option entre le délaissement
et l'exercice d'action d'avarie.
— Co. 369.

TITRE DOUZIÈME.
DU JET ET DE LA CONTRIBUTION.

410. Si, par tempête ou
par la chasse de l'ennemi, le
capitaine se croit obligé, pour
le salut du navire, de jeter en
mer une partie de son chargement, de couper ses mâts ou
d'abandonner ses ancres, il
prend l'avis des intéressés au
chargement qui se trouvent
dans le vaisseau, et des principaux de l'équipage. — S'il y
a diversité d'avis, celui du ca-

(a) Ord. *août* 1681, *liv.* III,
tit. VII.

Art. 8. Les lamanages, louages, pilotages, pour entrer dans
les havres ou rivières ou pour en
sortir, sont menues avaries, qui
se paieront un tiers par le navire, et les deux autres tiers par
les marchandises.

9. Les droits de congé, visite,
rapport, tonnes, balises et ancrages ne seront réputés avaries,
mais seront acquittés par les
maîtres.

(b) Ord. *août* 1681, *liv.* III,
tit. VII.

Art. 10. En cas d'abordage de
vaisseaux, le dommage sera payé
également par les navires qui
l'auront fait et souffert, soit en
route, en rade ou au port.

11. Si toutefois l'abordage
avait été fait par la faute de l'un
des maîtres, le dommage sera
réparé par celui qui l'aura causé.

(c) Ord. *août* 1681, *liv.* III,
tit. VI.

Art. 47. On ne pourra faire
délaissement d'une partie et retenir l'autre, ni aucune demande
d'avarie, si elle n'excède un p.c.r
cent.

pitaine et des principaux de l'équipage est suivi (a). — Co. 220, 241, 400.

411. Les choses les moins nécessaires, les plus pesantes et de moindre prix, sont jetées les premières, et ensuite les marchandises du premier pont au choix du capitaine, et par l'avis des principaux de l'équipage (b). — Co. 241, 412 s.

412. Le capitaine est tenu de rédiger par écrit la délibération, aussitôt qu'il en a les moyens. — La délibération exprime, — Les motifs qui ont déterminé le jet, — Les objets jetés ou endommagés. — Elle présente la signature des délibérans, ou les motifs de leur refus de signer. — Elle est transcrite sur le registre (c). — Co. 224, 241, 246 s., 413.

413. Au premier port où le navire abordera, le capitaine est tenu, dans les vingt-quatre heures de son arrivée, d'affirmer les faits contenus dans la délibération transcrite sur le registre (d). — Co. 246 s., 412.

414. L'état des pertes et dommages est fait dans le lieu du déchargement du navire, à la diligence du capitaine et par experts. — Les experts sont nommés par le tribunal de commerce, si le déchargement se fait dans un port français. — Dans les lieux où il n'y a pas de tribunal de commerce, les experts sont nommés par le juge de paix. — Ils sont nommés par le consul de France, et, à son défaut, par le magistrat du lieu, si la décharge se fait dans un port étranger. — Les experts prêtent serment

---

(a) Ord. *août* 1681, *liv.* III, *tit.* VIII.

Art. 1er. Si par tempête, ou par chasse d'ennemis ou de pirates, le maître se croit obligé de jeter en mer partie de son chargement, de couper ou forcer ses mâts, ou d'abandonner ses ancres, il en prendra l'avis des marchands et des principaux de l'équipage.

2. S'il y a diversité d'avis, celui du maître et de l'équipage sera suivi.

(b) Ord. *août* 1681, *liv.* III, *tit.* VIII.

Art. 3. Les ustensiles du vaisseau et autres choses les moins nécessaires, les plus pesantes et de moindre prix, seront rejetées les premières, et ensuite les marchandises du premier pont; le tout néanmoins au choix du capitaine et par l'avis de l'équipage.

(c) Ord. *août* 1681, *liv.* III, *tit.* VIII.

Art. 4. L'écrivain ou celui qui en fera la fonction, écrira sur son registre le plus tôt qu'il lui sera possible, la délibération, la fera signer à ceux qui auront opiné, sinon fera mention de la raison pour laquelle ils n'auront pas signé, et tiendra mémoire, autant que faire se pourra, des choses jetées et endommagées.

(d) Ord. *août* 1681, *liv.* III, *tit.* VIII.

Art. 5. Au premier port où le navire abordera, le maître déclarera par-devant le juge de l'amirauté, s'il y en a, sinon devant le juge ordinaire, la cause pour laquelle il aura fait le jet, coupé ou forcé ses mâts, ou abandonné ses ancres; et si c'est en pays étranger qu'il aborde, il fera sa déclaration devant le consul de la nation française.

avant d'opérer (a). — Co. 106. — Pr. 302 n.

415. Les marchandises jetées sont estimées suivant le prix courant du lieu du déchargement; leur qualité est constatée par la production des connaissemens, et des factures s'il y en a (b). — Co. 109, 281, 414 *note*, 418, 420.

416. Les experts nommés en vertu de l'article précédent font la répartition des pertes et dommages. — La répartition est rendue exécutoire par l'homologation du tribunal. — Dans les ports étrangers, la répartition est rendue exécutoire par le consul de France, ou, à son défaut, par tout tribunal compétent sur les lieux. — Co. 414, 417 n.

417. La répartition pour le paiement des pertes et dommages est faite sur les effets jetés et sauvés, et sur moitié du navire et du fret, à proportion de leur valeur au lieu du déchargement (c). — Co. 327, 331, 419 n.

418. Si la qualité des marchandises a été déguisée par le connaissement, et qu'elles se trouvent d'une plus grande valeur, elles contribuent sur le pied de leur estimation, si elles sont sauvées; — Elles sont payées d'après la qualité désignée par le connaissement, si elles sont perdues. — Si les marchandises déclarées sont d'une qualité inférieure à celle qui est indiquée par le connaissement, elles contribuent d'après la qualité indiquée par le connaissement, si elles sont sauvées; — Elles sont payées sur le pied de leur valeur, si elles sont jetées ou endommagées (d). — Co. 212, 281, 415.

419. Les munitions de guerre et de bouche, et les hardes des gens de l'équipage, ne contribuent point au jet; la

---

(a) Ord. *aout* 1681, *liv.* III, *tit.* VIII.

Art. 4. L'état des pertes et dommages sera fait à la diligence du maître, dans le lieu de la décharge du bâtiment, et les marchandises jetées et sauvées seront estimées suivant le prix courant dans le même lieu.

(b) Ord. *aout* 1681, *liv.* III, *tit.* VIII.

Art. 5. Pour juger de la qualité des effets jetés à la mer, les connaissemens seront représentés, même les factures, s'il y en a.

(c) Ord. *aout* 1681, *liv.* III, *tit.* VIII.

Art. 7. La répartition pour le paiement des pertes et dommages sera faite sur les effets sauvés et jetés, et sur moitié du navire et du fret, au marc la livre de leur valeur.

(d) Ord. *aout* 1681, *liv.* III, *tit.* VIII.

Art. 9. Si la qualité de quelques marchandises a été déguisée par les connaissemens, et qu'elles se trouvent de plus grande valeur qu'elles ne paraissent par la déclaration du marchand chargeur, elles contribueront, en cas qu'elles soient sauvées, sur le pied de leur véritable valeur; et si elles sont perdues, elles ne seront payées que sur le pied du connaissement.

10. Si au contraire les marchandises se trouvent d'une qualité moins précieuse, et qu'elles soient sauvées, elles contribueront sur le pied de la déclaration; et si elles sont jetées ou endommagées, elles ne seront payées que sur le pied de leur valeur.

valeur de celles qui auront été jetées sera payée par contribution sur tous les autres effets (a).

420. Les effets dont il n'y a pas de connaissement ou déclaration du capitaine ne sont pas payés s'ils sont jetés; ils contribuent s'ils sont sauvés (b). — Co. 222, 281.

421. Les effets chargés sur le tillac du navire contribuent s'ils sont sauvés. — S'ils sont jetés, ou endommagés par le jet, le propriétaire n'est point admis à former une demande en contribution : il ne peut exercer son recours que contre le capitaine (c). — Co. 229.

422. Il n'y a lieu à contribution pour raison du dommage arrivé au navire que dans le cas où le dommage a été fait pour faciliter le jet (d).

423. Si le jet ne sauve le navire, il n'y a lieu à aucune contribution. — Les marchandises sauvées ne sont point tenues du paiement ni du dédommagement de celles qui ont été jetées ou endommagées (e).

424. Si le jet sauve le navire, et si le navire, en continuant sa route, vient à se perdre, — Les effets sauvés contribuent au jet sur le pied de leur valeur en l'état où ils se trouvent, déduction faite des frais de sauvetage (f). — C. 2102 3°.

425. Les effets jetés ne contribuent en aucun cas au paiement des dommages arrivés depuis le jet aux marchandises

---

(a) Ord. août 1681, *liv* III, *tit.* VIII.

Art. 11. Les munitions de guerre et de bouche, ni les loyers et hardes des matelots, ne contribueront point au jet ; et néanmoins ce qui en sera jeté sera payé par contribution sur tous les autres effets.

(b) Ord. août 1681, *liv.* III, *tit.* VIII.

Art. 12. Les effets dont il n'y aura pas de connaissement, ne seront point payés s'ils sont jetés, et s'ils sont sauvés, ils ne laisseront pas de contribuer.

(c) Ord. août 1681, *liv.* III, *tit.* VIII.

Art. 13. Ne pourra aussi être demandé contribution pour le paiement des effets qui étaient sur le tillac, s'ils sont jetés ou endommagés par le jet, sauf au propriétaire son recours contre le maître ; et ils contribueront néanmoins s'ils sont sauvés.

(d) Ord. août 1681, *liv.* III, *tit.* VIII.

Art. 14. Ne sera fait non plus aucune contribution pour raison du dommage arrivé au bâtiment, s'il n'a été fait exprès pour faciliter le jet.

(e) Ord. août 1681, *liv.* III, *tit.* VIII.

Art. 15. Si le jet ne sauve le navire, il n'y aura lieu à aucune contribution, et les marchandises qui pourront être sauvées du naufrage, ne seront point tenues du paiement ni dédommagement de celles qui auront été jetées ou endommagées.

(f) Ord. août 1681, *liv.* III, *tit.* VIII.

Art. 16. Mais si le navire ayant été sauvé par le jet, et continuant sa route, vient à se perdre, les effets sauvés du naufrage contribueront au jet sur le pied de leur valeur en l'état qu'ils se trouveront, déduction faite des frais du sauvement.

sauvées. — Les marchandises ne contribuent point au paiement du navire perdu, ou réduit à l'état d'innavigabilité (a).

426. Si, en vertu d'une délibération, le navire a été ouvert pour en extraire les marchandises, elles contribuent à la réparation du dommage causé au navire (b). — Co. 220, 241, 410.

427. En cas de perte des marchandises mises dans des barques pour alléger le navire entrant dans un port ou une rivière, la répartition en est faite sur le navire et son chargement en entier. — Si le navire périt avec le reste de son chargement, il n'est fait aucune répartition sur les marchandises mises dans les alléges, quoiqu'elles arrivent à bon port (c). — Co. 423.

428. Dans tous les cas ci-dessus exprimés, le capitaine et l'équipage sont privilégiés sur les marchandises ou le prix en provenant pour le montant de la contribution (d). — Co. 429. — O. 2095 w.

429. Si, depuis la répartition, les effets jetés sont recouvrés par les propriétaires, ils sont tenus de rapporter au capitaine et aux intéressés ce qu'ils ont reçu dans la contribution, déduction faite des dommages causés par le jet et des frais de recouvrement (e).

(a) Ord. *août* 1681, *liv.* III, *tit.* VIII.

Art. 17. Les effets jetés ne contribueront en aucun cas au paiement des dommages arrivés depuis le jet aux marchandises sauvées, ni les marchandises au paiement du vaisseau perdu ou brisé.

(b) Ord. *août* 1681, *liv.* III, *tit.* VIII.

Art. 18. Si toutefois le vaisseau a été ouvert par délibération des principaux de l'équipage, et des marchands, s'il aucuns y a, pour en tirer les marchandises, elles contribueront en ce cas à la répartition du dommage fait au bâtiment pour les en ôter.

(c) Ord. *août* 1681, *liv.* III, *tit.* VIII.

Art. 19. En cas de perte des marchandises mises dans des barques pour alléger le vaisseau entrant en quelque port ou rivière, la répartition s'en fera sur le navire et son chargement entier.

20. Mais si le vaisseau périt avec le reste de son chargement il n'en sera fait aucune répartition sur les marchandises mises dans les allèges, quoiqu'elles arrivent à bon port.

(d) Ord. *août* 1681, *liv.* III, *tit.* VIII.

Art. 21. Si aucuns des contribuables refusent de payer leurs parts, le maître pourra, pour sûreté de la contribution, retenir, même faire vendre par autorité de justice, des marchandises jusqu'à concurrence de leur portion.

(e) Ord. *août* 1681, *liv.* III, *tit.* VIII.

Art. 22. Si les effets jetés sont recouvrés par les propriétaires depuis la répartition, ils seront tenus de rapporter au maître et aux autres intéressés ce qu'ils auront reçu dans la contribution, déduction faite du dommage qui leur sera causé par le jet, et des frais du recouvrement.

TITRE TREIZIÈME.

DES PRESCRIPTIONS

430. Le capitaine ne peut acquérir la propriété du navire par voie de prescription (*a*). — C. 2229, 2236.

431. L'action en délaissement est prescrite dans les délais exprimés par l'article 373.

432. Toute action dérivant d'un contrat à la grosse, ou d'une police d'assurance, est prescrite, après cinq ans, à compter de la date du contrat. — Co. 311 *n.*, 332 *n.*, 373 *note*, 434.

433. Sont prescrites — Toutes actions en paiement pour fret de navire, gages et loyers des officiers, matelots et autres gens de l'équipage, un an après le voyage fini; — Co. 250, 272.

286. — Pour nourriture fournie aux matelots par l'ordre du capitaine, un an après la livraison; — Pour fournitures de bois et autres choses nécessaires aux constructions, équipement et avitaillement du navire, un an après ces fournitures faites; — Pour salaires d'ouvriers, et pour ouvrages faits, un an après la réception des ouvrages; — Toute demande en délivrance de marchandises, un an après l'arrivée du navire (*b*). — Co. 434.

434. La prescription ne peut avoir lieu, s'il y a cédule, obligation, arrêté de compte ou interpellation judiciaire (*c*). — C. 2244, 2248.

(*a*) Ord. *août* 1681, *liv.* Ier, *tit.* XII.

Art. 1er. Les maîtres et patrons ne pourront par quelque temps que ce soit prescrire le vaisseau contre les propriétaires qui les auront établis.

(*b*) Ord. *août* 1681, *liv.* Ier, *tit.* XII.

Art. 2. Ne pourront aussi faire aucune demande pour leur fret, ni les officiers, matelots et autres gens de l'équipage pour leurs gages et loyers un an après le voyage fini.

3. Ceux qui auront fourni les bois et autres choses nécessaires à la construction, équipement et avitaillement des vaisseaux, ni les charpentiers, calfateurs et autres ouvriers employés à la fabrique et radoub, ne pourront faire aucune demande pour le prix de leur marchandise ni pour leurs peines et salaires après un an, à compter à l'égard des marchands du jour de la délivrance de leur marchandise, et pour les ouvriers, du jour que leurs ouvrages auront été reçus.

4. Ne seront non plus reçues aucunes actions contre les maîtres, patrons ou capitaines, en délivrance de marchandise chargée dans leur vaisseau un an après le voyage accompli.

9. Les taverniers n'auront aucune action pour la nourriture fournie aux matelots, si ce n'a été par l'ordre du maître, et en ce cas ils en feront la demande dans l'an et jour, après lequel ils n'y seront plus reçus.

(*c*) Ord. *août* 1681, *liv.* Ier, *tit.* XII.

Art. 10. Les prescriptions ci-dessus (Co 433 *note*) n'auront lieu lorsqu'il y aura cédule, obli-

TITRE QUATORZIÈME.

FINS DE NON-RECEVOIR.

435. Sont non recevables —Toutes actions contre le capitaine et les assureurs, pour dommage arrivé à la marchandise, si elle a été reçue sans protestation; — Co. 221 s., 350 s.—Toutes actions contre l'affréteur, pour avaries, si le capitaine a livré les marchandises et reçu son fret sans avoir protesté; — Co. 286, 397 s. —Toutes actions en indemnité pour dommages causés par l'abordage dans un lieu où le capitaine a pu agir, s'il n'a point fait de réclamation (a).—Co. 407, 438.

436. Ces protestations et réclamations sont nulles si elles ne sont faites et signifiées dans les vingt-quatre heures, et si, dans le mois de leur date, elles ne sont suivies d'une demande en justice (b).—Co, 435. — Pr. 68, 1033.

gation, arrêté de compte, ou interpellation judiciaire.

(a) ORD. *août* 1681, *liv.* 1er, *tit.* XII.

ART. 5. Le marchand ne sera recevable à former aucune demande contre le maître ni contre ses assureurs pour dommage arrivé à sa marchandise, après l'avoir reçue sans protestation; ni le maître à intenter aucune action pour avaries contre le marchand, après qu'il aura reçu son fret sans avoir protesté de sa part.

7. Le maître ne sera aussi recevable après la délivrance des marchandises, à alléguer d'autres cas fortuits que ceux mentionnés dans son rapport.

8. Toute demande pour raison d'abordage sera formée vingt-quatre heures après le dommage reçu, si l'accident arrive dans un port, havre ou autre lieu où le maître puisse agir.

(b) ORD. *août* 1681, *liv.* 1er, *tit.* XII.

ART. 6. Les protestations n'auront aucun effet, si dans le mois elles ne sont suivies d'une demande en justice.

LIVRE TROISIÈME [1].

DES FAILLITES ET BANQUEROUTES (a).

(Loi du 28 mai 1838, promulguée le 8 juin.)

TITRE PREMIER.

DE LA FAILLITE

DISPOSITIONS GÉNÉRALES.

437. Tout commerçant qui cesse ses paiemens est en état de faillite, (2). — Co. 1, 632, 633.

(1) L. 28 mai 1838.

Le livre III du Code de commerce, sur les faillites et banqueroutes, ainsi que les articles 69 et 635 du même Code, seront remplacés par les dispositions suivantes.

Néanmoins les faillites déclarées antérieurement à la promulgation de la présente loi continueront à être régies par les anciennes dispositions du Code de

— (A. Co. 437.) — La faillite d'un commerçant peut être déclarée après son décès, lorscommerce, sauf en ce qui concerne la réhabilitation et l'application des articles 527 et 528.

(2) Décr. *relatif aux concordats amiables du 22 août 1848, promulgué le 26 du même mois.*

Art. 1er. Les suspensions ou cessations de paiemens survenues depuis le 24 février jusqu'à la promulgation du présent décret, bien que régies par les disposi-

vue par la présente loi est en état de banqueroute.

439. Il y a deux espèces de banqueroute : — La banqueroute simple; elle sera jugée par les tribunaux correctionnels; — La banqueroute frauduleuse; elle sera jugée par les cours d'assises

TITRE PREMIER.
DE LA FAILLITE.

LIVRE TROISIÈME.

DES FAILLITES ET DES BANQUEROUTES.

(Loi décrétée le 12 sept. 1807, promulguée le 22.)

DISPOSITIONS GÉNÉRALES.

Art. 437. Tout commerçant qui cesse ses paiemens est en état de faillite.

438. Tout commerçant failli qui se trouve dans l'un des cas de faute grave ou de fraude pré-

CHAPITRE PREMIER.
DE L'OUVERTURE DE LA FAILLITE.

440. Tout failli sera tenu, dans les trois jours de la cessation de

qu'il est mort en état de cessation de paiemens.—Co. 614.

— La déclaration de la faillite ne pourra être, soit prononcée d'office, soit demandée par les créanciers, que dans l'année qui suivra le décès.—Co. 440 »., 635.

CHAPITRE 1er.
DE LA DÉCLARATION DE FAIL-LITE ET DE SES EFFETS.

438. Tout failli sera tenu, dans les trois jours de la cessation de ses paiemens, d'en faire la déclaration au greffe du tribunal de commerce de son domicile. Le jour de la cessation de paiemens sera compris dans les trois jours. — En cas de faillite d'une société en nom

tions du livre III du Code de commerce, ne recevront la qualification de faillite, et n'entraîneront les incapacités attachées à la qualité de failli que dans le cas où le tribunal de commerce refuserait d'homologuer le concordat, ou, en l'homologuant, ne déclarerait pas le débiteur affranchi de cette qualification.

2. Le tribunal de commerce aura la faculté, si un arrangement amiable est déjà consenti entre le débiteur et la moitié en nombre de ses créanciers, représentant les trois quarts en somme, de dispenser le débiteur de l'apposition des scellés et de l'inventaire judiciaire. — Dans ce cas, le

collectif, la déclaration contiendra le nom et l'indication du domicile de chacun des associés solidaires. Elle sera faite au greffe du tribunal dans le ressort duquel se trouve le siège du principal établissement de la société. — Co. 20 »., 439, 456, 588 49. — C. 102. — (A. Co. 440.)

439. La déclaration du failli devra être accompagnée du dépôt du bilan, ou contenir l'indication des motifs qui empêcheraient le failli de le déposer. Le bilan contiendra l'énumération et l'évaluation de tous les biens mobiliers et immobiliers du débiteur, l'état des dettes actives et passives, le tableau des profits et pertes, le tableau des dépenses; il de-

débiteur conservera l'administration de ses affaires, et procédera à leur liquidation concurremment avec les syndics régulièrement nommés; et sous la surveillance d'un juge commis par le tribunal, mais sans pouvoir créer de nouvelles dettes. — Les dispositions du Code de commerce relatives à la vérification des créances, au concordat, aux opérations qui les précèdent et qui les suivent, et aux conséquences de la faillite dont le débiteur n'est pas affranchi par l'article 1er du présent décret, continueront de recevoir leur application.

3. Le présent décret est applicable à l'Algérie.

paiemens, d'en faire la déclaration au greffe du tribunal de commerce; le jour où il aura cessé ses paiemens sera compris dans ces trois jours. —En cas de faillite d'une société en nom collectif, la déclaration du failli contiendra le nom et l'indication du domicile

de chacun des associés solidaires.

441. L'ouverture de la faillite est déclarée par le tribunal de commerce : son époque est fixée, soit par la retraite du débiteur, soit par la clôture de ses magasins, soit par la date de tous ac-

vra être certifié véritable, daté et signé par le débiteur (a). —Co. 438, 456, 476 n., 586 4o, 591. —Pr. 898. —(A. Co. 470, 471.)

440. La faillite est déclarée par jugement du tribunal de commerce, rendu, soit sur la déclaration du failli, soit à la requête d'un ou de plusieurs créanciers, soit d'office. Ce jugement sera exécutoire provisoirement. — Co. 441 n., 451, 455, 462, 491, 580 n. — (A Co. 441.)

441. Par le jugement déclaratif de la faillite, ou par jugement ultérieur rendu sur le rapport du juge-commissaire, le tribunal déterminera, soit d'office, soit sur la poursuite de toute partie intéressée, l'époque à laquelle a eu lieu la cessation de paiemens. À défaut de détermination spéciale, la cessation de paiemens sera réputée avoir eu lieu à partir du jugement déclaratif de la faillite (b).—Co. 437, 448 n., 580 n., 585 4o, 586 4o. — (A. Co. 441.)

442. Les jugemens rendus en vertu des deux articles précédens seront affichés et insérés par extrait dans les journaux, tant du lieu où la faillite aura été déclarée que de tous les lieux où le failli aura des établissemens commerciaux, suivant le mode établi par l'article 42 du présent Code. —Co. 461, 580.—(A. Co. 457.)

443. Le jugement déclaratif de la faillite emporte de plein droit, à partir de sa date, dessaisissement pour le failli de l'administration de tous ses biens, même de ceux qui peuvent lui échoir tant qu'il est en état de faillite. — À partir de ce jugement, toute action mobilière ou immobilière ne pourra être suivie ou intentée que contre les syndics. — Il en sera de même de toute voie d'exécution tant sur les meubles que sur les immeubles. — Le tribunal, lorsqu'il le jugera convenable, pourra recevoir le failli partie intervenante. — Co. 469 1o, 474, 486 n. —Pr. 59 7o, 339. — (A. Co. 442, 494.)

(a) Ord. mars 1673, tit. XI.
Art. 2. Ceux qui auront fait faillite seront tenus de donner à leurs créanciers un état certifié d'eux de tout ce qu'ils possèdent et de tout ce qu'ils doivent.

(b) Ord. mars 1673, tit. XI.
Art. 1er. La faillite ou banqueroute sera réputée ouverte du jour que le débiteur se sera retiré, ou que le scellé aura été apposé sur ses biens.

tes constatant le refus d'acquitter ou de payer des engagemens de commerce. — Tous les actes ci-dessus mentionnés ne constateront néanmoins l'ouverture de la faillite que lorsqu'il y aura cessation de paiemens ou déclaration du failli.

442. Le failli, à compter du jour de la faillite est dessaisi, de plein droit, de l'administration de tous ses biens.

413. Nul ne peut acquérir privilège ni hypothèque sur les biens du failli, dans les dix jours qui précèdent l'ouverture de la faillite.

414. Tous actes translatifs de propriétés immobilières, faits par le failli, à titre gratuit, dans les dix jours qui précèdent l'ouverture de la faillite, sont nuls et sans effet relativement à la masse des créanciers; tous actes du même

444. Le jugement déclaratif de faillite rend exigibles, à l'égard du failli, les dettes passives non échues. — En cas de faillite du souscripteur d'un billet à ordre, de l'accepteur d'une lettre de change ou du tireur à défaut d'acceptation, les autres obligés seront tenus de donner caution pour le paiement à l'échéance, s'ils n'aiment mieux payer immédiatement. — Co. 120, 163, 542. — C. 1188, 2040, 2041. — Pr. 124, 517 s. — (A. Co. 448.)

445. Le jugement déclaratif de faillite arrête, à l'égard de la masse seulement, le cours des intérêts de toute créance non garantie par un privilége, par un nantissement ou par une hypothèque. — Les intérêts des créances garanties ne pourront être réclamés que sur les sommes provenant des biens affectés au privilége, à l'hypothèque ou au nantisse-

ment. — Co. 446, 448, 546 s., 552 s., 604. — C. 2071, 2095, 2114.

446. Sont nuls et sans effet, relativement à la masse, lorsqu'ils auront été faits par le débiteur depuis l'époque déterminée par le tribunal comme étant celle de la cessation de ses paiemens, ou dans les dix jours qui auront précédé cette époque: — Tous actes translatifs de propriétés mobilières ou immobilières à titre gratuit; — Tous paiemens, soit en espèces, soit par transport, vente, compensation ou autrement, pour dettes non échues, et pour dettes échues, tous paiemens faits autrement qu'en espèces ou effets de commerce; — Toute hypothèque conventionnelle ou judiciaire, et tous droits d'antichrèse ou de nantissement constitués sur les biens du débiteur pour dettes antérieurement contractées (a). — Co.

(a) ORD. *mars 1673, tit. XI.*

ART. 4. Déclarons nuls tous transports, cessions, ventes et donations de biens meubles ou immeubles, faits en fraude de créanciers. Voulons qu'ils soient rapportés à la masse commune des effets.

DÉCL. 18 *nov.* 1702.

Voulons et nous plaît que toutes cessions et transports sur les biens des marchands qui font faillite, seront nuls et de nulle valeur, s'ils ne sont faits dix jours

au moins avant la faillite publiquement connue; comme aussi, que les actes et obligations qu'ils passeront par-devant notaires au profit de quelques-uns de leurs créanciers, ou pour contracter de nouvelles dettes, ensemble les sentences qui seront rendues contre eux, n'acquerront aucune hypothèque ni préférence sur les créanciers chirographaires, si lesdits actes et obligations ne sont passés; et si lesdites sentences ne sont rendues pareillement dix jours au

---

genre, à titre onéreux, sont susceptibles d'être annulés, sur la demande des créanciers, s'ils paraissent aux juges porter des caractères de fraude.

415. Tous actes ou engagemens pour faits de commerce, contractés par le débiteur dans les

dix jours qui précèdent l'ouverture de la faillite, sont présumés frauduleux, quant au failli: ils sont nuls, lorsqu'il est prouvé qu'il y a fraude de la part des autres contractans.

416. Toutes sommes payées dans les dix jours qui précèdent

451, 447 s. — C. 1167, 2071 s., 2123, 2124 s., 2146. — (A. Co. 443-446.)

447. Tous autres paiemens faits par le débiteur pour dettes échues, et tous autres actes à titre onéreux par lui passés après la cessation de ses paiemens et avant le jugement déclaratif de faillite, pourront être annulés si, de la part de ceux qui ont reçu du débiteur ou qui ont traité avec lui, ils ont eu lieu avec connaissance de la cessation de ses paiemens. — *Co. 446 et la note.* — C. 1167. — (A. Co. 447.)

448. Les droits d'hypothèque et de privilége valablement acquis pourront être inscrits jusqu'au jour du jugement déclaratif de la faillite. — Néanmoins les inscriptions prises après l'époque de la cessation de paiemens, ou dans les dix jours qui précèdent, pourront être déclarées nulles, s'il s'est écoulé plus de quinze jours entre la date de l'acte constitutif de l'hypothèque ou du privilége et celle de l'in-

scription. — Co. 450, 451, 455, 456. — C. 1167, 2146. — Ce délai sera augmenté d'un jour à raison de cinq myriamètres de distance entre le lieu où le droit d'hypothèque aura été acquis et le lieu où l'inscription sera prise. — Pr. 1033.

449. Dans le cas où des lettres de change auraient été payées après l'époque fixée comme étant celle de la cessation de paiemens et avant le jugement déclaratif de faillite, l'action en rapport ne pourra être intentée que contre celui pour compte duquel la lettre de change aura été fournie. — S'il s'agit d'un billet à ordre, l'action ne pourra être exercée que contre le premier endosseur. — Dans l'un et l'autre cas, la preuve que celui à qui on demande le rapport avait connaissance de la cessation de paiemens à l'époque de l'émission du titre devra être fournie. — Co. 451, 447. — C. 1167.

450. Toutes voies d'exécution pour parvenir au paiement des loyers sur les effets

---

moins avant la faillite publiquement connue. Voulons et entendons en outre, que notre édit

du mois de mars 1673 demeure dans sa force et vertu, et soit exécuté selon sa forme et... leur.

---

l'ouverture de la faillite, pour dettes commerciales non échues, sont rapportées.

447. Tous actes ou paiemens faits en fraude des créanciers sont nuls.

448. L'ouverture de la faillite rend exigibles les dettes passives non échues : à l'égard des effets de commerce par lesquels le failli se trouvera être l'un des obligés, les autres obligés ne seront tenus que de donner caution pour le paiement, à l'échéance, s'ils n'aiment mieux payer immédiatement.

CHAPITRE II.

DE L'APPOSITION DES SCELLÉS.

449. Dès que le tribunal de commerce aura connaissance de la faillite, soit par la déclaration du failli, soit par la requête de quelque créancier, soit par la notoriété publique, il ordonnera l'apposition des scellés : expédition du jugement sera sur-le-champ adressée au juge de paix.

450. Le juge de paix pourra aussi apposer les scellés, sur la notoriété acquise.

mobiliers servant à l'exploitation du commerce du failli se-
rontsuspendues pendant trente
jours, à partir du jugement déclaratif de faillite, sans préjudice de toutes mesures conservatoires, et du droit qui serait
acquis au propriétaire de reprendre possession des lieux
loués. — Dans ce cas, la sus-
pension des voies d'exécution
établie au présent article cessera de plein droit. — Co. 451,
443. — C. 1728 2o, 1741, 1751,
2102 1o. — Pr. 819 s.

CHAPITRE II.

DE LA NOMINATION DU JUGE-COMMISSAIRE.

451. Par le jugement qui
déclarera la faillite, le tribunal de commerce désignera
l'un de ses membres pour juge-commissaire. — Co. 440,
452 s., 583. — (A. Co. 454.)

452. Le juge-commissaire
sera chargé spécialement d'accélérer et de surveiller les opérations et la gestion de la faillite. — Il fera au tribunal de
commerce le rapport de toutes
les contestations que la faillite
pourra faire naître, et qui seront de la compétence de ce
tribunal. — Co. 514, 538. —
(A. Co. 458.)

453. Les ordonnances du
juge-commissaire ne seront
susceptibles de recours que
dans les cas prévus par la loi.
Ces recours seront portés devant le tribunal de commerce.
— Co. 466, 474. 530, 583 5o.

454. Le tribunal de commerce pourra, à toutes les épo-
ques, remplacer le juge-commissaire de la faillite par un
autre de ses membres. — Co.
583 1o.

CHAPITRE III.

DE L'APPOSITION DES SCELLÉS ET DES PREMIÈRES DISPOSITIONS À L'ÉGARD DE LA PERSONNE DU FAILLI.

455. Par le jugement qui

---

451. Les scellés seront apposés
sur les magasins, comptoirs, caisses, portefeuilles, livres, registres, papiers, meubles et effets
du failli.

452. Si la faillite est faite par
des associés réunis en société
collective, les scellés seront apposés, non-seulement dans le
principal manoir de la société,
mais dans le domicile séparé de
chacun des associés solidaires.

453. Dans tous les cas, le juge
de paix adressera, sans délai, au
tribunal de commerce, le procès-
verbal de l'apposition des scellés.

CHAPITRE III.

DE LA NOMINATION DU JUGE-COMMISSAIRE ET DES AGENS DE LA FAILLITE.

454. Par le même jugement qui
ordonnera l'opposition des scellés, le tribunal de commerce déclarera l'époque de l'ouverture de
la faillite; il nommera un de ses
membres commissaire de la faillite, et un ou plusieurs agens,
suivant l'importance de la faillite, pour remplir, sous la surveillance du commissaire, les
fonctions qui leur sont attribuées
par la présente loi. — Dans le
cas où les scellés auraient été
apposés par le juge de paix, sur
la notoriété acquise, le tribunal
se conformera au surplus des dispositions ci - dessus prescrites,
dès qu'il aura connaissance de
la faillite.

455. Le tribunal de commerce
ordonnera, en même temps, ou le
dépôt de la personne du failli
dans la maison d'arrêt pour det-

déclarera la faillite, le tribunal ordonnera l'apposition des scellés et le dépôt de la personne du failli dans la maison d'arrêt pour dettes, ou la garde de sa personne par un officier de police ou de justice, ou par un gendarme. — Co. 437 *note* (art. 2), 440, 456 *s.*, 468, 472. — Pr. 907 *s.* — T. 3e, art. 20. — Néanmoins, si le juge-commissaire estime que l'actif du failli peut être inventorié en un seul jour, il ne sera point apposé de scellés, et il devra être immédiatement procédé à l'inventaire. — Co. 480. — Pr. 943 *s.* — Il ne pourra, en cet état, être reçu, contre le failli, d'écrou ou recommandation pour aucune espèce de dettes. — Pr. 793. — (A. Co. 449, 455.)

456. Lorsque le failli se sera conformé aux articles 438 et 439, et ne sera point, au moment de la déclaration, incarcéré pour dettes ou pour autre cause, le tribunal pourra l'affranchir du dépôt ou de la garde de sa personne. — Co. 455, 472 *s.*, 488, 505. — La disposition du jugement qui affranchirait le failli du dépôt ou de la garde de sa personne pourra toujours, suivant les circonstances, être ultérieurement rapportée par le tribunal de commerce, même d'office.

457. Le greffier du tribunal de commerce adressera, sur-le-champ, au juge de paix, avis de la disposition du jugement qui aura ordonné l'apposition des scellés. — Co. 455, 458, 468 *s.* — Le juge de paix pourra, même avant ce jugement, apposer les scellés, soit d'office, soit sur la réquisition d'un ou plusieurs créanciers, mais seulement dans le cas de disparition du débiteur ou de détournement de tout ou partie de son actif. — Co. 593 *s.* — Pr. 912. — (A. Co. 449, 450.)

458. Les scellés seront apposés sur les magasins, comptoirs, caisses, portefeuilles, livres, papiers, meubles et ef-

---

tes, ou la garde de sa personne par un officier de police ou de justice, ou par un gendarme.— Il ne pourra, en cet état, être reçu contre le failli d'écrou ou recommandation, en vertu d'aucun jugement du tribunal de commerce.

456. Les agens que nommera le tribunal pourront être choisis parmi les créanciers présumés, ou tous autres qui offriraient le plus de garantie pour la fidélité de leur gestion. Nul ne pourra être nommé agent deux fois dans le cours de la même année, à moins qu'il ne soit créancier.

457. Le jugement sera affiché, et inséré par extrait dans les journaux, suivant le mode établi par l'article 683 du Code de procédure civile. — Il sera exécutoire provisoirement, mais susceptible d'opposition ; savoir: pour le failli, dans les huit jours qui suivront celui de l'affiche ; pour les créanciers présens ou représentés, et pour tout autre intéressé, jusques et y compris le jour du procès-verbal constatant la vérification des créances; pour les créanciers en demeure, jusqu'à l'expiration du dernier délai qui leur aura été accordé.

458. Le juge-commissaire fera au tribunal de commerce le rapport de toutes les contestations que la faillite pourra faire naître et qui seront de la compétence de ce tribunal.— Il sera chargé spé-

fets du failli. — Co. 469, 471.
— En cas de faillite d'une société en nom collectif, les scellés seront apposés, non-seulement dans le siége principal
de la société, mais encore dans
le domicile séparé de chacun
des associés solidaires. — Co.
21 s., 4 s., 531, 604. — Dans
tous les cas, le juge de paix
donnera, sans délai, au président du tribunal de commerce,
avis de l'apposition des scellés.
— (A. Co. 451-453.)

459. Le greffier du tribunal de commerce adressera,
dans les vingt-quatre heures,
au procureur de la République
du ressort, extrait des jugemens déclaratifs de faillite,
mentionnant les principales
indications et dispositions
qu'ils contiennent. — Co. 440,
455, 460, 482 s., 584, 606 s.

460. Les dispositions qui
ordonneront le dépôt de la
personne du failli dans une
maison d'arrêt pour dettes, ou
la garde de sa personne, seront exécutées à la diligence,
soit du ministère public, soit
des syndics de ' illite. —

Co. 455, 462. — T. 3e, art. 20,
461. Lorsque les deniers
appartenant à la faillite ne
pourront suffire immédiatement aux frais du jugement de
déclaration de la faillite, d'affiche et d'insertion de ce jugement dans les journaux, d'apposition des scellés, d'arrestation et d'incarcération du failli,
l'avance de ces frais sera faite,
sur ordonnance du juge-commissaire, par le trésor public,
qui en sera remboursé par privilége sur les premiers recouvremens, sans préjudice du privilége du propriétaire. — Co.
440, 453, 450, 455, 460, 587 s.,
593. — C. 2101 1o, 2103 1o.

CHAPITRE IV.
DE LA NOMINATION ET DU REM-PLACEMENT DES SYNDICS PROVISOIRES.

462. Par le jugement qui
déclarera la faillite, le tribunal
de commerce nommera un ou
plusieurs syndics provisoires.
— Co. 440. — Le juge-com-
missaire convoquera immédiatement les créanciers présumés

cialement d'accélérer la confection du bilan, la convocation des
créanciers, et de surveiller la
gestion de la faillite, soit pendant la durée de la gestion provisoire des agens, soit pendant
celle de l'administration des syndics provisoires ou définitifs.

458. Les agens nommés par le
tribunal de commerce géreront la
faillite sous la surveillance du
commissaire, jusqu'à la nomination des syndics : leur gestion provisoire ne pourra durer que quinze
jours au plus, à moins que le tribunal ne trouve nécessaire de pro-
longer cette agence de quinze autres jours pour tout délai.

460. Les agens seront révocables par le tribunal qui les aura
nommés.

461. Les agens ne pourront
faire aucune fonction avant d'a-
voir prêté serment, devant le commissaire, de bien et fidèlement
s'acquitter des fonctions qui leur
seront attribuées.

CHAPITRE IV.
DES FONCTIONS PRÉALABLES DES AGENS, ET DES PREMIÈRES DISPOSITIONS A L'ÉGARD DU FAILLI.

462. Si, après la nomination
des agens et la prestation du serment, les scellés n'avaient point

à se réunir dans un délai qui n'excédera pas quinze jours. Il consultera les créanciers présens à cette réunion, tant sur la composition de l'état des créanciers présumés que sur la nomination de nouveaux syndics. Il sera dressé procès-verbal de leurs dires et observations, lequel sera représenté au tribunal. — Sur le vu de ce procès-verbal et de l'état des créanciers présumés, et sur le rapport du juge-commissaire, le tribunal nommera de nouveaux syndics, ou continuera les premiers dans leurs fonctions. — Co. 493, 583 1°. — Les syndics ainsi institués sont définitifs; cependant ils peuvent être remplacés par le tribunal de commerce, dans les cas et suivant les formes qui seront déterminés. — Co. 464, 467, 524, 583 1°. — Le nombre des syndics pourra être, à toute époque, porté jusqu'à trois; ils pourront être choisis parmi les personnes étrangères à la masse, et recevoir, quelle que soit leur qualité, après avoir rendu compte de leur gestion, une indemnité que le tribunal arbitrera sur le rapport du juge-commissaire. — Co. 463, 465. — Pr. 527 w. — T. 4e, art. 1 4° 16° 17°. — (A. Co. 454, 459, 476 w.)

463. Aucun parent ou allié du failli, jusqu'au quatrième degré inclusivement, ne pourra être nommé syndic. — C. 735 w.

464. Lorsqu'il y aura lieu de procéder à l'adjonction ou au remplacement d'un ou plusieurs syndics, il en sera référé par le juge-commissaire au tribunal de commerce, qui procédera à la nomination suivant les formes établies par l'article 462. — Co. 583 1°.

465. S'il a été nommé plusieurs syndics, ils ne pourront agir que collectivement; néanmoins le juge-commissaire peut donner à un ou plusieurs d'entre eux des autorisations spéciales à l'effet de faire séparément certains actes d'administration. Dans ce dernier

---

été apposés, les agens requerront le juge de paix de procéder à l'opposition.

463. Les livres du failli seront extraits des scellés, et remis par le juge de paix aux agens, après avoir été arrêtés par lui : il constatera sommairement, par son procès-verbal, l'état dans lequel ils se trouveront. — Les effets de portefeuille qui seront à courte échéance, ou susceptibles d'acceptation, seront aussi extraits des scellés par le juge de paix, décrits et remis aux agens pour en faire le recouvrement : le bordereau en sera remis au commissaire. — Les agens recevront les autres sommes dues au failli, et sur leurs quittances, qui devront être vi-sées par le commissaire. Les lettres adressées au failli seront remises aux agens : ils les ouvriront, s'il est absent ; s'il est présent, il assistera à leur ouverture.

464. Les agens feront retirer et vendre les denrées et marchandises sujettes à dépérissement prochain, après avoir exposé leurs motifs au commissaire et obtenu son autorisation. — Les marchandises non dépérissables ne pourront être vendues par les agens qu'après la permission du tribunal de commerce, et sur le rapport du commissaire.

465. Toutes les sommes reçues par les agens seront versées dans une caisse à deux clefs, dont il sera fait mention à l'article 496.

cas, les syndics autorisés seront seuls responsables. — C. 1202, 1383, 1384, 1995.

466. S'il s'élève des réclamations contre quelqu'une des opérations des syndics, le juge-commissaire statuera, dans le délai de trois jours, sauf recours devant le tribunal de commerce. — Les décisions du juge-commissaire sont exécutoires par provision. — Co. 453, 583 5°. — (A. Co. 495.)

467. Le juge-commissaire pourra, soit sur les réclamations à lui adressées par le failli ou par des créanciers, soit même d'office, proposer la révocation d'un ou plusieurs des syndics. — Si, dans les huit jours, le juge-commissaire n'a pas fait droit aux réclamations qui lui ont été adressées, ces réclamations pourront être portées devant le tribunal. — Le tribunal, en chambre du conseil, entendra le rapport du juge-commissaire et les explications des syndics, et prononcera à l'audience sur la révocation. — Co. 462, 583 2°. — (A. Co. 460.)

CHAPITRE V.
DES FONCTIONS DES SYNDICS.
SECTION PREMIÈRE.
Dispositions générales.

468. Si l'apposition des scellés n'avait point eu lieu avant la nomination des syndics, ils requerront le juge de paix d'y procéder. — Co. 455, 458. — Pr. 907 s., 912. — (A. Co. 462.)

469. Le juge-commissaire pourra également, sur la demande des syndics, les dispenser de faire placer sous les scellés, ou les autoriser à en faire extraire : — 1° Les vêtemens, hardes, meubles et effets nécessaires au failli et à sa famille, et dont la délivrance sera autorisée par le juge-commissaire sur l'état que lui en soumettront les syndics ; — 2° Les objets sujets à dépérissement prochain ou à dépréciation imminente ; — Co. 470. — C. 796. — 3° Les objets servant à l'exploitation du fonds de commerce, lorsque cette exploitation ne pourrait être interrom-

---

466. Après l'apposition des scellés, le commissaire rendra compte au tribunal de l'état apparent des affaires du failli, et pourra proposer ou sa mise en liberté pure et simple, avec sauf-conduit provisoire de sa personne, ou sa mise en liberté avec sauf-conduit, en fournissant caution de se représenter, sous peine de paiement d'une somme que le tribunal arbitrera, et qui tournera, le cas advenant, au profit des créanciers.

467. A défaut par le commissaire de proposer un sauf-conduit pour le failli, ce dernier pourra présenter sa demande au tribunal

de commerce, qui statuera après avoir entendu le commissaire.

468. Si le failli a obtenu un sauf-conduit, les agens l'appelleront auprès d'eux, pour clore et arrêter les livres en sa présence. — Si le failli ne se rend pas à l'invitation, il sera sommé de comparaître. — Si le failli ne comparaît pas quarante-huit-heures après la sommation, il sera réputé s'être absenté à dessein. — Le failli pourra néanmoins comparaître par fondé de pouvoir, s'il propose des empêchemens jugés valables par le commissaire.

469. Le failli qui n'aura pas obtenu de sauf-conduit compa-

pue sans préjudice pour les créanciers. — Co. 450, 470. — Les objets compris dans les deux paragraphes précédens seront de suite inventoriés avec prisée par les syndics, en présence du juge de paix qui signera le procès-verbal. — Co. 480. — Pr. 914, 943 n. — (A. Co. 529.)

470. La vente des objets sujets à dépérissement ou à dépréciation imminente, ou dispendieux à conserver, et l'exploitation du fonds de commerce, auront lieu à la diligence des syndics, sur l'autorisation du juge-commissaire. — Co. 453, 469 2° 3°, 486. — (A. Co. 484.)

471. Les livres seront extraits des scellés et remis par le juge de paix aux syndics, après avoir été arrêtés par lui; il constatera sommairement, par son procès-verbal, l'état dans lequel ils se trouveront. — Co. 458, 475. — Les effets de

portefeuille à courte échéance ou susceptibles d'acceptation, ou pour lesquels il faudra faire des actes conservatoires, seront aussi extraits des scellés par le juge de paix, décrits et remis aux syndics pour en faire le recouvrement. Le bordereau en sera remis au juge-commissaire. — Co. 490. — Les autres créances seront recouvrées par les syndics sur leurs quittances. Les lettres adressées au failli seront remises aux syndics, qui les ouvriront; il pourra, s'il est présent, assister à l'ouverture (a). — Co. 443. — (A. Co. 463.)

472. Le juge-commissaire, d'après l'état apparent des affaires du failli, pourra proposer sa mise en liberté avec sauf-conduit provisoire de sa personne. Si le tribunal accorde le sauf-conduit, il pourra obliger le failli à fournir caution de se représenter, sous peine de paiement d'une som-

(a) Ord. mars 1673, tit. XI.
Art. 3. Les négocians, marchands et banquiers, seront encore tenus de représenter tous leurs livres et registres cotés et paraphés en la forme prescrite par les articles 1, 2, 4, 5, 6 et 7 du titre III ci-dessus, pour être remis au greffe des juges et consuls, s'il y en a, sinon de l'hôtel commun des villes, ou ès mains des créanciers, à leur choix.

roîtra par un fondé de pouvoir; à défaut de quoi, il sera réputé s'être absenté à dessein.

CHAPITRE V.
DU BILAN.

470. Le failli qui aura, avant la déclaration de sa faillite, préparé son bilan, ou état passif et actif de ses affaires, et qui l'aura gardé par-devers lui, le remettra aux agens, dans les vingt-quatre heures de leur entrée en fonctions.

471. Le bilan devra contenir l'énumération et l'évaluation de tous les effets mobiliers et immobiliers du débiteur, l'état des dettes actives et passives, le tableau des profits et des pertes, le tableau des dépenses; le bilan devra être certifié véritable, daté et signé par le débiteur.

472. Si, à l'époque de l'entrée en fonctions des agens, le failli n'avait pas préparé le bilan, il sera tenu, par lui ou par son fondé de pouvoir, suivant les cas prévus par les articles 461 et 469, de procéder à la rédaction du bi-

me que le tribunal arbitrera, et qui sera dévolue à la masse. — Co. 455, 473, 583 2º, 586 5º. — C. 2040, 2041. — Pr. 517 s. — (A. Co. 466.)

473. A défaut, par le juge-commissaire, de proposer un sauf-conduit pour le failli, ce dernier pourra présenter sa demande au tribunal de commerce, qui statuera, en audience publique, après avoir entendu le juge - commissaire. — Co. 472, 583 2º. — (A. Co. 467.)

474. Le failli pourra obtenir pour lui et sa famille, sur l'actif de sa faillite, des secours alimentaires, qui seront fixés, sur la proposition des syndics, par le juge-commissaire, sauf appel au tribunal, en cas de contestation. — Co. 443, 453, 469 1º, 530, 583 5º.

475. Les syndics appelle-ront le failli auprès d'eux pour clore et arrêter les livres en sa présence. — Co. 471. — S'il ne se rend pas à l'invitation, il sera sommé de comparaître dans les quarante-huit heures au plus tard. — Pr. 68. — Soit qu'il ait ou non obtenu un sauf-conduit, il pourra comparaître par fondé de pouvoirs, s'il justifie de causes d'empêchement reconnues valables par le juge-commissaire. — Co. 586 5º. — (A. Co. 468, 469.)

476. Dans le cas où le bilan n'aurait pas été déposé par le failli, les syndics le dresseront immédiatement à l'aide des livres et papiers du failli, et des renseignemens qu'ils se procureront, et ils le déposeront au greffe du tribunal de commerce. — Co. 439, 477 s. — (A. Co. 472, 473.)

---

lan, en présence des agens ou de la personne qu'ils auront préposée. — Les livres et papiers du failli lui seront, à cet effet, communiqués sans déplacement.

473. Dans tous les cas où le bilan n'aurait pas été rédigé, soit par le failli, soit par un fondé de pouvoir, les agens procéderont eux-mêmes à la formation du bilan, au moyen des livres et papiers du failli, et au moyen des informations et renseignemens qu'ils pourront se procurer auprès de la femme du failli, de ses enfans, de ses commis et autres employés.

474. Le juge-commissaire pourra aussi, soit d'office, soit sur la demande d'un ou de plusieurs créanciers, ou même de l'agent, interroger les individus désignés dans l'article précédent, à l'exception de la femme et des enfans du failli, tant sur ce qui concerne la formation du bilan que sur les causes et les circonstances de sa faillite.

475. Si le failli vient à décéder après l'ouverture de sa faillite, sa veuve ou ses enfans pourront se présenter pour suppléer leur auteur dans la formation du bilan, et pour toutes les autres obligations imposées au failli par la présente loi ; à leur défaut, les agens procéderont.

CHAPITRE VI.

DES SYNDICS PROVISOIRES.

SECTION PREMIÈRE.
De la Nomination des Syndics provisoires.

476. Dès que le bilan aura été remis par les agens au commissaire, celui-ci dressera, dans trois jours pour tout délai, la liste des créanciers, qui sera remise au tribunal de commerce, et il les fera convoquer par lettres, affiches et insertion dans les journaux.

477. Le juge-commissaire est autorisé à entendre le failli, ses commis et employés, et toute autre personne, tant sur ce qui concerne la formation du bilan que sur les causes et les circonstances de la faillite. — (A. Co. 474.)

478. Lorsqu'un commerçant aura été déclaré en faillite après son décès, ou lorsque le failli viendra à décéder après la déclaration de la faillite, sa veuve, ses enfans et ses héritiers pourront se présenter ou se faire représenter pour le suppléer dans la formation du bilan, ainsi que dans toutes les autres opérations de la faillite. — Co. 437, 481, 614. — (A. Co. 475.)

SECTION II.
De la Levée des Scellés et de l'Inventaire.

479. Dans les trois jours, les syndics requerront la levée des scellés, et procéderont à l'inventaire des biens du failli, lequel sera présent ou dûment appelé. — Co. 443, 455, 462, 468. — Pr. 928 s., 941. — (A. Co. 486, 487.)

480. L'inventaire sera dressé en double minute par les syndics, à mesure que les scellés seront levés, et en présence du juge de paix, qui le signera à chaque vacation. L'une de ces minutes sera déposée au greffe du tribunal de commerce, dans les vingt-quatre heures; l'autre restera entre les mains des syndics. — Les syndics seront libres de se faire aider, pour sa rédaction comme pour l'estimation des objets, par qui ils jugeront convenable. — Il sera fait récolement des objets qui, conformément à l'article 469, n'auraient pas été mis sous les scellés, et auraient déjà été inventoriés et prisés. — Co. 481, 483, 488. — Pr. 937, 943. — (A. Co. 488.)

481. En cas de déclaration de faillite après décès, lorsqu'il n'aura point été fait d'inventaire antérieurement à cette déclaration, ou en cas de décès du failli avant l'ouverture de l'inventaire, il y sera procédé immédiatement, dans les

---

477. Même avant la confection du bilan, le commissaire délégué pourra convoquer les créanciers, suivant l'exigence des cas.

478. Les créanciers susdits se réuniront, en présence du commissaire, aux jour et lieu indiqués par lui.

479. Toute personne qui se présenterait comme créancier à cette assemblée, et dont le titre serait postérieurement reconnu supposé de concert entre elle et le failli, encourra les peines portées contre les complices de banqueroutiers frauduleux.

480. Les créanciers réunis présenteront au juge-commissaire une liste triple du nombre des syndics provisoires qu'ils estimeront devoir être nommés; sur cette liste, le tribunal de commerce nommera.

SECTION II.
De la Cessation des Fonctions des Agens.

481. Dans les vingt-quatre heures qui suivront la nomination des syndics provisoires, les agens cesseront leurs fonctions, et rendront compte aux syndics, en présence du commissaire, de toutes leurs opérations et de l'état de la faillite.

formes du précédent article, et en présence des héritiers, ou eux dûment appelés.—Co.437, 478, 614. — Pr. 943.

482. En toute faillite, les syndics, dans la quinzaine de leur entrée ou de leur maintien en fonctions, seront tenus de remettre au juge-commissaire un mémoire ou compte sommaire de l'état apparent de la faillite, de ses principales causes et circonstances, et des caractères qu'elle paraît avoir. — Le juge-commissaire transmettra immédiatement les mémoires, avec ses observations, au procureur de la République. S'ils ne lui ont pas été remis dans les délais prescrits, il devra en prévenir le procureur de la République et lui indiquer les causes du retard.—Co. 459, 483, 584 s.—(A.Co. 488.)

483. Les officiers du ministère public pourront se transporter au domicile du failli et assister à l'inventaire. — Ils auront, à toute époque, le droit de requérir communication de tous les actes, livres ou papiers

relatifs à la faillite. — Co. 459, 480, 603 s. — C. 102. — (A. Co. 489.)

SECTION III.
De la Vente des Marchandises et Meubles, et des Recouvrements.

484. L'inventaire terminé, les marchandises, l'argent, les titres actifs, les livres et papiers, meubles et effets du débiteur, seront remis aux syndics, qui s'en chargeront au bas dudit inventaire.—Co. 443, 471.—Pr. 943.—(A.Co. 491.)

485. Les syndics continueront de procéder, sous la surveillance du juge-commissaire, au recouvrement des dettes actives. — Co. 443, 490. — (A. Co. 492.)

486. Le juge-commissaire pourra, le failli entendu ou dûment appelé, autoriser les syndics à procéder à la vente des effets mobiliers ou marchandises. — Il décidera si la vente se fera soit à l'amiable, soit aux enchères publiques, par l'entremise de courtiers ou de tous autres officiers publics preposés à cet effet. — Les syndics

---

482. Après ce compte rendu, les syndics continueront les opérations commencées par les agens, et seront chargés provisoirement de toute l'administration de la faillite, sous la surveillance du juge-commissaire.

SECTION III.
Des Indemnités pour les Agens.

483. Les agens, après la reddition de leur compte, auront droit à une indemnité, qui leur sera payée par les syndics provisoires.

484. Cette indemnité sera réglée selon les lieux et suivant la nature de la faillite, d'après les bases qui seront établies par un

règlement d'administration publique.

485. Si les agens ont été pris parmi les créanciers, ils ne recevront aucune indemnité.

CHAPITRE VII.
DES OPÉRATIONS DES SYNDICS PROVISOIRES.

SECTION PREMIÈRE.
De la Levée des Scellés, et de l'inventaire.

486. Aussitôt après leur nomination, les syndics provisoires requerront la levée des scellés, et procéderont à l'inventaire des biens du failli. Ils seront libres de se faire aider, pour l'estima-

choisiront dans la classe d'officiers publics déterminée par le juge-commissaire celui dont ils voudront employer le ministère. — Co. 74, 470, 534, 559 s., 571. — Pr. 617 s., 946 *et la note.* — (A. Co. 492.)

487. Les syndics pourront, avec l'autorisation du juge-commissaire, et le failli dûment appelé, transiger sur toutes contestations qui intéressent la masse, même sur celles qui sont relatives à des droits et actions immobiliers. — Si l'objet de la transaction est d'une valeur indéterminée ou qui excède trois cents francs, la transaction ne sera obligatoire qu'après avoir été homologuée, savoir : par le tribunal de commerce pour les transactions relatives à des droits mobiliers, et par le tribunal civil pour les transactions relatives à des droits immobiliers. — Le failli sera appelé à l'homologation; il aura, dans tous les cas, la faculté de s'y opposer. Son opposition suffira pour empêcher la transaction, si elle a pour objet des biens immobiliers. — Co. 443, 533. — C. 2045 s.

488. Si le failli a été affranchi du dépôt, ou s'il a obtenu un sauf-conduit, les syndics pourront l'employer pour faciliter et éclairer leur gestion; le juge-commissaire fixera les conditions de son travail.— Co. 458, 472 s. — (A. Co. 493.)

489. Les deniers provenant des ventes et des recouvremens seront, sous la déduction des sommes arbitrées par le juge-commissaire, pour le montant des dépenses et frais, versés immédiatement à la caisse des dépôts et consignations. Dans les trois jours des recettes, il sera justifié au juge-commissaire desdits versemens; en cas de retard, les syndics devront les intérêts des sommes qu'ils n'auront point versées. — Co. 1153, 1907 *et la note.* — Les deniers versés par les syndics, et tous autres consignés par des tiers, pour compte de la faillite, ne pourront être retirés qu'en vertu d'une ordonnance du juge - commissaire. S'il existe des oppositions, les syndics devront préalablement en obtenir la main-levée.— Le juge-commissaire pourra ordonner que le versement sera fait par la caisse directement entre les mains des créanciers

---

tion, par qui ils jugeront convenable. Conformément à l'article 937 du Code de procédure civile, cet inventaire se fera par les syndics à mesure que les scellés seront levés, et le juge de paix y assistera et le signera à chaque vacation.

487. Le failli sera présent ou dûment appelé à la levée des scellés et aux opérations de l'inventaire.

488. En toute faillite, les agens, syndics provisoires et définitifs, seront tenus de remettre, dans la huitaine de leur entrée en fonctions, au magistrat de sûreté de l'arrondissement, un mémoire ou compte sommaire de l'état apparent de la faillite, de ses principales causes et circonstances, et des caractères qu'elle paraît avoir.

489. Le magistrat de sûreté pourra, s'il le juge convenable, se transporter au domicile du failli ou des faillis, assister à la rédaction du bilan, de l'inventaire et des autres actes de la faillite, se faire donner tous les renseignemens qui en résulteront, et faire

de la faillite, sur un état de répartition dressé par les syndics et ordonnancé par lui (*a*). — Co. 566. — (A. Co. 496-498.)

SECTION IV.
Des Actes conservatoires.

490. A compter de leur entrée en fonctions, les syndics seront tenus de faire tous actes pour la conservation des droits du failli, contre ses débiteurs. —Co. 462, 471, 485.—Ils seront aussi tenus de requérir l'inscription aux hypothèques sur les immeubles des débiteurs du failli, si elle n'a pas été requise par lui; l'inscription sera prise au nom de la masse par les syndics, qui joindront à leurs bordereaux un certificat constatant leur nomination. — Co. 1166, 2146, 2148. — Ils seront tenus aussi de prendre inscription, au nom de la masse des créanciers, sur les immeubles du failli dont ils connaîtront l'existence. L'inscription sera reçue sur un simple bordereau

(*a*) Ord. *mars* 1673, *tit.* XI.
Art. 9. Les deniers comptans et ceux qui procéderont de la vente des meubles et des effets mobiliers, seront mis ès mains de ceux qui seront nommés par les créanciers à la pluralité des voix;

en conséquence les actes ou poursuites nécessaires; le tout d'office et sans frais.

496. S'il présume qu'il y a banqueroute simple ou frauduleuse, s'il y a mandat d'amener, de dépôt ou d'arrêt décerné contre le failli, il en donnera connaissance, sans délai, au juge-commissaire du tribunal de commerce, en ce cas, ce commissaire ne pourra proposer, ni le tribunal accorder de sauf-conduit au failli.

énonçant qu'il y a faillite, et relatant la date du jugement par lequel ils auront été nommés. — (A. Co. 499, 500.)

SECTION V.
De la Vérification des Créances.

491. A partir du jugement déclaratif de la faillite, les créanciers pourront remettre au greffier leurs titres, avec un bordereau indicatif des sommes par eux réclamées. Le greffier devra en tenir état et en donner récépissé. — Il ne sera responsable des titres que pendant cinq années, à partir du jour de l'ouverture du procès-verbal de vérification. — Co. 440, 442, 493 s. — C. 2276. — (A. Co. 502.)

492. Les créanciers qui, à l'époque du maintien ou du remplacement des syndics, en exécution du troisième paragraphe de l'article 462, n'auront pas remis leurs titres, seront immédiatement avertis, par des insertions dans les jour-

et ne pourront être revendiqués par les receveurs des consignations, greffiers, notaires, huissiers ou sergens, ou autres personnes publiques, ni pris sur iceux aucun droit par eux, ou les dépositaires, à peine de concussion.

SECTION II.
De la Vente des Marchandises et Meubles, et des Recouvremens.

491. L'inventaire terminé, les marchandises, l'argent, les titres actifs, meubles et effets du débiteur, seront remis aux syndics, qui s'en chargeront au pied dudit inventaire.

492. Les syndics pourront, sous l'autorisation du commissaire, procéder au recouvrement des dettes actives du failli. — Ils pour-

naux et par lettres du greffier, qu'ils doivent se présenter en personne ou par fondés de pouvoirs, dans le délai de vingt jours, à partir desdites insertions, aux syndics de la faillite, et leur remettre leurs titres accompagnés d'un bordereau indicatif des sommes par eux réclamées, si mieux ils n'aiment en faire le dépôt au greffe du tribunal de commerce; il leur en sera donné récépissé. — Co. 442, 491. — A l'égard des créanciers domiciliés en France, hors du lieu où siége le tribunal saisi de l'instruction de la faillite, ce délai, sera augmenté d'un jour par cinq myriamètres de distance entre le lieu où siége le tribunal et le domicile du créancier. — Co. 102. — Pr. 1033. — A l'égard des créanciers domiciliés hors du territoire continental de la France, ce délai sera augmenté conformément aux règles de l'article 73 du Code de procédure civile. — (A. Co. 501, 502.)

493. La vérification des créances commencera dans les trois jours de l'expiration des délais déterminés par les premier et deuxième paragraphes de l'article 492. Elle sera con-

tinuée sans interruption. Elle se fera aux lieu, jour et heure indiqués par le juge-commissaire. L'avertissement aux créanciers ordonné par l'article précédent contiendra mention de cette indication. Néanmoins les créanciers seront de nouveau convoqués à cet effet, tant par lettres du greffier que par insertions dans les journaux. — Les créances des syndics seront vérifiées par le juge-commissaire; les autres le seront contradictoirement entre le créancier ou son fondé de pouvoirs et les syndics, en présence du juge-commissaire, qui en dressera procès-verbal. —T. 4e, art. 160.—(A.Co.503.)

494. Tout créancier vérifié ou porté au bilan pourra assister à la vérification des créances, et fournir des contredits aux vérifications faites et à faire. Le failli aura le même droit. — Co. 439, 476. — (A. Co. 504.)

495. Le procès-verbal de vérification indiquera le domicile des créanciers et de leurs fondés de pouvoirs. — Il contiendra la description sommaire des titres, mentionnera les surcharges, ratures et interlignes, et exprimera si la créance

---

ront aussi procéder à la vente de ses effets et marchandises, soit par la voie des enchères publiques, par l'entremise des courtiers et à la bourse, soit à l'amiable, à leur choix.

493 Si le failli a obtenu un sauf-conduit, les syndics pourront l'employer pour faciliter et éclairer leur gestion; ils fixeront les conditions de son travail.

494. A compter de l'entrée en fonctions des agens et ensuite des syndics, toute action civile inten-

tée, avant la faillite, contre la personne et les biens mobiliers du failli, par un créancier privé, ne pourra être suivie que contre les agens et les syndics; et toute action qui serait intentée après la faillite ne pourra l'être que contre les agens et les syndics.

495. Si les créanciers ont quelque motif de se plaindre des opérations des syndics, ils en référeront au commissaire, qui statuera, s'il y a lieu, ou fera son rapport au tribunal de commerce.

est admise ou contestée. — Co. 497 n. — (A. Co. 505.)

496. Dans tous les cas, le juge-commissaire pourra, même d'office, ordonner la représentation des livres du créancier, ou demander, en vertu d'un compulsoire, qu'il en soit rapporté un extrait fait par les juges du lieu. — Co. 14-18. — Pr. 849 n. — (A. Co. 505.)

497. Si la créance est admise, les syndics signeront, sur chacun des titres, la déclaration suivante : *Admis au passif de la faillite de. . . . . pour la somme de. . . . . te. . . .* — Le juge-commissaire visera la déclaration. — Chaque créancier, dans la huitaine au plus tard, après que sa créance aura été vérifiée, sera tenu d'affirmer, entre les mains du juge-commissaire, que ladite créance est sincère et véritable. — Co. 495, 503, 504 n., 593 2°. — T. 4e, art. 1 6°. — (A. Co. 506, 507.)

498. Si la créance est contestée juge-commissaire pourra, sans qu'il soit besoin de citation, renvoyer à bref délai devant le tribunal de commerce, qui jugera sur son rapport. — Le tribunal de commerce pourra ordonner qu'il soit fait, devant le juge-commissaire, enquête sur les faits, et que les personnes qui pourront fournir des renseignemens soient.à cet effet. cités par devant lui. — Co. 499 n. — Pr. 407 n., 412 n., 432. — T. 4e, art. 1 6°. — (A. Co. 508, 509.)

499. Lorsque la contestation sur l'admission d'une créance aura été portée devant le tribunal de commerce, ce tribunal, si la cause n'est point en état de recevoir jugement définitif avant l'expiration des délais fixés, à l'égard des personnes domiciliées en France, par les articles 492 et 497, ordonnera, selon les circonstances, qu'il sera sursis ou passé outre à la convocation de l'assemblée pour la formation du concordat. — Si le tribunal ordonne qu'il sera passé

---

496. Les deniers provenant des ventes et des recouvremens seront versés, sous la déduction des dépenses et frais, dans une caisse à double serrure. Une des clefs sera remise au plus âgé des agens ou syndics, et l'autre à celui d'en-... les créanciers que le commissaire aura préposé à cet effet.

497 Toutes les semaines, le bordereau de situation de la caisse de la faillite sera remis au commissaire, qui pourra, sur la demande des syndics, et à raison des circonstances, ordonner le versement de tout ou partie des fonds à la caisse d'amortissement, ou entre les mains du délégué de cette caisse dans les départemens, à la charge de faire courir, au profit de la masse, les intérêts accordés aux sommes consignées à cette même caisse.

498. Le retirement des fonds versés à la caisse d'amortissement se fera en vertu d'une ordonnance du commissaire.

SECTION III.
Des Actes conservatoires.

499. A compter de leur entrée en fonctions, les agens, et ensuite les syndics, seront tenus de faire tous actes pour la conservation des droits du failli sur ses débiteurs. — Ils seront aussi tenus de requérir l'inscription aux hypothèques sur les immeubles des débiteurs du failli, si elle n'a été requise par ce dernier, et s'il a

outre; il pourra décider par provision que le créancier contesté sera admis dans les délibérations pour une somme que le même jugement déterminera.—Co. 500 a., 504, 516, 583 4o.

500. Lorsque la contestation sera portée devant un tribunal civil, le tribunal de commerce décidera s'il sera sursis ou passé outre; dans ce dernier cas, le tribunal civil saisi de la contestation jugera, à bref délai, sur requête des syndics, signifiée au créancier contesté, et sans autre procédure, si la créance sera admise par provision, et pour quelle somme. — Dans le cas où une créance serait l'objet d'une instruction criminelle ou correctionnelle, le tribunal de commerce pourra également prononcer le sursis; s'il ordonne de passer outre, il ne pourra accorder l'admission par provision, et le créancier contesté ne pourra prendre part aux opérations de la faillite tant que les tribunaux compétens n'auront pas statué.—Co. 499, 516, 583 4o., 584 a., 591.

501. Le créancier dont le privilége ou l'hypothèque seulement serait contesté sera admis dans les délibérations de la faillite comme créancier ordinaire. — Co. 445, 508.

502. À l'expiration des délais déterminés par les articles 492 et 497, à l'égard des personnes domiciliées en France, il sera passé outre à la formation du concordat et à toutes les opérations de la faillite, sous l'exception portée aux articles 567 et 568 en faveur des créanciers domiciliés hors du territoire continental de la France.—(A. Co. 510-512.)

503. À défaut de comparution et affirmation dans les délais qui leur sont applicables, les défaillans connus ou inconnus ne seront pas compris dans les répartitions à faire à toute-

---

des titres hypothécaires. L'inscription sera reçue au nom des agens et des syndics, qui joindront à leurs bordereaux un extrait des jugemens qui les auront nommés.

500. Ils seront tenus de prendre inscription, au nom de la masse des créanciers, sur les immeubles du failli, dont ils connaîtront l'existence. L'inscription sera reçue sur un simple bordereau énonçant qu'il y a faillite, et relatant la date du jugement par lequel ils auront été nommés.

SECTION IV.
De la Vérification des Créances.

501. La vérification des créances sera faite sans délai; le commissaire veillera à ce qu'il y soit procédé diligemment, à mesure que les créanciers se présenteront.

502. Tous les créanciers du failli seront avertis, à cet effet, par les papiers publics et par lettres des syndics, de se présenter, dans le délai de quarante jours, par eux ou par leurs fondés de pouvoir, aux syndics de la faillite; de leur déclarer à quel titre et pour quelle somme ils sont créanciers, et de leur remettre leurs titres de créance, ou de les déposer au greffe du tribunal de commerce. Il leur en sera donné récépissé.

503. La vérification des créances sera faite contradictoirement entre le créancier ou son fondé de pouvoir et les syndics, et en

fois la voie de l'opposition leur sera ouverte jusqu'à la distribution des deniers inclusivement; les frais de l'opposition demeureront toujours à leur charge. — Co. 491, 497. — Leur opposition ne pourra suspendre l'exécution des répartitions ordonnancées par le juge-commissaire; mais s'il est procédé à des répartitions nouvelles avant qu'il ait été statué sur leur opposition, ils seront compris pour la somme qui sera provisoirement déterminée par le tribunal, et qui sera tenue en réserve jusqu'au jugement de leur opposition. — S'ils se font ultérieurement reconnaître créanciers, ils ne pourront rien réclamer sur les répartitions ordonnancées par le juge-commissaire; mais ils auront le droit de prélever, sur l'actif non encore réparti, les dividendes afférens à leurs créances dans les premières répartitions. — (A. Co. 513.)

CHAPITRE VI.

DU CONCORDAT ET DE L'UNION.

SECTION PREMIÈRE.

De la Convocation et de l'Assemblée des Créanciers

504. Dans les trois jours qui suivront les délais prescrits pour l'affirmation, le juge-commissaire fera convoquer par le greffier, à l'effet de délibérer sur la formation du concordat, les créanciers dont les créances auront été vérifiées et affirmées, ou admises par provision. Les insertions dans les journaux et les lettres de convocation, indiqueront l'objet de l'assemblée. — Co. 437 note, 497, 499, 500. — T. 4e, art. 1 8º. — (A. Co. 514.)

505. Aux lieu, jour et heure qui seront fixés par le juge-commissaire, l'assemblée se formera sous sa présidence; les créanciers vérifiés et affirmés, ou admis par provision, s'y présenteront en personne ou par fondés de pouvoirs. — Le failli sera appelé à cette assemblée; il devra s'y présenter en personne, s'il a été dispensé de la mise en dépôt, ou s'il a obtenu un sauf-conduit, et il ne pourra s'y faire représenter que pour des motifs valables, et approuvés par le juge-commissaire. — Co. 466, 472, 473, 497, 499, 500. — C. 1987. — (A. Co. 515, 516.)

506. Les syndics feront à l'assemblée un rapport sur l'état de la faillite, sur les forma-

---

présence du juge-commissaire, qui en dressera procès-verbal. Cette opération aura lieu dans les quinze jours qui suivront le délai fixé par l'article précédent.

504. Tout créancier dont la créance aura été vérifiée et affirmée pourra assister à la vérification des autres créances, et fournir tout contredit aux vérifications faites ou à faire.

505. Le procès-verbal de vérification énoncera la représentation des titres de créance, le domicile des créanciers et de leurs fondés de pouvoirs. — Il contiendra la description sommaire des titres, lesquels seront rapprochés des registres du failli. — Il mentionnera les surcharges, ratures et interlignes. — Il exprimera que le porteur est légitime créancier de la somme par lui réclamée. — Le commissaire pourra, suivant l'exigence des cas, demander aux créanciers la représentation de leurs registres, ou l'extrait fait par les juges de commerce du

lités qui auront été remplies et les opérations qui auront eu lieu; le failli sera entendu. —Le rapport des syndics sera remis, signé d'eux, au juge-commissaire, qui dressera procès-verbal de ce qui aura été dit et décidé dans l'assemblée. —Co. 452, 527.—(A. Co. 517, 518.)

SECTION II.
Du Concordat.
§ Ier.
De la Formation du Concordat.

507. Il ne pourra être consenti de traité entre les créanciers délibérans et le débiteur failli qu'après l'accomplissement des formalités ci-dessus prescrites. — Ce traité ne s'établira que par le concours d'un nombre de créanciers

(a) Ord. *mars* 1673, *tit.* xi.
Art. 5. Les résolutions prises dans l'assemblée des créanciers, à la pluralité des voix, pour le recouvrement des effets ou l'acquit des dettes, seront exécutées par provision, et nonobstant toutes oppositions ou appellations.
6. Les voix des créanciers prévaudront, non par le nombre des personnes, mais eu égard à ce qu'il leur sera dû, s'il monte aux trois quarts du total des dettes.

formant la majorité, et représentant, en outre, les trois quarts de la totalité des créances vérifiées et affirmées, ou admises par provision, conformément à la section v du chapitre V: le tout à peine de nullité (a). — Co. 497, 499, 500, 504 s., 509, 529. — (A. Co. 519.)

508. Les créanciers hypothécaires inscrits ou dispensés d'inscription, et les créanciers privilégiés ou nantis d'un gage, n'auront pas voix dans les opérations relatives au concordat pour lesdites créances, et elles n'y seront comptées que s'ils renoncent à leurs hypothèques, gages ou privilèges. — Le vote au concordat emportera de plein droit cette renonciation (b). — Co. 445,

(b) Ord. *mars* 1673, *tit.* xi.
Art. 8. N'entendons néanmoins déroger aux privilèges sur les meubles, ni aux privilèges et hypothèques sur les immeubles, qui seront conservés, sans que ceux qui auront privilège ou hypothèque, puissent être tenus d'entrer en aucune composition, remise ou atermoiement, à cause des sommes pour lesquelles ils auront privilège ou hypothèque.

lieu, en vertu d'un compulsoire; il pourra aussi, d'office, renvoyer devant le tribunal de commerce, qui statuera sur son rapport.

526. Si la créance n'est pas contestée, les syndics signeront, sur chacun des titres, la déclaration suivante: — *Admis au passif de la faillite de...., pour la somme de.... le.....* Le visa du commissaire sera mis au bas de la déclaration.

527. Chaque créancier, dans le délai de huitaine, après que sa

créance aura été vérifiée, sera tenu d'affirmer, entre les mains du commissaire, que ladite créance est sincère et véritable.

528. Si la créance est contestée en tout ou en partie, le juge-commissaire, sur la réquisition des syndics, pourra ordonner la représentation des titres du créancier, et le dépôt de ces titres au greffe du tribunal de commerce. Il pourra même, sans qu'il soit besoin de citation, renvoyer les parties, à bref délai, devant le

448, 501, 516, 552 n.—C. 2071 n., 2093 n., 2114, 2134, 2135. — (A. Co. 520.)

509. Le concordat sera, à peine de nullité, signé séance tenante. S'il est consenti seulement par la majorité en nombre, ou par la majorité des trois quarts en somme, la délibération sera remise à huitaine pour tout délai : dans ce cas, les résolutions prises et les adhésions données lors de la première assemblée demeureront sans effet.—Co. 437 note, 507, 512. — (A. Co. 521.)

510. Si le failli a été condamné comme banqueroutier frauduleux, le concordat ne pourra être formé. — Co. 520 n., 591 n., 612. — Lorsqu'une instruction en banqueroute frauduleuse aura été commencée, les créanciers seront convoqués à l'effet de décider s'ils se réservent de délibérer sur un concordat, en cas d'acquittement, et si, en conséquence, ils sursoient à statuer jusqu'après l'issue des poursuites. — Ce sursis ne pourra être prononcé qu'à la majorité en nombre et en somme déterminée par l'article 507. Si, à l'expiration du sursis, il y a lieu à délibérer sur le concordat, les règles établies par le précédent article seront applicables aux nouvelles délibérations.— Co. 509. — (A. Co. 521.)

511. Si le failli a été condamné comme banqueroutier simple, le concordat pourra être formé. Néanmoins, en cas de poursuites commencées, les créanciers pourront surseoir à délibérer jusqu'après l'issue des poursuites, en se conformant aux dispositions de l'article précédent. — Co. 583 n., 612.

512. Tous les créanciers ayant eu droit de concourir au concordat, ou dont les droits auront été reconnus depuis, pourront y former opposition. —Co. 508.—L'opposition sera motivée, et devra être signifiée aux syndics et au failli, à peine de nullité, dans les huit jours qui suivront le concordat; elle contiendra assignation à la première audience du tribunal de commerce. — Co. 513, 518. — S'il n'a été nommé qu'un seul syndic, et

---

tribunal de commerce, qui jugera sur son rapport.

509. Le tribunal de commerce pourra ordonner qu'il soit fait, devant le commissaire, enquête sur les faits, et que les personnes qui pourront fournir des renseignemens soient à cet effet citées par-devant lui.

510. A l'expiration des délais fixés pour les vérifications des créances, les syndics dresseront un procès-verbal contenant les noms de ceux des créanciers qui n'auront pas comparu. Ce procès-verbal, clos par le commissaire, les établira en demeure.

511. Le tribunal de commerce, sur le rapport du commissaire, fixera, par jugement, un nouveau délai pour la vérification. — Ce délai sera déterminé d'après la distance du domicile du créancier en demeure, de manière qu'il y ait un jour par chaque distance de trois myriamètres : à l'égard des créanciers résidant hors de France, on observera les délais prescrits par l'article 73 du Code de procédure civile.

512. Le jugement qui fixera le nouveau délai sera notifié aux créanciers, au moyen des formalités voulues par l'article 683 du

s'il se rend opposant au concordat, il devra provoquer la nomination d'un nouveau syndic, vis-à-vis duquel il sera tenu de remplir les formes prescrites au présent article. — Si le jugement de l'opposition est subordonné à la solution de questions étrangères, à raison de la matière, à la compétence du tribunal de commerce, ce tribunal surseoira à prononcer jusqu'après la décision de ces questions. — Il fixera un bref délai dans lequel le créancier opposant devra saisir les juges compétens et justifier de ses diligences. — Co. 451, 500, 531 s. — Pr. 170, 424, 427. — (A. Co. 523.)

513. L'homologation du concordat sera poursuivie devant le tribunal de commerce, à la requête de la partie la plus diligente; le tribunal ne pourra statuer avant l'expiration du délai de huitaine, fixé par l'article précédent. — Si, pendant ce délai, il a été formé des oppositions, le tribunal statuera sur ces oppositions et sur l'homologation par un seul et même jugement. — Si l'opposition est admise, l'annulation du concordat sera prononcée à l'égard de tous les intéressés (a). — Co. 514 s., 518. — (A. Co. 524.)

514. Dans tous les cas, avant qu'il soit statué sur l'homologation, le juge-commissaire fera au tribunal de commerce un rapport sur les caractères de la faillite et sur l'admissibilité du concordat. — Co. 452. — (A. Co. 525.)

515. En cas d'inobservation des règles ci - dessus prescri-

créances n'excéderont le quart du total des dettes, voulons qu'elles soient homologuées en justice, et exécutées comme s'ils avaient tous signé.

(a) ORD. mars 1673,
tit. XI.

ART. 7. En cas d'opposition ou de refus de signer les délibérations par les créanciers, dont les

Code de procédure civile; l'accomplissement de ces formalités vaudra signification à l'égard des créanciers qui n'auront pas comparu, sans que, pour cela, la nomination des syndics définitifs soit retardée.

513. A défaut de comparution et affirmation dans le délai fixé par le jugement, les défaillans ne seront pas compris dans les répartitions à faire. — Toutefois la voie de l'opposition leur sera ouverte jusqu'à la dernière distribution des deniers inclusivement, mais sans que les défaillans, quand même ils seraient des créanciers inconnus, puissent rien prétendre aux répartitions consommées, qui, à leur égard, seront réputées ir-

révocables, et sur lesquelles ils seront entièrement déchus de la part qu'ils auraient pu prétendre.

CHAPITRE VIII.

DES SYNDICS DÉFINITIFS ET DE LEURS FONCTIONS.

SECTION PREMIÈRE.

De l'Assemblée des Créanciers dont les créances sont vérifiées et affirmées.

514. Dans les trois jours après l'expiration des délais prescrits pour l'affirmation des créanciers connus, les créanciers dont les créances ont été admises seront convoqués par les syndics provisoires.

515. Aux lieu, jour et heure

les, ou lorsque des motifs tirés, soit de l'intérêt public, soit de l'intérêt des créanciers, paraitront de nature à empêcher le concordat, le tribunal en refusera l'homologation. — (A. Co. 526.)

§ II.

Des Effets du Concordat.

516. L'homologation du concordat le rendra obligatoire pour tous les créanciers portés ou non portés au bilan, vérifiés ou non vérifiés, et même pour les créanciers domiciliés hors du territoire continental de la France, ainsi que pour ceux qui, en vertu des articles 499 et 500, auraient été admis par provision à délibérer, quelle que soit la somme que le jugement définitif leur attribuerait ultérieurement. — Co. 437 *note*, 499, 497, 522. — (A. Co. 524.)

517. L'homologation conservera à chacun des créanciers, sur les immeubles du failli, l'hypothèque inscrite en vertu du troisième paragraphe de l'article 490. A cet effet, les syndics feront inscrire aux hypothèques le jugement d'homologation, à moins qu'il n'en ait été décidé autrement par le concordat. — Co. 513. — C. 2146. — (A. Co. 524.)

518. Aucune action en nullité du concordat ne sera recevable, après l'homologation, que pour cause de dol découvert depuis cette homologation, et résultant, soit de la dissimulation de l'actif, soit de l'exagération du passif. — Co. 512, 520 s., 593, 594. — C. 1116, 1117.

519. Aussitôt après que le jugement d'homologation sera passé en force de chose jugée, les fonctions des syndics cesseront. — Co. 462, 512. — C. 1351. — Les syndics rendront au failli leur compte définitif, en présence du juge-commissaire; ce compte sera débattu et arrêté. Ils remettront au failli l'universalité de ses biens, livres, papiers et effets. Le failli en donnera décharge. — Pr. 527 s. — T. 4e, art. 1 90. — Il sera dressé du tout procès-verbal par le juge-com-

---

qui seront fixés par le commissaire, l'assemblée se formera sous sa présidence; il n'y sera admis que des créanciers reconnus, ou leurs fondés de pouvoirs.

516. Le failli sera appelé à cette assemblée : il devra s'y présenter en personne, s'il a obtenu un sauf-conduit; et il ne pourra s'y faire représenter que pour des motifs valables, et approuvés par le commissaire.

517. Le commissaire vérifiera les pouvoirs de ceux qui s'y présenteront comme fondés de procuration; il fera rendre compte en sa présence, par les syndics provisoires, de l'état de la faillite, des formalités qui auront été remplies et des opérations qui auront eu lieu : le failli sera entendu.

518. Le commissaire tiendra procès-verbal de ce qui aura été dit et décidé dans cette assemblée.

SECTION II.

Du Concordat.

519. Il ne pourra être consenti de traité entre les créanciers délibérans et le débiteur failli qu'après l'accomplissement des formalités ci-dessus prescrites. — Ce traité ne s'établira que par le concours d'un nombre de créanciers formant la majorité, et représentant, en outre, par leurs titres de

missaire, dont les fonctions cesseront. — Co. 452. — En cas de contestation, le tribunal de commerce prononcera. — Co. 635. — (A. Co. 525.)

§ III.
De l'Annulation ou de la Résolution du Concordat.

520. L'annulation du concordat, soit pour dol, soit par suite de condamnation pour banqueroute frauduleuse intervenue après son homologation, libère de plein droit les cautions. — Co. 510, 512, 518, 521 s. — C. 1116. — En cas d'inexécution, par le failli, des conditions de son concordat, la résolution de ce traité pourra être poursuivie contre lui devant le tribunal de commerce, en présence des cautions, s'il en existe, ou elles dûment appelées. — Co. 635. — C. 1184. — La résolution du concordat ne libérera pas les cautions qui y seront intervenues pour en garantir l'exécution totale ou partielle. — C. 2011.

521. Lorsque, après l'homologation du concordat, le failli sera poursuivi pour banqueroute frauduleuse, et placé sous mandat de dépôt ou d'arrêt, le tribunal de commerce pourra prescrire telles mesures conservatoires qu'il appartiendra. Ces mesures cesseront de plein droit du jour de la déclaration qu'il n'y a lieu à suivre, de l'ordonnance d'acquittement ou de l'arrêt d'absolution. — Co. 512, 591. — I. Cr. 93 s., 128 s., 229, 358.

522. Sur le vu de l'arrêt de condamnation pour banqueroute frauduleuse, ou par le jugement qui prononcera, soit l'annulation, soit la résolution du concordat, le tribunal de commerce nommera un juge-commissaire et un ou plusieurs syndics. — Co. 454, 519, 583 1°. — Ces syndics pourront faire apposer les scellés. — Co. 455 s. — Ils procéderont, sans retard, avec l'assistance du juge de paix, sur l'ancien inventaire, au récolement des valeurs, actions et des papiers, et procéderont, s'il y a lieu, à un supplément d'inventaire. — Co. 480 s. — Ils dresseront un bilan supplémentaire. — Co. 439, 476-478. — Ils feront immédiatement afficher et insérer dans les journaux à ce destinés, avec un extrait du jugement qui les nomme, invitation aux créanciers nouveaux, s'il en existe, de produire, dans le délai de vingt jours, leurs titres de créances à la vérification. Cette invitation sera faite aussi par

---

créances vérifiées, les trois quarts de la totalité des sommes dues, selon l'état des créances vérifiées et enregistrées, conformément à la section IV du chapitre VII; le tout à peine de nullité.

520. Les créanciers hypothécaires inscrits et ceux nantis d'un gage n'auront point de voix dans les délibérations relatives au concordat.

521. Si l'examen des actes, livres et papiers du failli, donne quelque présomption de banqueroute, il ne pourra être fait aucun traité entre le failli et les créanciers, à peine de nullité: le commissaire veillera à l'exécution de la présente disposition.

522. Le concordat, s'il est consenti, sera, à peine de nullité, signé séance tenante; si la majorité des créanciers présents consentent au concordat, mais ne forme

lettres du greffier, conformément aux articles 492 et 493. — Co. 497, 523.

523. Il sera procédé, sans retard, à la vérification des titres de créances produits en vertu de l'article précédent.— Il n'y aura pas lieu à nouvelle vérification des créances antérieurement admises et affirmées, sans préjudice néanmoins du rejet ou de la réduction de celles qui depuis auraient été payées en tout ou en partie. — Co. 497 s.

524. Ces opérations mises à fin, s'il n'intervient pas de nouveau concordat, les créanciers seront convoqués à l'effet de donner leur avis sur le maintien ou le remplacement des syndics. — Co. 522 s. — Il ne sera procédé aux répartitions qu'après l'expiration, à l'égard des créanciers nouveaux, des délais accordés aux personnes domiciliées en France, par les articles 492 et 497. — Co. 565 s.

525. Les actes faits par le failli postérieurement au jugement d'homologation, et antérieurement à l'annulation ou à la résolution du concordat, ne seront annulés qu'en cas de fraude aux droits des créanciers. — Co. 513, 519. — C. 1167.

526. Les créanciers antérieurs au concordat rentreront dans l'intégralité de leurs droits à l'égard du failli seulement; mais ils ne pourront figurer dans la masse que pour les proportions suivantes, savoir : — S'ils n'ont touché aucune part du dividende, pour l'intégralité de leurs créances; s'ils ont reçu une partie du dividende, pour la portion de leurs créances primitives correspondante à la portion du dividende promis qu'ils n'auront pas touchée. — Les dis-

---

pas les trois quarts en somme, la délibération sera remise à huitaine pour tout délai.

523. Les créanciers opposans au concordat seront tenus de faire signifier leurs oppositions aux syndics et au failli dans huitaine *pour tout délai*.

524. Le traité sera homologué dans la huitaine du jugement sur les oppositions. L'homologation le rendra obligatoire pour tous les créanciers, et conservera l'hypothèque à chacun d'eux sur les immeubles du failli; à cet effet, les syndics seront tenus de faire inscrire aux hypothèques le jugement d'homologation, à moins qu'il n'y ait été dérogé par le concordat.

525. L'homologation étant signifiée a. t syndics provisoires, ceux-ci rendront leur compte définitif au failli, en présence du commissaire; ce compte sera débattu et arrêté. En cas de contestation, le tribunal de commerce prononcera : les syndics remettront ensuite au failli l'universalité de ses biens, ses livres, papiers, effets. — Le failli donnera décharge; les fonctions du commissaire et des syndics cesseront, et il sera dressé du tout procès-verbal par le commissaire.

526. Le tribunal de commerce pourra, pour cause d'inconduite ou de fraude, refuser l'homologation du concordat; et, dans ce cas, le failli sera en prévention de banqueroute, et renvoyé, de droit, devant le magistrat de sûreté, qui sera tenu de poursuivre d'office. — S'il accorde l'homologation, le tribunal déclarera le failli excusable, et susceptible

positions du présent article seront applicables au cas où une seconde faillite viendra à s'ouvrir sans qu'il y ait eu préalablement annulation ou résolution du concordat. — Co. 437, 519.

SECTION III.
De la Clôture en cas d'insuffisance de l'actif.

527. Si, à quelque époque que ce soit, avant l'homologation du concordat ou la formation de l'union, le cours des opérations de la faillite se trouve arrêté par l'insuffisance de l'actif, le tribunal de commerce pourra, sur le rapport du juge-commissaire, prononcer, même d'office, la clôture des opérations de la faillite. — Ce jugement fera rentrer chaque créancier dans l'exercice de ses actions individuelles, tant contre les biens que contre la personne du failli. — Pendant un mois, à partir de sa date, l'exécution de ce jugement sera suspendue. — Co. 443, 461, 513, 529, 539.

528. Le failli, ou tout autre intéressé, pourra, à toute époque, le faire rapporter par le tribunal, en justifiant qu'il existe des fonds pour faire face aux frais des opérations de la faillite, ou en faisant consigner entre les mains des syndics somme suffisante pour y pourvoir. — Dans tous les cas, les frais des poursuites exercées en vertu de l'article précédent devront être préalablement acquittés. — Co. 527. — O. 2101 1°.

SECTION IV.
De l'Union des Créanciers.

529. S'il n'intervient point de concordat, les créanciers seront de plein droit en état d'union. — Co. 504 s. — Le juge-commissaire les consultera immédiatement, tant sur les faits de la gestion que sur l'utilité du maintien ou du remplacement des syndics. Les créanciers privilégiés, hypothécaires ou nantis d'un gage, seront admis à cette délibération. — Co. 445, 508. — Il sera

---

d'être réhabilité aux conditions exprimées au titre ci-après *de la Réhabilitation.*

SECTION III.
De l'Union des Créanciers.

527. S'il n'intervient point de traité, les créanciers assemblés formeront, à la majorité individuelle des créanciers présens, un contrat d'union; ils nommeront un ou plusieurs syndics définitifs: les créanciers nommeront un caissier, chargé de recevoir les sommes provenant de toute espèce de recouvrement. Les syndics définitifs recevront le compte des syndics provisoires, ainsi qu'il a été dit pour le

compte des agens à l'article 481.

528. Les syndics représenteront la masse des créanciers; ils procéderont à la vérification du bilan, s'il y a lieu. — Ils poursuivront, en vertu du contrat d'union, et sans autres titres authentiques, la vente des immeubles du failli, celle de ses marchandises et effets mobiliers, et la liquidation de ses dettes actives et passives; le tout sous la surveillance du commissaire, et sans qu'il soit besoin d'appeler le failli.

529. Dans tous les cas, il sera, sous l'approbation du commissaire, remis au failli et à sa fa-

dressé procès-verbal des dires et observations des créanciers, et, sur le vu de cette pièce, le tribunal de commerce statuera comme il est dit à l'article 482. — Les syndics qui ne seraient pas maintenus devront rendre leur compte aux nouveaux syndics, en présence du juge-commissaire, le failli dûment appelé. — Pr. 527 s.— T. 4e, art. 1 10', — (A. Co. 527.)

530. Les créanciers seront consultés sur la question de savoir si un secours pourra être accordé au failli sur l'actif de la faillite. — Lorsque la majorité des créanciers presens y aura consenti, une somme pourra être accordée au failli, à titre de secours, sur l'actif de la faillite. Les syndics en proposeront la quotité, qui sera fixée par le juge-commissaire, sauf recours au tribunal de commerce, de la part des syndics seulement. —

Co. 453, 474, 583 s.—(A. Co. 530.)

531. Lorsqu'une société de commerce sera en faillite, les créanciers pourront ne consentir de concordat qu'en faveur d'un ou de plusieurs des associés.—En ce cas, tout l'actif social demeurera sous le régime de l'union. Les biens personnels de ceux avec lesquels le concordat aura été consenti en seront exclus, et le traité particulier passé avec eux ne pourra contenir l'engagement de payer un dividende que sur des valeurs étrangères à l'actif social. — L'associé qui aura obtenu un concordat particulier sera déchargé de toute solidarité. — Co. 19 s., 438, 458, 507 s., 604. — C. 1200 s.

532. Les syndics représentent la masse des créanciers et sont chargés de procéder à la liquidation. — Co. 443, 533 s. — Néanmoins les créan-

---

mille les vêtemens, hardes et meubles nécessaires à l'usage de leurs personnes. Cette remise se fera sur la proposition des syndics, qui en dresseront l'état.

530. S'il n'existe pas de présomption de banqueroute, le failli aura droit de demander, à titre de secours, une somme sur ses biens : les syndics en proposeront la quotité; et le tribunal, sur le rapport du commissaire, la fixera, en proportion des besoins et de l'étendue de la famille du failli, de sa bonne foi, et du plus ou moins de perte qu'il fera supporter à ses créanciers.

531. Toutes les fois qu'il y aura union de créanciers, le commissaire du tribunal de commerce lui rendra compte des circonstances. Le tribunal prononcera,

sur son rapport, comme il est dit à la section 1re du présent chapitre, si le failli est ou non excusable, et susceptible d'être réhabilité. — En cas de refus du tribunal de commerce, le failli sera en prévention de banqueroute, et renvoyé, de droit, devant le magistrat de sûreté, comme il est dit à l'article 526.

CHAPITRE IX.

DES DIFFÉRENTES ESPÈCES DE CRÉANCIERS, ET DE LEURS DROITS EN CAS DE FAILLITE.

SECTION 1re.
Dispositions générales.

532. S'il n'y a pas d'action en expropriation des immeubles formée avant la nomination des syn-

ciers pourront leur donner mandat pour continuer l'exploitation de l'actif. — La délibération qui leur conférera ce mandat en déterminera la durée et l'étendue, et fixera les sommes qu'ils pourront garder entre leurs mains, à l'effet de pourvoir aux frais et dépenses. Elle ne pourra être prise qu'en présence du juge-commissaire, et à la majorité des trois quarts des créanciers en nombre et en somme. — Co. 507. — C. 1991 s. — La voie de l'opposition sera ouverte contre cette délibération au failli et aux créanciers dissidens. — Cette opposition ne sera pas suspensive de l'exécution. — (A. Co. 528.)

533. Lorsque les opérations des syndics entraîneront des engagemens qui excéderaient l'actif de l'union, les créanciers qui auront autorisé ces opérations seront seuls tenus personnellement au-delà de leur part dans l'actif, mais seulement dans les limites du mandat qu'ils auront donné; ils contribueront au prorata de leurs créances. — Co. 532. — C. 1997, 1998.

534. Les syndics sont chargés de poursuivre la vente des immeubles, marchandises et effets mobiliers du failli, et la liquidation de ses dettes actives et passives; le tout sous la surveillance du juge-commissaire, et sans qu'il soit besoin d'appeler le failli. — Co. 452, 532, 571. — (A. Co. 528.)

535. Les syndics pourront, en se conformant aux règles prescrites par l'article 487, transiger sur toute espèce de droits appartenant au failli, nonobstant toute opposition de sa part. — Co. 532, 570. — C. 2045 s.

536. Les créanciers en état d'union seront convoqués au moins une fois dans la première année, et, s'il y a lieu, dans les années suivantes, par le juge-commissaire. — Co. 452. — Dans ces assemblées, les syndics devront rendre compte de leur gestion. — Pr. 527 s. — Ils seront continués ou remplacés dans l'exercice de leurs fonctions, suivant les formes prescrites par les articles 462 et 529.

537. Lorsque la liquidation de la faillite sera termi-

---

dics définitifs, eux seuls seront admis à poursuivre la vente, ils seront tenus d'y procéder dans huitaine, selon la forme qui sera indiquée ci-après.

533. Les syndics présenteront au commissaire l'état des créanciers se prétendant privilégiés sur les meubles, et le commissaire autorisera le paiement de ces créanciers sur les premiers deniers rentrés. S'il y a des créanciers contestant le privilège, le tribunal prononcera; les frais seront supportés par ceux dont la demande aura été rejetée, et ne

seront pas au compte de la masse.

534. Le créancier porteur d'engagemens solidaires entre le failli et d'autres coobligés qui sont en faillite, participera aux distributions dans toutes les masses, jusqu'à son parfait et entier paiement.

535. Les créanciers du failli qui seront valablement nantis par des gages ne seront inscrits dans la masse que pour mémoire.

536. Les syndics seront autorisés à retirer les gages au profit de la faillite, en remboursant la dette.

537. Si les syndics ne retirent

né, les créanciers seront convoqués par le juge-commissaire. — Co. 452, 532. — Dans cette dernière assemblée, les syndics rendront leur compte. Le failli sera présent ou dûment appelé. — Pr. 527 s. — Les créanciers donneront leur avis sur l'excusabilité du failli. Il sera dressé, à cet effet, un procès-verbal dans lequel chacun des créanciers pourra consigner ses dires et observations. — Co. 538 s. — Après la clôture de cette assemblée, l'union sera dissoute de plein droit. — T. 4e, art. 1 11°. — (A. Co. 531, 562.)

538. Le juge-commissaire présentera au tribunal la délibération des créanciers relative à l'excusabilité du failli, et un rapport sur les caractères et les circonstances de la faillite. — Le tribunal prononcera si le failli est ou non excusable. — Co. 452, 537. — (A. Co. 531.

539. Si le failli n'est pas déclaré excusable, les créanciers rentreront dans l'exercice de leurs actions individuelles, tant contre sa personne que sur ses biens. — Co. 527, 541. — S'il est déclaré excusable, il demeurera affranchi de la contrainte par corps à l'égard des créanciers de sa faillite, et ne pourra plus être poursuivi par eux que sur ses biens, sauf les exceptions prononcées par les lois spéciales.

540. Ne pourront être déclarés excusables : les banqueroutiers frauduleux, les stellionataires, les personnes condamnées pour vol, escroquerie ou abus de confiance, les comptables de deniers publics. — Co. 591, 612. — C. 2059. — P. 379 s., 401, 405, 408 s.

541. Aucun débiteur commerçant ne sera recevable à demander son admission au bé-

---

pas le gage, qu'il soit vendu par les créanciers, et que le prix excède la créance, le surplus sera recouvré par les syndics ; si le prix est moindre que la créance, le créancier nanti viendra à contribution pour le surplus.

539. Les créanciers garantis par un cautionnement seront compris dans la masse, sous la déduction des sommes qu'ils auront reçues de la caution ; la caution sera comprise dans la même masse pour tout ce qu'elle aura payé à la décharge du failli.

SECTION II.
Des Droits des Créanciers hypothécaires.

539. Lorsque la distribution du prix des immeubles sera faite antérieurement à celle du prix

des meubles, ou simultanément, les seuls créanciers hypothécaires non remplis sur le prix des immeubles, concourront, à proportion de ce qui leur restera dû, avec les créanciers chirographaires, sur les deniers appartenant à la masse chirographaire.

540. Si la vente du mobilier précède celle des immeubles et donne lieu à une ou plusieurs répartitions de deniers avant la distribution du prix des immeubles, les créanciers hypothécaires concourront à ces répartitions dans la proportion de leurs créances totales, et sauf, le cas échéant, les distractions dont il sera ci-après parlé.

541. Après la vente des immeubles et le jugement d'ordre entre les créanciers hypothécai-

néfice de cession de biens. — Co. 537 *. — C. 1265 *.

CHAPITRE VII.

DES DIFFÉRENTES ESPÈCES DE CRÉANCIERS, ET DE LEURS DROITS EN CAS DE FAILLITE.

SECTION PREMIÈRE.

Des Coobligés et des Cautions.

542. Le créancier porteur d'engagemens souscrits, endossés ou garantis solidairement par le failli et d'autres coobligés qui sont en faillite, participera aux distributions dans toutes les masses, et y figurera pour la valeur nominale de son titre jusqu'à parfait paiement. — Co. 140, 187, 543 *. — C. 1200 *. — (A. Co. 534.)

543. Aucun recours, pour raison des dividendes payés, n'est ouvert aux faillites des coobligés les unes contre les autres, si ce n'est lorsque la réunion des dividendes que donneraient ces faillites excéderait le montant total de la créance, en principal et accessoires, auquel cas cet excédant sera dévolu, suivant l'ordre des engagemens, à ceux des coobligés qui auraient les autres pour garans. — Co. 542.

544. Si le créancier porteur d'engagemens solidaires entre le failli et d'autres coobligés a reçu, avant la faillite, un à-compte sur sa créance, il ne sera compris dans la masse que sous la déduction de cet à-compte, et conservera, pour ce qui lui restera dû, ses droits contre le coobligé ou la caution. Le coobligé ou la caution qui aura fait le paiement partiel sera compris dans la même masse pour tout ce qu'il aura payé à la décharge du failli. — Co. 542 *. — C. 1210, 1251 3°, 2011 *. — (A. Co. 533.)

545. Nonobstant le con-

res, ceux d'entre ces derniers qui viendront en ordre utile sur le prix des immeubles pour la totalité de leurs créances, ne toucheront le montant de leur collocation hypothécaire que sous la déduction des sommes par eux perçues dans la masse chirographaire. — Les sommes ainsi déduites ne resteront point dans la masse hypothécaire, mais retourneront à la masse chirographaire, au profit de laquelle il en sera fait distraction.

547. A l'égard des créanciers hypothécaires qui ne seront colloqués que partiellement dans la distribution du prix des immeubles, il sera procédé comme il suit : — Leurs droits sur la masse chirographaire seront définitivement réglés d'après les sommes dont ils resteront créanciers après leur collocation immobilière ; et les deniers qu'ils auront touchés au-delà de cette proportion dans la distribution antérieure, leur seront retenus sur le montant de leur collocation hypothécaire, et reversés dans la masse chirographaire.

548. Les créanciers hypothécaires qui ne viennent point en ordre utile seront considérés comme purement et simplement chirographaires.

SECTION III.

Des Droits des Femmes.

549. En cas de faillite, les droits et actions des femmes, lors de la publication de la présente loi, seront réglés ainsi qu'il suit.

cordat, les créanciers conservent leur action pour la totalité de leur créance contre les coobligés du failli.

SECTION II.
Des Créanciers nantis de gage, et des Créanciers privilégiés sur les biens meubles.

546. Les créanciers du failli qui seront valablement nantis de gages ne seront inscrits dans la masse que pour mémoire. — Co. 445, 508. — C. 2071 s. — (A. Co. 535.)

547. Les syndics pourront, à toute époque, avec l'autorisation du juge-commissaire, retirer les gages au profit de la faillite, en remboursant la dette.—C. 2082 s., 2037, 2102 2°. — (A. Co. 536.)

548. Dans le cas où le gage ne sera pas retiré par les syndics, s'il est vendu par le créancier moyennant un prix qui excède la créance, le surplus sera recouvré par les syndics; si le prix est moindre que la créance, le créancier nanti viendra à contribution pour le surplus, dans la masse, comme créancier ordinaire.— Co. 547. — C. 2078, 2083. — (A. Co. 537.)

549. Le salaire acquis aux ouvriers employés directement par le failli, pendant le mois qui aura précédé la déclaration de faillite, sera admis au nombre des créances privilégiées, au même rang que le privilège établi par l'article 2101 du Code civil pour le salaire des gens de service. — Les salaires dus aux commis pour les six mois qui auront précédé la déclaration de faillite seront admis au même rang. — Co. 438 s.

545. Les femmes mariées sous le régime dotal, les femmes séparées de biens, et les femmes communes en biens qui n'auraient point mis les immeubles apportés en communauté, reprendront en nature lesdits immeubles et ceux qui leur seront survenus par successions ou donations entre-vifs ou pour cause de mort.

546. Elles reprendront pareillement les immeubles acquis par elles et en leur nom, des deniers provenant desdites successions et donations, pourvu que la déclaration d'emploi soit expressément stipulée au contrat d'acquisition, et que l'origine des deniers soit constatée par inventaire ou par tout autre acte authentique.

547. Sous quelque régime qu'ait été formé le contrat de mariage, hors le cas prévu par l'article précédent, la présomption légale est que les biens acquis par la femme du failli appartiennent à son mari, sont payés de ses deniers, et doivent être réunis à la masse de son actif; sauf à la femme à fournir la preuve du contraire.

548. L'action en reprise, résultant des dispositions des articles 545 et 546, ne sera exercée par la femme qu'à charge des dettes et hypothèques dont les biens seront grevés, soit que la femme s'y soit volontairement obligée, soit qu'elle y ait été judiciairement condamnée.

549. La femme ne pourra exercer, dans la faillite, aucune action à raison des avantages portés au contrat de mariage; et réciproquement, les créanciers ne pourront se prévaloir, dans aucun cas, des avantages faits par la femme au mari dans le même contrat.

550. Le privilège et le droit de revendication établis par le n° 4 de l'article 2102 du Code civil, au profit du vendeur d'effets mobiliers, ne seront point admis en cas de faillite. — Co. 574 n.

551. Les syndics présenteront au juge-commissaire l'état des créanciers se prétendant privilégiés sur les biens meubles, et le juge-commissaire autorisera, s'il y a lieu, le paiement de ces créanciers sur les premiers deniers rentrés.—Si le privilège est contesté, le tribunal prononcera. — (A. Co. 533.)

SECTION III.
Des Droits des Créanciers hypothécaires et privilégiés sur les immeubles.

552. Lorsque la distribution du prix des immeubles sera faite antérieurement à celle du prix des biens meubles, ou simultanément, les créanciers privilégiés ou hypothécaires, non remplis sur le prix des immeubles, concourront, à proportion de ce qui leur restera dû, avec les créanciers chirographaires, sur les deniers appartenant à la masse chirographaire, pourvu toutefois que leurs créances aient été vérifiées et affirmées suivant les formes ci-dessus établies.—Co. 491 n., 497, 571 n. — (A. Co. 539.)

553. Si une ou plusieurs distributions des deniers mobiliers précèdent la distribution du prix des immeubles, les créanciers privilégiés et hypothécaires vérifiés et affirmés concourront aux répartitions dans la proportion de leurs créances totales, et sauf, le cas échéant, les distractions dont il sera parlé ci-après. — Co. 491 n., 497, 552, 565 n.— (A. Co. 540.)

554. Après la vente des immeubles et le règlement dé-

---

550. En cas que la femme ait payé des dettes pour son mari, la présomption légale est qu'elle l'a fait des deniers de son mari; et elle ne pourra, en conséquence, exercer aucune action dans la faillite, sauf la preuve contraire, comme il est dit à l'article 547.

551. La femme dont le mari était commerçant à l'époque de la célébration du mariage n'aura hypothèque, pour les deniers ou effets mobiliers qu'elle justifiera par actes authentiques avoir apportés en dot, pour le remploi de ses biens aliénés pendant le mariage, et pour l'indemnité des dettes par elle contractées avec son mari, que sur les immeubles qui appartenaient à son mari à l'époque ci-dessus.

552. Sera, à cet égard, assimilée à la femme dont le mari était commerçant à l'époque de la célébration du mariage, la femme qui aura épousé un fils de négociant, n'ayant, à cette époque, aucun état ou profession déterminée, et qui deviendrait lui-même négociant.

553. Sera exceptée des dispositions des articles 549 et 551, et jouira de tous les droits hypothécaires accordés aux femmes par le Code civil, la femme dont le mari avait, à l'époque de la célébration du mariage, une profession déterminée autre que celle de négociant; néanmoins cette exception ne sera pas applicable à la femme dont le mari ferait le commerce dans l'année qui suivrait la célébration du mariage.

554. Tous les meubles meu-

ditif de l'ordre entre les créanciers hypothécaires et privilégiés, ceux d'entre eux qui viendront en ordre utile sur le prix des immeubles pour la totalité de leur créance ne toucheront le montant de leur collocation hypothécaire que sous la déduction des sommes par eux perçues dans la masse chirographaire,—Les sommes ainsi déduites ne resteront point dans la masse hypothécaire, mais retourneront à la masse chirographaire, au profit de laquelle il en sera fait distraction. — Co. 552 s., 555 s. — (A. Co. 541.)

555. A l'égard des créanciers hypothécaires qui ne seront colloqués que partiellement dans la distribution du prix des immeubles, il sera procédé comme il suit: leurs droits sur la masse chirographaire seront définitivement réglés d'après les sommes dont ils resteront créanciers après leur collocation immobilière;

et les deniers qu'ils auront touchés au-delà de cette proportion, dans la distribution antérieure, leur seront retenus sur le montant de leur collocation hypothécaire, et reversés dans la masse chirographaire. — Co. 552 s., 556. — (A. Co. 542.)

556. Les créanciers qui ne viennent point en ordre utile seront considérés comme chirographaires, et soumis comme tels aux effets du concordat et de toutes les opérations de la masse chirographaire. — Co. 516 s., 565 s. — (A. Co. 543.)

SECTION IV.
Des Droits des Femmes.

557. En cas de faillite du mari, la femme dont les apports en immeubles ne se trouveraient pas mis en communauté reprendra en nature lesdits immeubles et ceux qui lui seront survenus par succession ou par donation entre-vifs ou à cause de mort.

blans, effets mobiliers, diamans, tableaux, vaisselle d'or et d'argent, et autres objets, tant à l'usage du mari qu'à celui de la femme, sous quelque régime qu'ait été formé le contrat de mariage, seront acquis aux créanciers, sans que la femme puisse en recevoir autre chose que les habits et linge à son usage, qui lui seront accordés d'après les dispositions de l'article 529. — Toutefois la femme pourra reprendre les bijoux, diamans et vaisselle qu'elle pourra justifier, par état légalement dressé, annexé aux actes, ou par bons et loyaux inventaires, lui avoir été donnés par contrat de mariage, ou lui être advenus par succession seulement.

553. La femme qui aurait dé-

tourné, diverti ou recélé les effets mobiliers portés en l'article précédent, des marchandises, des effets de commerce, de l'argent comptant, sera condamnée à les rapporter à la masse; et poursuivie en outre comme complice de banqueroute frauduleuse.

556. Pourra aussi, suivant la nature des cas, être poursuivie comme complice de banqueroute frauduleuse, la femme qui aura prêté son nom ou son intervention à des actes faits par le mari en fraude de ses créanciers.

557. Les dispositions portées en la présente section ne seront point applicables aux droits et actions des femmes acquis avant la publication de la présente loi.

testamentaire. — Co. 67-69, 558 s., 561. — C. 1400 s., 1493. — (A. Co. 544, 543.)

558. La femme reprendra pareillement les immeubles acquis par elle et en son nom des deniers provenant desdites successions et donations, pourvu que la déclaration d'emploi soit expressément stipulée au contrat d'acquisition, et que l'origine des deniers soit constatée par inventaire ou par tout autre acte authentique. — Co. 561. — C. 1317, 1435, 1493 1°. — (A. Co. 546.)

559. Sous quelque régime qu'ait été formé le contrat de mariage, hors le cas prévu par l'article précédent, la présomption légale est que les biens acquis par la femme du failli appartiennent à son mari, ont été payés de ses deniers, et doivent être réunis à la masse de son actif, sauf à la femme à fournir la preuve du contraire. — Co. 558, 561. — C. 1350, 1351, 1392, 1402. — (A. Co. 547.)

560. La femme pourra reprendre en nature les effets mobiliers qu'elle s'est constitués par contrat de mariage, ou qui lui sont advenus par succession, donation entre-vifs ou testamentaire, et qui ne seront pas entrés en communauté, toutes les fois que l'identité en sera prouvée par inventaire ou tout autre acte authentique. — A défaut par la femme, de faire cette preuve, tous les effets mobiliers tant à l'usage du mari qu'à celui de la femme, sous quelque régime qu'ait été contracté le mariage, seront acquis aux créanciers, sauf aux syndics à lui remettre, avec l'autorisation du juge-commissaire, les habits et linges nécessaires à son usage. — Co. 563. — C. 1317, 1350, 1352. — Pr. 943. — (A. Co. 554.)

561. L'action en reprise résultant des dispositions des articles 557 et 558 ne sera exercée par la femme qu'à la charge des dettes et hypothèques dont les biens sont légalement grevés, soit que la femme s'y soit obligée volontairement, soit qu'elle y ait été condamnée. — Co. 2124 s., 2166. — (A. Co. 558.)

562. Si la femme a payé

CHAPITRE X.

DE LA RÉPARTITION ENTRE LES CRÉANCIERS, ET DE LA LIQUIDATION DU MOBILIER.

565. Le montant de l'actif mobilier du failli, distraction faite des frais et dépenses de l'administration de la faillite, du secours qui a été accordé au failli, et des sommes payées aux privilégiés, sera réparti entre tous les créanciers au marc le franc de leurs créances vérifiées et affirmées.

566. A cet effet, les syndics remettront, tous les mois, au commissaire, un état de situation de la faillite, et des deniers existant en caisse; le commissaire ordonnera, s'il y a lieu, une répartition entre les créanciers, et en fixera la quotité.

567. Les créanciers seront avertis des décisions du commissaire et de l'ouverture de la répartition.

568. Nul paiement ne sera fait que sur la représentation du titre constitutif de la créance. — Le caissier mentionnera, sur le titre, le paiement qu'il effectuera; le créancier donnera quittance en marge de l'état de répartition.

des dettes pour son mari, la présomption légale est qu'elle l'a fait des deniers de celui-ci, et elle ne pourra, en conséquence, exercer aucune action dans la faillite, sauf la preuve contraire, comme il est dit à l'article 559. — C. 1350, 1352. — (A. Co. 550.)

563. Lorsque le mari sera commerçant au moment de la célébration du mariage, ou lorsque, n'ayant pas alors d'autre profession déterminée, il sera devenu commerçant dans l'année, les immeubles qui lui appartiendraient à l'époque de la célébration du mariage, ou qui lui seraient advenus depuis, soit par succession, soit par donation entre-vifs ou testamentaire, seront seuls soumis à l'hypothèque de la femme: — 1° Pour les deniers et effets mobiliers qu'elle aura apportés en dot, ou qui lui seront advenus depuis le mariage par succession ou donation entre-vifs ou testamentaire, et dont elle prouvera la délivrance ou le paiement par acte ayant date certaine; 2° pour le remploi de ses biens aliénés pendant le mariage; 3° pour l'indemnité des dettes par elle con-

tractées avec son mari. — Co. 1, 564. — C. 75, 1417, 1428, 2121, 2135. — (A. Co. 551.)

564. La femme dont le mari était commerçant à l'époque de la célébration du mariage, ou dont le mari, n'ayant pas alors d'autre profession déterminée, sera devenu commerçant dans l'année qui suivra cette célébration, ne pourra exercer dans la faillite aucune action à raison des avantages portés au contrat de mariage, et, dans ce cas, les créanciers ne pourront, de leur côté, se prévaloir des avantages faits par la femme au mari dans ce même contrat. — Co. 1, 563. — (A. Co. 552.)

CHAPITRE VIII.
DE LA RÉPARTITION ENTRE LES CRÉANCIERS, ET DE LA LIQUIDATION DU MOBILIER.

565. Le montant de l'actif mobilier, distraction faite des frais et dépenses de l'administration de la faillite, des secours qui auraient été accordés au failli ou à sa famille, et des sommes payées aux créanciers privilégiés, sera réparti

562. Lorsque la liquidation sera terminée, l'union des créanciers sera convoquée à la diligence des syndics, sous la présidence du commissaire; les syndics rendront leur compte, et son reliquat formera la dernière répartition.

563. L'union pourra, dans tout état de cause, se faire autoriser par le tribunal de commerce, le failli dûment appelé, à traiter à forfait des droits et actions dont le recouvrement n'aurait pas été opéré, et à les alié-

ner; en ce cas, les syndics feront tous les actes nécessaires.

CHAPITRE XI.
DU MODE DE VENTE DES IMMEUBLES DU FAILLI.

564. Les syndics de l'union, sous l'autorisation du commissaire, procéderont à la vente des immeubles suivant les formes prescrites par le Code civil pour la vente des biens des mineurs.

565. Pendant huitaine après l'adjudication, tout créancier aura droit de surenchérir, la

entre tous les créanciers au marc le franc de leurs créances vérifiées et affirmées. — Co. 489, 491 s., 497, 503, 552 s., 566 s. — (A. Co. 558.)

565. À cet effet, les syndics remettront tous les mois, au juge-commissaire, un état de situation de la faillite et des deniers déposés à la caisse des dépôts et consignations; le juge-commissaire ordonnera, s'il y a lieu, une répartition entre les créanciers, en fixera la quotité, et veillera à ce que tous les créanciers en soient avertis. — Co. 489, 565, 567 s. — (A. Co. 559.)

566. Il ne sera procédé à aucune répartition entre les créanciers domiciliés en France, qu'après la mise en réserve de la part correspondante aux créances pour lesquelles les créanciers domiciliés hors du territoire continental de la France seront portés sur le bilan. — Lorsque ces créances ne paraîtront pas portées sur le bilan d'une manière exacte, le juge-commissaire pourra décider que la réserve sera augmentée, sauf aux syndics à se pourvoir contre cette décision devant le tribunal de commerce. — Co. 568.

568. Cette part sera mise en réserve et demeurera à la caisse des dépôts et consignations jusqu'à l'expiration du délai déterminé par le dernier paragraphe de l'article 492; elle sera répartie entre les créanciers reconnus, si les créanciers domiciliés en pays étranger n'ont pas fait vérifier leurs créances, conformément aux dispositions de la présente loi. — Une pareille réserve sera faite pour raison de créances sur l'admission desquelles il n'aurait pas été statué définitivement. — Co. 489, 493 s., 567.

569. Nul paiement ne sera fait par les syndics que sur la représentation du titre constitutif de la créance. — Les syndics mentionneront sur le titre la somme payée par eux ou ordonnancée conformément à l'article 489. — Néanmoins, en cas d'impossibilité de représenter le titre, le juge-commissaire pourra autoriser le paiement sur le vu du procès-verbal de vérification. — Co. 495. — Dans tous les cas, le créancier donnera la quittance en marge de l'état de répartition. — (A. Co. 561.)

570. L'union pourra se faire

---

surenchère ne pourra être au-dessous du dixième du prix principal de l'adjudication.

TITRE DEUXIÈME.
DE LA CESSION DE BIENS.

566. La cession de biens, par le failli, est volontaire ou judiciaire.

567. Les effets de la cession volontaire se déterminent par les conventions entre le failli et les créanciers.

568. La cession judiciaire n'éteint point l'action des créanciers

sur les biens que le failli peut acquérir par la suite; elle n'a d'autre effet que de soustraire le débiteur à la contrainte par corps.

569. Le failli qui sera dans le cas de réclamer la cession judiciaire, sera tenu de former sa demande au tribunal, qui se fera remettre les titres nécessaires: la demande sera insérée dans les papiers publics, comme il est dit à l'article 683 du Code de procédure civile.

570. La demande ne suspen-

autorise, par le tribunal de commerce, le failli dûment appelé, à traiter à forfait de tout ou partie des droits et actions dont le recouvrement n'aurait pas été opéré, et à les aliéner; en ce cas, les syndics feront tous les actes nécessaires. — Tout créancier pourra s'adresser au juge-commissaire pour provoquer une délibération de l'union à cet égard. — Co. 487, 532, 535. — (A. Co. 563.)

CHAPITRE IX.
DE LA VENTE DES IMMEUBLES DU FAILLI.

571. A partir du jugement qui déclarera la faillite, les créanciers ne pourront poursuivre l'expropriation des immeubles sur lesquels ils n'auront pas d'hypothèques, — Co. 440, 443, 527, 531, 539, 572, — C. 2094 s., 2114, 2166. — (A. Co. 194.)

572. S'il n'y a pas de poursuite en expropriation des immeubles commencée avant l'époque de l'union, les syndics seuls seront admis à poursuivre la vente; ils seront tenus d'y procéder dans la huitaine,

sous l'autorisation du juge-commissaire, suivant les formes prescrites pour la vente des biens des mineurs, — Co. 539, 534, 573. — Pr. 957 s. — (A. Co. 522, 564.)

573. La surenchère, après adjudication des immeubles du failli sur la poursuite des syndics, n'aura lieu qu'aux conditions et dans les formes suivantes: — La surenchère devra être faite dans la quinzaine. — Elle ne pourra être au-dessous du dixième du prix principal de l'adjudication. Elle sera faite au greffe du tribunal civil, suivant les formes prescrites par les articles 710 et 711 du Code de procédure civile; toute personne sera admise à surenchérir. — Toute personne sera également admise à concourir à l'adjudication par suite de surenchère. Cette adjudication demeurera définitive et ne pourra être suivie d'aucune autre surenchère. — (A. Co. 565.)

CHAPITRE X.
DE LA REVENDICATION.

574. Pourront être reven-

dra l'effet d'aucune poursuite, sauf au tribunal à ordonner, parties appelées, qu'il y sera sursis provisoirement.

571. Le failli admis au bénéfice de cession sera tenu de faire ou de réitérer sa cession en personne et non par procureur, ses créanciers appelés, à l'audience du tribunal de commerce de son domicile; et, s'il n'y a pas de tribunal de commerce, à la maison commune, un jour de séance. La déclaration du failli sera constatée, dans ce dernier cas, par le procès-verbal de l'huissier, qui sera signé par le maire.

572. Si le débiteur est détenu, le jugement qui l'admettra au bénéfice de cession ordonnera son extraction, avec les précautions en tel cas requises et accoutumées, à l'effet de faire sa déclaration conformément à l'article précédent.

573. Les nom, prénoms, profession et demeure du débiteur seront insérés dans les tableaux à ce destinés, placés dans l'auditoire du tribunal de commerce de son domicile, ou du tribunal civil qui en fait les fonctions, dans le lieu des séances de la maison commune, et à la bourse,

diquées, en cas de faillite, les remises en effets de commerce ou autres titres non encore payés, et qui se trouveront en nature dans le portefeuille du failli à l'époque de sa faillite, lorsque ces remises auront été faites par le propriétaire, avec le simple mandat d'en faire le recouvrement et d'en garder la valeur à sa disposition, ou lorsqu'elles auront été, de sa part, spécialement affectées à des palemens déterminés. — Co. 91 s., 186, 187, 437, 550, 575 s. — (A. Co. 583.)

575. Pourront être également revendiquées, aussi longtemps qu'elles existeront en nature, en tout ou en partie, les marchandises consignées au failli à titre de dépôt, ou pour être vendues pour le compte du propriétaire. — Pourra même être revendiqué le prix ou la partie du prix desdites marchandises qui n'aura été ni payé, ni réglé en valeur, ni compensé en compte courant entre le failli et l'acheteur. — Co. 93 s. — (A. Co. 581.)

576. Pourront être revendiquées les marchandises expé-

diées au failli, tant que la tradition n'en aura point été effectuée dans ses magasins, ou dans ceux du commissionnaire chargé de les vendre pour le compte du failli. — Néanmoins la revendication ne sera pas recevable si, avant leur arrivée, les marchandises ont été vendues sans fraude, sur factures et connaissemens ou lettres de voiture signées par l'expéditeur. — Le revendiquant sera tenu de rembourser à la masse les à-compte par lui reçus, ainsi que toutes avances faites pour fret ou voiture, commission, assurances ou autres frais, et de payer les sommes qui seraient dues pour mêmes causes. — Co. 91 s., 102, 222, 281, 286, 333, 550, 577 s. — C. 1184, 1650, 1653, 2102 4o. — (A. Co. 576-580.)

577. Pourront être retenues par le vendeur les marchandises, par lui vendues, qui ne seront pas délivrées au failli, ou qui n'auront pas encore été expédiées, soit à lui, soit à un tiers pour son compte. — Co. 576, 578.

---

574. En exécution du jugement qui admettra le débiteur au bénéfice de cession, les créanciers pourront faire vendre les biens meubles et immeubles du débiteur, et il sera procédé à cette vente dans les formes prescrites pour les ventes faites par union de créanciers.

575. Ne pourront être admis au bénéfice de cession, 1o les stellionataires, les banqueroutiers frauduleux, les personnes condamnées pour fait de vol ou d'escroquerie, ni les personnes comptables; 2o les étrangers, les tuteurs, administrateurs ou dépositaires.

TITRE TROISIÈME.
DE LA REVENDICATION.

576. Le vendeur pourra, en cas de faillite, revendiquer les marchandises par lui vendues et livrées, et dont le prix ne lui a pas été payé, dans les cas et aux conditions ci-après exprimés.

577. La revendication ne pourra avoir lieu que pendant que les marchandises expédiées seront encore en route, soit par terre, soit par eau, et avant qu'elles soient entrées dans les magasins du failli ou dans les magasins du commissionnaire chargé de les

578. Dans le cas prévu par les deux articles précédens, et sous l'autorisation du juge-commissaire, les syndics auront la faculté d'exiger la livraison des marchandises, en payant au vendeur le prix convenu entre lui et le failli. — C. 1184, 1650.

579. Les syndics pourront, avec l'approbation du juge-commissaire, admettre les demandes en revendication : s'il y a contestation, le tribunal prononcera après avoir entendu le juge-commissaire. — Co. 635. — (A. Co. 583.)

CHAPITRE XI.
DES VOIES DE RECOURS CONTRE LES JUGEMENS RENDUS EN MATIÈRE DE FAILLITE.

580. Le jugement déclaratif de la faillite, et celui qui fixera à une date antérieure l'époque de la cessation de palemens, seront susceptibles d'opposition, de la part du failli, dans la huitaine, et de la part de toute autre partie intéressée, pendant un mois. Ces délais courront à partir des jours où les formalités de l'affiche et de l'insertion énoncées dans l'article 442 auront été accomplies. — Co. 440, 441, 581. — (A. Co. 457.)

581. Aucune demande des créanciers tendant à faire fixer la date de la cessation des palemens à une époque autre que celle qui résulterait du jugement déclaratif de faillite, ou d'un jugement postérieur, ne sera recevable après l'expiration des délais pour la vérification et l'affirmation des créances. Ces délais expirés, l'époque de la cessation de palemens demeurera irrévocablement déterminée à l'égard des créanciers. — Co. 440, 441, 493, 497, 580. — (A. Cu. 457.)

582. Le délai d'appel, pour tout jugement rendu en matière de faillite, sera de quinze jours

---

vendre pour le compte du failli.

578. Elles ne pourront être revendiquées, si, avant leur arrivée, elles ont été vendues sans fraude, sur factures et connaissemens ou lettres de voiture.

579. En cas de revendication, le revendiquant sera tenu de rendre l'actif du failli indemne de toute avance faite pour fret ou voiture, commission, assurance ou autres frais, et de payer les sommes dues pour mêmes causes, si elles n'ont pas été acquittées.

580. La revendication ne pourra être exercée que sur les marchandises qui seront reconnues être identiquement les mêmes, et que lorsqu'il sera reconnu que les balles, barriques ou enveloppes dans lesquelles elles se trouvaient lors de la vente, n'ont pas été ouvertes, que les cordes ou marques n'ont été ni enlevées ni changées, et que les marchandises n'ont subi en nature et quantité ni changement ni altération.

581. Pourront être revendiquées, aussi longtemps qu'elles existeront en nature, en tout ou en partie, les marchandises consignées au failli, à titre de dépôt, ou pour être vendues pour le compte de l'envoyeur : dans ce dernier cas même, le prix desdites marchandises pourra être revendiqué, s'il n'a pas été payé ou passé en compte courant entre le failli et l'acheteur.

582. Dans tous les cas de revendication, excepté ceux de dépôt et de consignation de marchandises, les syndics des créanciers

seulement à compter de la signification. — Ce délai sera augmenté à raison d'un jour par cinq myriamètres pour les parties qui seront domiciliées à une distance excédant cinq myriamètres du lieu où siége le tribunal. — Co. 448, 492, 583. — Pr. 443, 456, 1033.

583. Ne seront susceptibles ni d'opposition, ni d'appel, ni de recours en cassation : — 1° Les jugemens relatifs à la nomination ou au remplacement du juge-commissaire, à la nomination ou à la révocation des syndics; — Co. 451, 454, 462, 464, 467, 523, 580, — 2° Les jugemens qui statuent sur les demandes de sauf-conduit et sur celles de secours pour le failli et sa famille; — Co. 456, 472-474, 530. — 3° Les jugemens qui autorisent à vendre les effets ou marchandises appartenant à la faillite; — Co. 486. — 4° Les jugemens qui prononcent sursis au concordat, ou admission provisionnelle de créanciers contestés; — Co. 499, 500, 510, 512. — 5° Les jugemens par lesquels le tribunal de commerce statue sur les recours formés contre les ordonnances rendues par le juge-commissaire dans les limites de ses attributions. — Co. 453, 466, 530, 567.

TITRE DEUXIÈME.

DES BANQUEROUTES.

CHAPITRE Ier.

DE LA BANQUEROUTE SIMPLE.

584. Les cas de banqueroute simple seront punis des peines portées au Code pénal, et jugés par les tribunaux de police correctionnelle, sur la poursuite des syndics, de tout créancier, ou du ministère public. — Co. 89, 585 s., 589, 612. — I. Cr. 179 s. — P. 402, 404. — (A. Co. 588.)

585. Sera déclaré banqueroutier simple tout commerçant failli qui se trouvera dans un des cas suivans : — 1° Si ses dépenses personnelles ou les dépenses de sa maison sont jugées excessives; — 2° S'il a

---

auront la faculté de retenir les marchandises revendiquées, en payant au réclamant le prix convenu entre lui et le failli.

575. Les remises en effets de commerce, ou en tous autres effets non encore échus, ou échus et non encore payés, et qui se trouveront en nature dans le portefeuille du failli à l'époque de sa faillite, pourront être revendiquées, si ces remises ont été faites par le propriétaire avec le simple mandat d'en faire le recouvrement et d'en garder la valeur à sa disposition, ou si elles ont reçu de sa part la destination spéciale de servir au paiement d'acceptations ou de billets tirés au domicile du failli.

576. La revendication aura pareillement lieu pour les remises faites sans acceptation ni disposition, si elles sont entrées dans un compte courant par lequel le propriétaire ne serait que créditeur; mais elle cessera d'avoir lieu, si, à l'époque des remises, il était débiteur d'une somme quelconque.

577. Dans les cas où la loi permet la revendication, les

consommé de fortes sommes; soit à des opérations de pur hasard, soit à des opérations actives de bourse ou sur marchandises; — P. 419, 421 s. — 3o Si, dans l'intention de retarder sa faillite, il a fait des achats pour revendre au-dessous du cours; si, dans la même intention, il s'est livré à des emprunts, circulation d'effets, ou autres moyens ruineux de se procurer des fonds; — 4o Si, après une cessation de ses paiemens, il a payé un créancier au préjudice de la masse. — Co. 89, 584, 586. — (A. Co. 586.)

586. Pourra être déclaré banqueroutier simple tout commerçant failli qui se trouvera dans un des cas suivans: — 1o S'il a contracté, pour le compte d'autrui, sans recevoir des valeurs en échange, des engagemens jugés trop considérables eu égard à sa situation lorsqu'il les a contractés; — 2o S'il est de nouveau déclaré en faillite sans avoir satisfait aux obligations d'un précédent concordat; — Co. 437, 520 s.

— 3o Si, étant marié sous le régime dotal, ou séparé de biens, il ne s'est pas conformé aux Articles 69 et 70; — C. 1536, 1540 s. — 4o Si, dans les trois jours de la cessation de ses paiemens, il n'a pas fait au greffe la déclaration exigée par les Articles 438 et 439, ou si cette déclaration ne contient pas les noms de tous les associés solidaires; — 5o Si, sans empêchement légitime, il ne s'est pas présenté en personne aux syndics dans les cas et dans les délais fixés, ou si, après avoir obtenu un sauf-conduit, il ne s'est pas représenté à justice; — Co. 472 s., 505. — 6o S'il n'a pas tenu de livres et fait exactement inventaire; si ses livres ou inventaires sont incomplets ou irrégulièrement tenus, ou s'ils n'offrent pas sa véritable situation active ou passive, sans néanmoins qu'il y ait fraude. — Co. 8 s. — (A. Co. 587.)

587. Les frais de poursuite en banqueroute simple intentée par le ministère public ne

---

syndics examineront les demandes; ils pourront les admettre, sauf l'approbation du commissaire; s'il y a contestation, le tribunal prononcera, après avoir entendu le commissaire.

TITRE QUATRIÈME.
DES BANQUEROUTES.
CHAPITRE 1er.
DE LA BANQUEROUTE SIMPLE.

585. Sera poursuivi comme banqueroutier simple, et pourra être déclaré tel, le commerçant failli qui se trouvera dans l'un ou plusieurs des cas suivans, savoir: — 1o Si les dépenses de sa maison, qu'il est tenu d'ins-

crire mois par mois sur son livre-journal, sont jugées excessives; — 2o S'il est reconnu qu'il a consommé de fortes sommes au jeu, ou à des opérations de pur hasard; — 3o S'il résulte de son dernier inventaire que son actif étant de cinquante pour cent au-dessous de son passif, il a fait des emprunts considérables, et s'il a revendu des marchandises à perte ou au-dessous du cours; — 4o S'il a donné des signatures de crédit ou de circulation pour une somme triple de son actif, selon son dernier inventaire.

587. Pourra être poursuivi comme banqueroutier simple, et être déclaré tel. — Le failli qui

pourront, en aucun cas, être mis à la charge de la masse. — En cas de concordat, le recours du trésor public contre le failli pour ces frais ne pourra être exercé qu'après l'expiration des termes accordés par ce traité. — Co. 461, 588, 590, 592. — I. Cr. 194.

588. Les frais de poursuite intentée par les syndics, au nom des créanciers, seront supportés, s'il y a acquittement, par la masse, et s'il y a condamnation, par le trésor public, sauf son recours contre le failli, conformément à l'article précédent. — Co. 587, 590. — (A. Co. 589.)

589. Les syndics ne pourront intenter de poursuite en banqueroute simple, ni se porter partie civile au nom de la masse, qu'après y avoir été autorisés par une délibération prise à la majorité individuelle des créanciers présens. — Co. 584. — I. Cr. 63.

590. Les frais de poursuite intentée par un créancier seront supportés, s'il y a condamnation, par le trésor public; s'il y a acquittement, par le créancier poursuivant. — Co. 587, 588. — (A. Co. 590.)

CHAPITRE II.
DE LA BANQUEROUTE FRAUDULEUSE.

591. Sera déclaré banqueroutier frauduleux, et puni des peines portées au Code pénal, tout commerçant failli qui aura soustrait ses livres, détourné ou dissimulé une partie de son actif, ou qui, soit dans ses écritures, soit par des actes publics ou des engagemens sous signature privée, soit par son bilan, se sera frauduleusement reconnu débiteur de sommes qu'il ne devait pas (a). — Co. 89,

---

(a) Ord. mars 1673, tit. xi.

Art. 10. Déclarons banqueroutiers frauduleux ceux qui auront diverti leurs effets, supposé des créanciers, ou déclaré plus qu'il n'était dû aux véritables créanciers.

11. Les négocians et les marchands, tant en gros qu'en détail, et les banquiers, qui, lors

n'aura pas fait, au greffe, la déclaration prescrite par l'article 440; — Celui qui, s'étant absenté, ne se sera pas présenté en personne aux agens et aux syndics dans les délais fixés, et sans empêchement légitime; — Celui qui présentera des livres irrégulièrement tenus, sans néanmoins que les irrégularités indiquent de fraude, ou qui ne les présentera pas tous; — Celui qui, ayant une société, ne se sera pas conformé à l'article 440.

588. Les cas de banqueroute simple seront jugés par les tribunaux de police correctionnelle, sur la demande des syndics ou sur celle de tout créancier du failli ou sur la poursuite d'office qui sera faite par le ministère public.

A. 9. Les frais de poursuite en banqueroute simple seront supportés par la masse, dans le cas où la demande aura été introduite par les syndics de la faillite.

590. Dans le cas où la poursuite aura été intentée par un créancier, il supportera les frais; et le prévenu est déchargé; lesdits frais seront supportés par la masse; s'il est condamné.

591. Les procureurs du Roi sont tenus d'interjeter appel de tous jugemens des tribunaux de

437, 612. — P. 403, 404, 463. — (A. Co. 593, 594.)

502. Les frais de poursuite en banqueroute frauduleuse ne pourront, en aucun cas, être mis à la charge de la masse. — Si un ou plusieurs créanciers se sont rendus parties civiles en leur nom personnel, les frais, en cas d'acquittement, demeureront à leur charge. — Co. 588, 590. — I. Cr. 63, 368.

CHAPITRE III.
DES CRIMES ET DES DÉLITS COMMIS DANS LES FAILLITES PAR D'AUTRES QUE PAR LES FAILLIS.

593. Seront condamnés aux peines de la banqueroute frauduleuse, — 1° Les individus convaincus d'avoir, dans l'intérêt du failli, soustrait, recélé ou dissimulé tout ou partie de ses biens, meubles ou immeubles; le tout sans préjudice des autres cas prévus par l'article 60 du Code pénal; — 2° Les individus convaincus d'avoir frauduleusement présenté dans la faillite et affirmé, soit en leur nom, soit par interposition de personnes, des créances supposées; — 3° Les individus qui, faisant le commerce sous le nom d'autrui ou sous un nom supposé, se seront rendus coupables de faits prévus en l'article 591 (a). — Co. 497, 594 s. —

de leur faillite, ne représenteront pas leurs registres et journaux, signés et paraphés, comme nous avons ordonné ci-dessus, pourront être réputés banqueroutiers frauduleux.

12. Les banqueroutiers frauduleux seront poursuivis extraordinairement, et punis de mort.

(a) Ord. mars 1673, tit. XI.

Art. 13. Ceux qui auront aidé ou favorisé la banqueroute frauduleuse, en divertissant les effets, acceptant des transports, ventes, ou donations simulées, et qu'ils sauront être en fraude des créanciers, ou se déclarant créanciers, ne l'étant pas, ou pour plus grande somme que celle qui leur était due, seront condamnés en quinze cents livres d'amende, et au double de ce qu'ils auront diverti ou trop demandé au profit des créanciers.

police correctionnelle, lorsque, dans le cours de l'instruction, ils auront reconnu que la prévention de banqueroute simple est de nature à être convertie en prévention de banqueroute frauduleuse.

592. Le tribunal de police correctionnelle, en déclarant qu'il y a banqueroute simple, devra, suivant l'exigence des cas, prononcer l'emprisonnement pour un mois, au moins, et deux ans au plus. — Les jugemens seront affichés en outre, et intéré dans un journal, conformément à l'article 683 du Code de procédure civile.

CHAPITRE II.
DE LA BANQUEROUTE FRAUDULEUSE.

593. Sera déclaré banqueroutier frauduleux tout commerçant failli qui se trouvera dans un ou plusieurs des cas suivans; savoir: — 1° S'il a supposé des dépenses ou des pertes, ou ne justifie pas de l'emploi de toutes ses recettes; — 2° S'il a détourné aucune somme d'argent, aucune dette active, aucunes marchandises, denrées ou effets mobiliers; — 3° S'il a fait des ventes, négociations ou donations suppo-

P. 402, 403, 463. — (A. Co. 597.)

594. Le conjoint, les descendans ou les ascendans du failli, ou ses alliés aux mêmes degrés, qui auraient détourné, diverti ou recélé des effets appartenant à la faillite, sans avoir agi de complicité avec le failli, seront punis des peines du vol. — Co. 595. — C. 735 s. — P. 401, 463.

595. Dans les cas prévus par les articles précédens, la cour ou le tribunal saisis statueront, lors même qu'il y aurait acquittement, 1o d'office sur la réintégration à la masse des créanciers de tous biens, droits ou actions frauduleusement soustraits; 2o sur les dommages-intérêts qui seraient demandés, et que le jugement ou l'arrêt arbitrera. — C. 1149, 1382. — Pr. 116, 128. —

sées; — 4o S'il a supposé des dettes passives et collusoires entre lui et des créanciers fictifs, en faisant des écritures simulées, ou en se constituant débiteur, sans cause ni valeur, par des actes publics ou par des engagemens sous signature privée; — 5o Si, ayant été chargé d'un mandat spécial, ou constitué dépositaire d'argent, d'effets de commerce, de denrées ou marchandises, il a, au préjudice du mandat ou du dépôt, appliqué à son profit les fonds ou la valeur des objets sur lesquels portait soit le mandat, soit le dépôt; — 6o S'il a acheté des immeubles ou des effets mobiliers à la faveur d'un prête-nom; — 7o S'il a caché ses livres.

594. Pourra être poursuivi comme banqueroutier frauduleux et être déclaré tel, — Le failli qui n'a point tenu de livres, ou dont les livres ne présenteroient pas sa véritable situation active et pas-

I. Cr. 101, 368. — P. 51, (A. Co. 596.)

596. Tout syndic qui se sera rendu coupable de malversation dans sa gestion sera puni correctionnellement des peines portées en l'article 406 du Code pénal. — P. 463.

597. Le créancier qui aura stipulé, soit avec le failli, soit avec toutes autres personnes, des avantages particuliers à raison de son vote dans les délibérations de la faillite, ou qui aura fait un traité particulier duquel résulterait en sa faveur un avantage à la charge de l'actif du failli, sera puni correctionnellement d'un emprisonnement qui ne pourra excéder une année, et d'une amende qui ne pourra être au-dessus de deux mille francs. — L'emprisonnement pourra être porté

sive; — Celui qui, ayant obtenu un sauf-conduit, ne se sera pas représenté à justice.

595. Les cas de banqueroute frauduleuse seront poursuivis d'office devant les cours d'assises, par les procureurs du Roi et leurs substituts, sur la notoriété publique, ou sur la dénonciation soit des syndics, soit d'un créancier.

596. Lorsque le prévenu aura été atteint et déclaré coupable des délits énoncés dans les articles précédens, il sera puni des peines portées au Code pénal pour la banqueroute frauduleuse.

597. Seront déclarés complices des banqueroutiers frauduleux et seront condamnés aux mêmes peines que l'accusé, les individus qui seront convaincus de s'être entendus avec le banqueroutier pour recéler ou soustraire tout ou partie de ses biens meubles ou immeubles; d'avoir acquis sur lui des créances fausses, et qui, à la vé-

A deux ans et le créancier est syndic de la faillite. — Co. 598 s.

598. Les conventions seront, en outre, déclarées nulles à l'égard de toutes personnes, et même à l'égard du failli. — Le créancier sera tenu de rapporter à qui de droit les sommes ou valeurs qu'il aura reçues en vertu des conventions annulées. — Co. 597.

599. Dans le cas où l'annulation des conventions serait poursuivie par la voie civile, l'action sera portée devant les tribunaux de commerce. — Co. 635.

600. Tous arrêts et jugemens de condamnations rendus, tant en vertu du présent chapitre que des deux chapitres précédens, seront affichés et publiés suivant les formes établies par l'article 42 du Code de com-

merce, aux frais des condamnés. — (A. Co. 599.)

CHAPITRE IV.
DE L'ADMINISTRATION DES BIENS EN CAS DE BANQUEROUTE.

601. Dans tous les cas de poursuite et de condamnation pour banqueroute simple ou frauduleuse, les actions civiles autres que celles dont il est parlé dans l'article 595 resteront séparées, et toutes les dispositions relatives aux biens, prescrites pour la faillite, seront exécutées sans qu'elles puissent être attribuées ni évoquées aux tribunaux de police correctionnelle, ni aux cours d'assises. — Co. 584 s., 591, 635. — (A Co. 600.)

602. Seront cependant tenus, les syndics de la faillite,

rification et affirmation de leurs créances, auront persévéré à les faire valoir comme sincères et véritables.

598. Le même jugement qui aura prononcé les peines contre les complices de banqueroutes frauduleuses, les condamnera, — 1° A réintégrer à la masse des créanciers, les biens, droits et actions frauduleusement soustraits; — 2° A payer, envers ladite masse, des dommages-intérêts égaux à la somme dont ils ont tenté de la frauder.

599. Les arrêts des cours d'assises contre les banqueroutiers et leurs complices seront affichés, et de plus insérés dans un journal, conformément à l'article 683 du Code de procédure civile.

CHAPITRE III.
DE L'ADMINISTRATION DES BIENS EN CAS DE BANQUEROUTE.

600. Dans tous les cas de pour-

suites et de condamnations en banqueroute simple ou en banqueroute frauduleuse, les actions civiles, autres que celles dont il est parlé dans l'article 595, resteront séparées; et toutes les dispositions relatives aux biens, prescrites pour la faillite, seront exécutées sans qu'elles puissent être attirées, attribuées ni évoquées aux tribunaux de police correctionnelle ni aux cours d'assises;

601. Seront cependant tenus les syndics de la faillite, de remettre aux procureurs du Roi et à leurs substituts, toutes les pièces, titres, papiers et renseignemens qui leur seront demandés.

602. Les pièces, titres et papiers délivrés par les syndics, seront, pendant le cours de l'instruction, tenus en état de communication par la voie du greffe; cette communication aura lieu sur la réquisition des syndics, qui pourront y prendre des extraits

de remettre au ministère public les pièces, titres, papiers et renseignemens qui leur seront demandés. — Co. 459, 483, 603. — (A. Co. 601.)

602. Les pièces, titres et papiers délivrés par les syndics seront, pendant le cours de l'instruction, tenus en état de communication par la voie du greffe; cette communication aura lieu sur la réquisition des syndics, qui pourront y prendre des extraits privés, ou en requérir d'authentiques, qui leur seront expédiés par le greffier. — Les pièces, titres et papiers dont le dépôt judiciaire n'aurait pas été ordonné seront, après l'arrêt ou le jugement, remis aux syndics, qui en donneront décharge. — Co. 491, 602. — Pr. 189, 853. — (A. Co. 602, 603.)

TITRE TROISIÈME.

DE LA RÉHABILITATION.

604. Le failli qui aura intégralement acquitté, en principal, intérêts et frais, toutes les sommes par lui dues, pourra obtenir sa réhabilitation. — Il ne pourra l'obtenir, s'il est l'associé d'une maison de commerce tombée en faillite, qu'après avoir justifié que toutes les dettes de la société ont été intégralement acquittées en principal, intérêts et frais, lors même qu'un concordat particulier lui aurait été consenti. — Co. 37 note, 83, 438, 458, 531, 603 n. — (A. Co. 604.)

605. Toute demande en réhabilitation sera adressée à la cour d'appel dans le ressort de laquelle le failli sera domicilié. Le demandeur devra joindre à sa requête les quittances et autres pièces justificatives. — C. 102. — (A. Co. 605.)

606. Le procureur général près la cour d'appel, sur la communication qui lui aura été faite de la requête, en adressera des expéditions certifiées de lui au procureur de la République et au président du tribunal de commerce du domicile du demandeur, et si celui-ci a changé de domicile depuis la faillite,

privés ou en requérir d'officiels qui leur seront expédiés par le greffier.

603. Lesdites pièces, titres et papiers, seront, après le jugement, remis aux syndics, qui en donneront décharge; sauf néanmoins les pièces dont le jugement ordonnerait le dépôt judiciaire.

TITRE CINQUIÈME.

DE LA RÉHABILITATION.

601. Toute demande en réhabilitation, de la part du failli, sera adressée à la cour royale dans le ressort de laquelle il sera domicilié.

602. Le demandeur sera tenu de joindre à sa pétition les quittances et autres pièces justifiant qu'il a acquitté intégralement toutes les sommes par lui dues en principal, intérêts et frais.

603. Le procureur général près la cour royale, sur la communication qui lui aura été faite de la requête, en adressera des expéditions, certifiées de lui, au procureur du Roi près le tribunal d'arrondissement, et au pré-

au procureur de la République et au président du tribunal de commerce de l'arrondissement où elle a eu lieu, en les chargeant de recueillir tous les renseignemens qu'ils pourront se procurer sur la vérité des faits exposés. — Co. 605, 607 s. — (A. Co. 606.)

607. A cet effet, à la diligence tant du procureur de la République que du président du tribunal de commerce, copie de ladite requ... sera affichée pendant un délai de deux mois, tant dans les salles d'audience de chaque tribunal qu'à la bourse et à la maison commune, et sera insérée par extrait dans les papiers publics. — Co. 605 s., 608 s. — (A. Co. 607.)

608. Tout créancier qui n'aura pas été payé intégralement de sa créance en principal, intérêts et frais, et toute autre partie intéressée, pourra, pendant la durée de l'affiche, former opposition à la réhabilitation par simple acte au greffe, appuyé des pièces justificatives. Le créancier opposant ne pourra jame's être partie dans la procédure de réhabilitation. — Co. 607, 609 s. — (A. Co. 608.)

609. Après l'expiration de deux mois, le procureur de la République et le président du tribunal de commerce transmettront, chacun séparément, au procureur général près la cour d'appel, les renseignemens qu'ils auront recueillis et les oppositions qui auront pu être formées. Ils y joindront leurs avis sur la demande. — Co. 607 s. — (A. Co. 609.)

610. Le procureur général près la cour d'appel fera rendre arrêt portant admission ou rejet de la demande en réha-

---

sident du tribunal de commerce du domicile du pétitionnaire, et, s'il a changé de domicile depuis la faillite, au tribunal de commerce dans l'arrondissement duquel elle a eu lieu, en les chargeant de recueillir tous les renseignemens qui seront à leur portée, sur la vérité des faits qui auront été exposés.

607. A cet effet, à la diligence tant du procureur du Roi que du président du tribunal de commerce, copie de ladite pétition restera affichée, pendant un délai de deux mois, tant dans les salles d'audience de chaque tribunal, qu'à la bourse et à la maison commune, et sera insérée par extrait dans les papiers publics.

608. Tout créancier qui n'aura pas été payé intégralement de sa créance en principal, intérêts et frais, et toute autre partie inté-

ressée, pourront, pendant la durée de l'affiche, former opposition à la réhabilitation, par simple acte au greffe, appuyé de pièces justificatives, s'il y a lieu. Le créancier opposant ne pourra jamais être partie dans la procédure tenue pour la réhabilitation, sans préjudice toutefois de ses autres droits.

609. Après l'expiration des deux mois, le procureur du Roi et le président du tribunal de commerce transmettront, chacun séparément, au procureur général près la cour royale, les renseignemens qu'ils auront recueillis, les oppositions qui auront pu être formées, et les connaissances particulières qu'ils auraient sur la conduite du failli ; ils y joindront leur avis sur sa demande.

610. Le procureur général près la cour royale fera rendre, sur le tout, arrêt portant admission

bilitation. Si la demande est rejetée, elle ne pourra être reproduite qu'après une année d'intervalle. — Co. 606 s., 611. — (A. Co. 610.)

611. L'arrêt portant réhabilitation sera transmis aux procureurs de la République et aux présidens des tribunaux auxquels la demande aura été adressée. Ces tribunaux en feront faire la lecture publique et la transcription sur leurs registres. — Co. 606. — (A. Co. 611.)

612. Ne seront point admis à la réhabilitation les banqueroutiers frauduleux, les personnes condamnées pour vol, escroquerie ou abus de confiance, les stellionataires, ni les tuteurs, administrateurs ou autres comptables qui n'auront pas rendu et soldé leurs comptes. — Pourra être admis à la réhabilitation le banqueroutier simple qui aura subi la peine à laquelle il aura été condamné. — Co. 540, 584-586, 591. — C. 2059. — P. 379-401, 405-409. — (A. Co. 612.)

613. Nul commerçant failli ne pourra se présenter à la bourse, à moins qu'il n'ait obtenu sa réhabilitation (1). — Co. 71, 83. — (A. Co. 614.)

614. Le failli pourra être réhabilité après sa mort. — Co. 437.

(1) Const. 22 frim. an viii. Art. 5. — C. 7 nota.

Décr. 8 juin 1806.

Art. 13. Tout entrepreneur qui aura fait faillite ne pourra plus rouvrir de théâtres.

Ord. 8-21 déc. 1824.

Art. 10. Conformément à l'article 13 du décret du 8 juin 1806, tout directeur qui aura fait faillite ne pourra être appelé de nouveau à la direction d'un théâtre.

Décr. 18 janv. 1808, sur les sta-luts de la Banque de France.

Art. 50. Tout failli non réhabilité ne peut être admis à l'escompte.

51. Il sera tenu un registre où seront inscrits les noms et demeures des commerçans qui ont fait faillite. Ce registre contiendra : la date ou l'époque de la faillite, l'époque de la réhabilitation, si elle a lieu.

Nota. Les faillis ne peuvent voter pour la nomination des prud'hommes. (Av. C. d'Ét. 20 févr. 1810, art. 14.)

ou rejet de la demande en réhabilitation ; si la demande est rejetée, elle ne pourra plus être reproduite.

611. L'arrêt portant réhabilitation sera adressé tant au procureur du roi qu'aux présidens des tribunaux auxquels la demande aura été adressée. Ces tribunaux en feront faire la lecture publique et la transcription sur leurs registres.

612. Ne seront point admis à la réhabilitation, les stellionataires, les banqueroutiers frauduleux, les personnes condamnées pour fait de vol ou d'escroquerie, ni les personnes comptables ; telles que les tuteurs, administrateurs ou dépositaires, qui n'auront pas rendu ou apuré leurs comptes.

613. Pourra être admis à la réhabilitation le banqueroutier simple qui aura subi le jugement par lequel il aura été condamné.

614. Nul commerçant failli ne pourra se présenter à la bourse, à moins qu'il n'ait obtenu sa réhabilitation.

LIVRE QUATRIEME.

DE LA JURIDICTION COMMERCIALE.

(Loi décrétée le 14 sept. 1807, promulguée le 24.)

TITRE PREMIER.

DE L'ORGANISATION DES TRIBUNAUX DE COMMERCE.

615. Un règlement d'administration publique déterminera le nombre des tribunaux de commerce, et les villes qui seront susceptibles d'en recevoir par l'étendue de leur commerce et de leur industrie (*a*). —Co. 631 s., 640 s.—Conn. 88.

616. L'arrondissement de chaque tribunal de commerce sera le même que celui du tribunal civil dans le ressort duquel il sera placé; et s'il se trouve plusieurs tribunaux de commerce dans le ressort d'un seul tribunal civil, il leur sera assigné des arrondissemens particuliers.

617. Chaque tribunal de commerce sera composé d'un président, de juges et de suppléans. Le nombre des juges ne pourra pas être au-dessous de deux, ni au-dessus de quatorze, non compris le président. Le nombre des suppléans sera proportionné au besoin du service. Un règlement d'administration publique fixera, pour chaque tribunal, le nombre des juges et celui des suppléans (*b*). —Co. 618 s.

618. (*Décret du 28 août 1848.*) Les membres des tribunaux de commerce seront élus par une assemblée composée de citoyens français, commerçans patentés depuis cinq ans, des capitaines au long cours et des maîtres au cabotage, ayant commandé des bâtimens pendant cinq ans, et domiciliés

---

(*a*) Ord. mars 1673, tit. XII.

ART. 1er. Déclarons communs pour tous les sièges des juges et consuls, l'édit de leur établissement dans notre bonne ville de Paris, du mois de novembre 1563, et tous autres édits et déclarations touchant la juridiction consulaire, enregistrés en nos cours de parlement.

(*b*) ANCIEN ART. 617. Chaque tribunal de commerce sera composé d'un juge-président, de juges et de suppléans. Le nombre des juges ne pourra pas être au-dessous de deux, ni au-dessus de huit, non compris le président. Le nombre des suppléans sera proportionné au besoin du service. Le règlement d'administration publique fixera, pour chaque tribunal, le nombre des juges et celui des suppléans.

NOTA. Cet article a été rectifié, en exécution de l'art. 5 de la loi de 3 mars 1840.

depuis deux ans au moins dans le ressort du tribunal. — Co. 1. — C. 102 n. — Ne pourront participer à l'élection, — 1° Les individus condamnés, soit à des peines afflictives ou infamantes, soit à des peines correctionnelles pour faits qualifiés crimes par la loi, ou pour délit de vol, escroquerie, abus de confiance, usure, attentat aux mœurs, soit pour contrebande, quand la condamnation pour ce délit aura été d'un mois au moins d'emprisonnement; — P. 7 n., 330 n., 379 n., 405-409, 463. — C. 1907 (note, L. 3 sept. 1807, art. 4). 2° Les individus condamnés pour contravention aux lois sur les maisons de jeu, sur les loteries et les maisons de prêts sur gages; — P. 410, 411. — 3° Les individus condamnés pour les délits prévus aux articles 413, 414, 419, 420, 421, 423, 439, paragraphe 2, du Code pénal, et aux articles 596 et 597 du Code de commerce. — Le droit d'électeur et le droit d'éligibilité sont suspendus par l'état de débiteur failli non réhabilité (a). — Co. 604 n.

619. (*Décret du 28 août 1848.*) Tous les ans, la liste des électeurs du ressort de chaque tribunal sera dressée pour chaque commune par le maire, dans la première quinzaine du mois de septembre. — Le maire enverra la liste ainsi préparée au préfet ou au sous-préfet, qui fera publier et afficher la liste générale dans toutes les

---

(a) ANCIEN ART. 618. Les membres des tribunaux de commerce seront élus dans une assemblée composée de commerçans notables, et principalement des chefs des maisons les plus anciennes et les plus recommandables par la probité, l'esprit d'ordre et d'économie.

ÉDIT *de nov.* 1563.

ART 1er. Avons permis et enjoint aux prevost des marchands et échevins de nostre dite ville de Paris, nommer et élire en l'assemblée de cent notables bourgeois de ladite ville, qui seront pour cet effet appelés et convoqués trois jours après la publication des présentes, cinq marchands du nombre desdits cent, ou autres absens, pourvu qu'ils soient natifs et originaires de nostre royaume, marchands et demeurans en nostre dite ville de Paris; le premier desquels nous avons nommé juge des marchands, et les quatre autres, consuls desdits marchands, qui feront le serment devant ledit prevost des marchands. La charge desquels cinq ne durera qu'un an, sans que pour quelque cause ou occasion que ce soit, l'un d'eux puisse estre continué.

2. Ordonnons et permettons ausdits cinq juge et consuls assembler et appeler trois jours avant la fin de leur année jusques au nombre de soisante marchands bourgeois de ladite ville, qui en éliront trente d'entre eux, lesquels sans partir du lieu, et sans discontinuer procéderont avec lesdits juge et consuls en l'instant et le jour même, à peine de nullité, à l'élection de cinq nouveaux juge et consuls des marchands, qui feront le serment devant les anciens: et sera la forme desdits juge et consuls, nonobstant oppositions ou appellations quelconques, dont nous réservons à notre personne et nostre conseil la connaissance; icelle interdisant à nos cours de parlement et prevost de Paris.

mairies de l'arrondissement du tribunal. Cette publication devra être faite cinquante jours avant l'élection. — Pendant les quinze jours qui suivront la publication et l'affiche, tout commerçant patenté de l'arrondissement aura le droit d'élever des réclamations sur la composition de la liste, soit qu'il se plaigne d'avoir été indûment omis ou rayé, soit qu'il demande l'inscription d'un électeur omis ou la radiation d'un citoyen indûment inscrit. Dans le premier cas, sa réclamation et les pièces justificatives seront communiquées par lui au ministère public; dans le second cas, il devra fournir la preuve que la demande a été notifiée par lui à la partie intéressée, qui aura cinq jours pour intervenir. — Les réclamations seront jugées en dernier ressort par le tribunal civil de l'arrondissement, toute affaire cessante, sommairement, sans qu'il soit besoin du ministère d'avoué. — Les actes judiciaires auxquels l'instance donnera lieu ne seront pas soumis au timbre et seront enregistrés gratis. — L'affaire sera rapportée en audience publique par un des membres du tribunal, et le jugement sera prononcé après que les parties ou leur défenseur et le ministère public auront été entendus. — En cas de pourvoi en cassation, il sera procédé, toutes affaires cessantes, comme devant le tribunal, avec exemption des droits de timbre, d'enregistrement, et sans consignation d'amende. — La liste rectifiée, s'il y a lieu, par suite de décision judiciaire, sera close définitivement dix jours avant l'élection. — Cette liste servira pour toutes les élections de l'année (a).

620. (*Décret du 28 août 1848.*) Sont éligibles aux fonctions de juge et de suppléant, 1° tout citoyen français qui a déjà exercé l'une ou l'autre de ces fonctions; 2° tout citoyen français, âgé de trente ans, ayant exercé le commerce avec patente pendant cinq ans au moins; tout capitaine au long cours ou maître au cabotage ayant commandé pendant cinq ans, pourvu que chacun des éligibles désignés ait son domicile réel dans le ressort du tribunal et qu'il ne se trouve dans aucun des cas prévus aux paragraphes 2, 3, 4 et 5 de l'article 618. — À Paris, nul ne pourra être nommé juge, s'il n'a été suppléant. — Pour être éligible à la présidence, il faudra, à Paris, avoir exercé pendant quatre ans comme juge; dans les tribunaux de neuf membres, avoir exercé pendant quatre ans, dont deux au moins comme juge (1). — Dans les autres tribunaux, il

---

(a) Ancien art. 619. La liste des notables sera dressée, sur tous les commerçans de l'arrondissement, par le préfet, et approuvée par le ministre de l'intérieur : leur nombre ne peut être au-dessous de vingt-cinq dans les villes où la population n'excède pas quinze mille âmes; dans les autres villes, il doit être augmenté à raison d'un électeur pour mille âmes de population.

(1) Av. C. d'Ét. 2 févr. 1808.

Le conseil d'État est d'avis, que les négocians retirés du commerce et non livrés actuellement à d'autres professions, sont susceptibles d'être élus aux places

suffira d'avoir été juge ou suppléant (a).

621. (*Décret du 28 août 1848*). L'assemblée électorale se tiendra dans le lieu où siège le tribunal. Elle sera convoquée par le préfet du département dans la première quinzaine de décembre au plus tard. Elle sera présidée par le maire ou son délégué, assisté de quatre électeurs, qui seront les deux plus âgés et les deux plus jeunes des membres présens. Le bureau, ainsi composé, nomme un secrétaire pris dans l'assemblée. Il décide toutes les questions qui peuvent s'élever dans le cours de l'élection. — Cette assemblée pourra être divisée en plusieurs sections, dans les localités où l'administration le croira nécessaire. — L'élection du président sera faite au scrutin individuel et à la majorité absolue des suffrages exprimés. — Les juges seront nommés tous par un seul scrutin de liste. — Les suppléans seront également nommés tous par un seul scrutin de liste. — La majorité absolue des suffrages exprimés sera nécessaire pour chaque nomination. — La durée de chaque scrutin sera de deux heures au moins. — Le président de l'assemblée proclame le résultat de l'élection. Le procès-verbal est rédigé en triple original. Le président de l'assemblée transmet immédiatement l'un des trois originaux au préfet, le second au greffe du tribunal, le troisième au procureur général près la cour d'appel. — Dans les cinq jours de l'élection, tout citoyen ayant pris part à l'opération électorale aura le droit d'élever des réclamations sur la régularité ou la sincérité de l'élection : dans les dix jours de la réception du procès-verbal, le procureur général aura le même droit. — Ces réclamations seront communiquées aux citoyens dont l'élection serait attaquée, et qui auront le droit d'intervenir dans les cinq jours de la communication. Elles seront jugées sommairement et sans frais, dans la quinzaine, par la cour d'appel dans le res-

---

mentionnées en l'article 620 du Code de commerce, s'ils ont exercé le commerce pendant le temps prescrit, et s'ils remplissent d'ailleurs les autres conditions imposées par la loi.

Av. C. d'Ét. 18 déc. 1810, approuvé le 21.

Considérant que la loi n'a évidemment voulu que ce qui était praticable; — Est d'avis, que la seconde partie de l'article 620 est inapplicable à la première formation des tribunaux de commerce dans les lieux où il n'en existait point avant le décret d'organisation générale desdits tribunaux; qu'en conséquence, dans lesdits lieux, et pour la première fois seulement, le président du tribunal pourra être désigné parmi tout commerçant remplissant les autres conditions de la loi.

(a) Ancien art. 620. Tout commerçant pourra être nommé juge ou suppléant s'il est âgé de trente ans, s'il exerce le commerce avec honneur et distinction depuis cinq ans. Le président devra être âgé de quarante ans, et ne pourra être choisi que parmi les anciens juges, y compris ceux qui ont exercé dans les tribunaux actuels, et même les anciens juges-consuls des marchands.

sort de laquelle l'élection a lieu. — La nullité partielle ou absolue de l'élection ne pourra être prononcée que dans les cas suivans : — 1° Si l'élection n'a pas été faite selon les formes prescrites par la loi ; — 2° Si le scrutin n'a pas été libre, ou s'il a été vicié par des manœuvres frauduleuses ; — 3° S'il y a incapacité légale dans la personne de l'un ou de plusieurs des élus (a).

622. A la première élection, le président et la moitié des juges et des suppléans dont le tribunal sera composé, seront nommés pour deux ans : la seconde moitié des juges et des suppléans sera nommée pour un an : aux élections postérieures, toutes les nominations seront faites pour deux ans. — Tous les membres compris dans une même élection seront soumis simultanément au renouvellement périodique, encore bien que l'institution de l'un ou de plusieurs d'entre eux ait été différée (1).

623. Le président et les juges, sortant d'exercice après deux années pourront être réélus immédiatement pour deux autres années. Cette nouvelle période expirée, ils ne seront éligibles qu'après un an d'intervalle. — Tout membre élu en remplacement d'un autre, par suite de décès ou de toute autre cause, ne demeurera en exercice que pendant la durée du mandat confié à son prédécesseur (b).

624. Il y aura près de chaque tribunal un greffier et des huissiers nommés par le Président de la République ; leurs droits, vacations et devoirs, seront fixés par un règlement d'administration publique (c). — T. 4e.

625. Il sera établi, pour la ville de Paris seulement, des gardes du commerce pour l'exécution des jugemens emportant la contrainte par corps : la forme de leur organisation et leurs attributions seront déterminées par un règlement particulier. — Supp. *Gardes du commerce.* Décr. 14 mars 1808.

626. Les jugemens, dans les tribunaux de commerce, seront rendus par trois juges au moins ; aucun suppléant ne pourra être appelé que pour compléter ce nombre. — (*Ainsi complété, décr. du 28 août 1848.*) —

(a) ANCIEN ARTICLE 621. L'élection sera faite au scrutin individuel, à la pluralité absolue des suffrages ; et lorsqu'il s'agira d'élire le président, l'objet spécial de cette élection sera annoncé avant d'aller au scrutin.

(1) Ce dernier paragraphe a été ajouté à l'ancien texte du Code en exécution de l'article 6 de la loi du 3 mars 1840.

(b) ANCIEN ART. 623. Le président et les juges ne pourront rester plus de deux ans en place, ni être réélus qu'après un an d'intervalle.

NOTA. Cet article a été rectifié, en exécution de la loi du 3 mars 1840, art. 3.

(c) ÉDIT *de nov.* 1563. ART. 13. Permettons auxdits juge et consuls de choisir et nommer pour leur scribe et greffier telle personne d'expérience, marchand ou autre, qu'ils aviseront, lequel fera toutes expéditions en bon papier sans user de parchemin ; et lui défendons très-étroitement prendre pour ses salaires et vacations autre chose qu'un sol tournois pour feuillet, à peine de punition corporelle, et d'en répondre par lesdits juge et consuls en leurs propres noms, en

Le rang à prendre dans le tableau des juges et des suppléans sera fixé à la majorité absolue, par un scrutin de liste, auquel concourront le président, les juges et les suppléans. — Ce scrutin, qui sera secret, aura lieu dans la salle du conseil, avant la séance d'installation. — Un juge titulaire ou suppléant au moins doit concourir à tout jugement du tribunal de commerce, à peine de nullité. — Lorsque, par des récusations ou empêchemens, il ne restera pas un nombre suffisant de juges ou suppléans, il y sera pourvu au moyen d'une liste formée annuellement par chaque tribunal de commerce, entre les éligibles du ressort, et, en cas d'insuffisance, entre les électeurs, ayant les uns et les autres leur résidence dans la ville où siége le tribunal. — Cette liste sera de cinquante noms pour Paris, de vingt-cinq noms pour les tribunaux de neuf membres, de quinze noms pour les autres tribunaux. — Les juges complémentaires seront appelés dans l'ordre fixé par un tirage au sort, fait en séance publique, par le président du tribunal, entre tous les noms de la liste.

627. Le ministère des avoués est interdit dans les tribunaux de commerce, conformément à l'article 414 du Code de procédure civile; nul ne pourra plaider pour une partie devant ces tribunaux, si la partie, présente à l'audience, ne l'autorise, ou s'il n'est muni d'un pouvoir spécial. Ce pouvoir, qui pourra être donné au bas de l'original ou de la copie de l'assignation, sera exhibé au greffier avant l'appel de la cause, et par lui visé sans frais (1). — *Co.* 414 *et la note.* — Dans les causes portées devant les tribunaux de commerce, aucun huissier ne pourra, ni assister comme conseil, ni représenter les parties en qualité de procureur fondé, à peine d'une amende de vingt-cinq à cinquante francs, qui sera prononcée, sans appel, par le tribunal, sans préjudice des peines disciplinaires contre les huissiers contrevenans. — Cette disposition n'est pas appli-

---

cas de dissimulation et connivence.

(1) *Ord.* 10 *mars* 1825, *prescrivant de nouvelles formalités pour constater l'exécution de l'article* 421 *du Code de procédure civile, et de l'article* 627 *du Code de commerce.*

Art. 1er. Lorsqu'une partie aura été défendue devant le tribunal de commerce par un tiers, il sera fait mention expresse, dans la minute du jugement qui interviendra, soit de l'autorisation que ce tiers aura reçue de la partie présente, soit du pouvoir spécial dont il aura été muni.

2. Les magistrats chargés de procéder à la vérification ordonnée par l'article 6 de l'ordonnance du 5 novembre 1823 s'assureront si la formalité prescrite par l'article précédent est observée dans tous les jugemens rendus entre des parties qui ont été défendues ou dont l'une a été défendue par un tiers. Ils consigneront dans leur procès-verbal le résultat de leur examen à cet égard.

3. En cas de contravention à l'article 1er de la présente ordonnance, il en sera rendu compte à notre garde des sceaux, pour être pris à l'égard du greffier telles mesures qu'il appartiendra.

cable aux huissiers qui se trouveront dans l'un des cas prévus par l'article 86 du Code de procédure civile (1).

628. Les fonctions des juges de commerce sont seulement honorifiques (a).

629. (*Décret du 28 août 1848.*) Dans la quinzaine de la réception du procès-verbal, s'il n'y a pas de réclamation, ou dans la huitaine de l'arrêt statuant sur les réclamations, le procureur général invite les élus à se présenter à l'audience de la cour d'appel, qui procède publiquement à leur réception et en dresse procès-verbal, consigné dans ses registres. — Si la cour ne siège pas dans l'arrondissement communal où le tribunal de commerce est établi, la réception a lieu devant le tribunal civil assemblé, sur l'invitation adressée aux élus par le procureur de la République. — Le procès-verbal de cette séance est transmis à la cour d'appel, qui en ordonne l'insertion dans ses registres. Le jour de l'installation publique du tribunal de commerce, il est donné lecture du procès-verbal de réception (b). — Pr. 89.

630. Les tribunaux de commerce sont dans les attributions et sous la surveillance du ministère de la justice.

TITRE DEUXIÈME.

DE LA COMPÉTENCE DES TRIBUNAUX DE COMMERCE.

631. Les tribunaux de commerce connaîtront, — 1° De toutes contestations relatives aux engagements et transactions entre négocians, marchands et banquiers; — Co. 1. — 2° Entre toutes personnes, des contestations relatives aux actes de commerce (c). — Co. 632 s.

---

(1) Les deux derniers paragraphes de cet article ont été ajoutés à l'ancien texte du Code, en exécution de l'article 4 de la loi du 3 mars 1840.

(a) Ord. *avril 1667, tit.* XVI. Art. 11. Ne sera pris par les juges et consuls aucunes épices, salaires, droits de rapport et du conseil, même pour les interrogatoires et audition de témoins ou autrement, en quelque cas ou pour quelque cause que ce soit, à peine de concussion et de restitution du quadruple.

(b) ANCIEN ARTICLE 629. Ils prêtent serment avant d'entrer en fonctions, à l'audience de la cour royale, lorsqu'elle siège dans l'arrondissement communal où le tribunal de commerce est établi : dans le cas contraire, la cour royale commet, et les juges de commerce le demandent, le tribunal civil de l'arrondissement pour recevoir leur serment; et, dans ce cas, le tribunal en dresse procès-verbal, et l'envoie à la cour royale, qui en ordonne l'insertion dans ses registres. Ces formalités sont remplies sur les conclusions du ministère public, et sans frais.

(c) Ord. *mars 1673, tit.* VII. Art. 1er. Ceux qui auront signé des lettres ou billets de change, pourront être contraints par corps; ensemble ceux qui y auront mis leur aval, qui auront promis d'en fournir, avec remise de place en place, qui auront fait

632. La loi répute actes de commerce, — Tout achat de denrées et marchandises pour les revendre, soit en nature, soit après les avoir travaillées et mises en œuvre; ou même pour en louer simplement l'usage; — Toute entreprise de manufactures, de commission, de transport par terre ou par eau; — Toute entreprise de fournitures, d'agences, bureaux d'affaires, établissemens de ventes à l'encan, de spectacles publics; — Toute opération de change, banque et courtage; — Toutes les opérations des banques publiques; — Toutes obligations entre négocians, marchands et banquiers; — Entre toutes personnes, les lettres de change, ou remises d'argent faites de place en place (a).—Co. 110 s., 631, 633.

633. La loi répute pareillement actes de commerce, — Toute entreprise de construction, et tous achats, ventes et reventes de bâtimens pour la navigation intérieure et extérieure; — Toutes expéditions maritimes; — Tout achat ou vente d'agrès, apparaux et avitaillemens; —Tout affrétement ou nolissement, emprunt ou prêt à la grosse; toutes assurances et autres contrats concernant le commerce de mer; —Tous accords et conventions pour salaires et loyers d'équipages; —Tous engagemens de gens de mer, pour le service de bâtimens de commerce (b). — Co. 193, 223, 250 s., 273, 286, 311, 332, 631 s.

634. Les tribunaux de commerce connaîtront également, — 1º Des actions contre les facteurs, commis des marchands ou leurs serviteurs, pour le fait seulement du trafic du marchand auquel ils sont attachés; — 2º Des billets faits par les receveurs, payeurs, percepteurs ou autres comptables des deniers publics (c). — Co. 638.

---

des promesses pour lettres de change à eux fournies, ou qui le devront être; entre tous négocians ou marchands qui auront signé des billets pour valeur reçue comptant, ou en marchandises, soit qu'ils doivent être acquittés à un particulier y nommé, ou à son ordre, ou au porteur.

(a) Ord. *mars* 1673, tit. XII.

Art. 2. Les juge et consuls connaîtront de tous billets de change faits entre négocians et marchands, ou dont ils devront la valeur; et entre toutes personnes, pour lettres de change ou remises d'argent faites de place en place.

4. Les juge et consuls connaîtront des différends pour ventes faites par des marchands, artisans et gens de métier, afin de re-vendre ou de travailler de leur profession : comme à tailleurs d'habits, pour étoffes, passemens et autres fournitures, boulangers et pâtissiers, pour blé et farine; maçons, pour pierre, moellon et plâtre; charpentiers, menuisiers, charrons, tonneliers et tourneurs, pour bois; serruriers, maréchaux, taillandiers et armuriers, pour fer; plombiers et fontainiers, pour plomb, et autres semblables.

(b) Ord. *mars* 1673, tit. XII.

Art. 7. Les juges et consuls connaîtront des différends à cause des assurances, grosses aventures, promesses, obligations et contrats concernant le commerce de la mer, le fret et le naulage des vaisseaux.

(c) Ord. *mars* 1673, tit. XII.

Art. 8. Connaîtront aussi (les

635. Les tribunaux de commerce connaîtront de tout ce qui concerne les faillites, conformément à ce qui est prescrit au livre troisième du présent Code (a).

636. Lorsque les lettres de change ne seront réputées que simples promesses, aux termes de l'article 112, ou lorsque les billets à ordre ne porteront que des signatures d'individus non négocians, et n'auront pas pour occasion des opérations de commerce, trafic, change, banque ou courtage, le tribunal de commerce sera tenu de renvoyer au tribunal civil, s'il en est requis par le défendeur (b). — Co. 637. — Pr. 168 s.

637. Lorsque ces lettres de change et ces billets à ordre porteront en même temps des signatures d'individus négo- clans et d'individus non négocians, le tribunal de commerce en connaîtra; mais il ne pourra prononcer la contrainte par corps contre les individus non négocians, à moins qu'ils ne se soient engagés à l'occasion d'opérations de commerce, trafic, change, banque ou courtage. — Co. 632 s., 636. — C. 2063.

638. Ne seront point de la compétence des tribunaux de commerce les actions intentées contre un propriétaire, cultivateur ou vigneron, pour vente de denrées provenant de son cru, les actions intentées contre un commerçant, pour paiement de denrées et marchandises achetées pour son usage particulier. — Néanmoins les billets souscrits par un commerçant seront censés faits pour son commerce, et

---

juge et consuls) des gages, salaires et pensions des commissionnaires, facteurs ou serviteurs des marchands, pour le fait du trafic seulement.

(a) ANCIEN ART. 635. Ils connaîtront enfin, — 1º Du dépôt du bilan et des registres du commerçant en faillite, de l'affirmation et de la vérification des créances; — 2º Des oppositions au concordat, lorsque les moyens de l'opposant seront fondés sur des actes ou opérations dont la connaissance est attribuée par la loi aux juges des tribunaux de commerce; — Dans tous les autres cas, ces oppositions seront jugées par les tribunaux civils; — En conséquence, toute opposition au concordat contiendra les moyens de l'opposant, à peine de nullité; — 3º De l'homologation du traité entre le failli et ses créanciers; — 4º De la cession de biens faite

par le failli, pour la partie qui en est attribuée aux tribunaux de commerce par l'article 901 du Code de procédure civile.

NOTA. Cet article a été remplacé par le nouveau texte, en exécution de la loi du 28 mai 1838, sur les faillites et banqueroutes.

(b) ORD. mars 1673, tit. XII.

ART. 3. Leur défendons néanmoins (aux *juge et consuls*) de connaître des billets de change entre particuliers, autres que négocians et marchands, ou dont ils ne devront point la valeur. Voulons que les parties se pourvoient par-devant les juges ordinaires, ainsi que pour de simples promesses.

14. Seront tenus néanmoins, si la connaissance ne leur appartient pas, de déférer au déclinatoire, à l'appel d'incompétence, à la prise à partie, et au renvoi.

ceux des receveurs, payeurs, percepteurs ou autres comptables de deniers publics, seront censés faits pour leur gestion, lorsqu'une autre cause n'y sera pas énoncée (a).— C. 1350, 1352.

639. Les tribunaux de commerce jugeront en dernier ressort, — 1º Toutes les demandes dans lesquelles les parties justiciables de ces tribunaux, et usant de leurs droits, auront déclaré vouloir être jugées définitivement et sans appel; — 2º Toutes les demandes dont le principal n'excédera pas la valeur de quinze cents francs; — 3º Les demandes reconventionnelles ou en compensation, lors même que, réunies à la demande principale, elles excéderaient quinze cents francs. — Si l'une des demandes principale ou reconventionnelle s'élève au-dessus des limites ci-dessus indiquées, le tribunal ne prononcera sur toutes qu'en premier ressort. — Néanmoins il sera statué en dernier ressort sur les demandes en dommages-intérêts, lorsqu'elles seront fondées exclusivement sur la demande principale elle-même (b).

640. Dans les arrondissemens où il n'y aura pas de tribunaux de commerce, les juges du tribunal civil exerceront les fonctions et connaîtront des matières attribuées aux juges de commerce par la présente loi (c). — Co. 641.

(a) Ord. mars 1673, tit. XII.

Art. 6. Ne pourront les juge et consuls connaître des contestations pour nourritures, entretien et ameublemens, même entre marchands, si ce n'est qu'ils en fassent profession.

10. Les gens d'Église, gentilshommes et bourgeois, laboureurs, vignerons et autres, pourront faire assigner pour ventes de blés, vins, bestiaux et autres denrées procédant de leur cru, ou par-devant les juges ordinaires, ou par-devant les juges et consuls, si les ventes ont été faites à des marchands ou artisans, faisant profession de revendre.

(b) ANCIEN ART. 639. Les tribunaux de commerce jugeront en dernier ressort, — 1º Toutes les demandes dont le principal n'excédera pas la valeur de mille francs; — 2º Toutes celles où les parties justiciables de ces tribunaux, et usant de leurs droits, auront déclaré vouloir être jugées définitivement et sans appel.

NOTA. Cet article a été rectifié en exécution de la loi du 3 mars 1810, art. 1er.

(c) Décl. 7 avril 1759.

Art. 1er. Que l'article CCXL de l'ordonnance de Blois sera exécuté selon sa forme et teneur, et, suivant icelui, que les juges et consuls puissent connaître des contestations qui seront portées devant eux, encore qu'elles soient de marchand à marchand, et pour fait de marchandises et négoce, si le défendeur n'est domicilié dans l'étendue du bailliage ou sénéchaussée du lieu de leur établissement.

2. Si le défendeur est domicilié dans un bailliage ou sénéchaussée dans l'étendue desquels il n'y ait pas de juridiction consulaire établie, les parties ne pourront se pourvoir dans aucunes juridictions consulaires voisines, encore que la juridiction consulaire voisine soit établie dans un bailliage qui soit le siège principal du bailliage du domi-

641. L'instruction, dans ce cas, aura lieu dans la même forme que devant les tribunaux de commerce, et les jugemens produiront les mêmes effets. — Co. 640.

TITRE TROISIÈME.

DE LA FORME DE PROCÉDER DEVANT LES TRIBUNAUX DE COMMERCE.

642. La forme de procéder devant les tribunaux de commerce sera suivie telle qu'elle a été réglée par le titre XXV du livre II de la première partie du Code de procédure civile. — Pr. 414-442.

643. Néanmoins les articles 156, 158 et 159 du même Code, relatifs aux jugemens par défaut rendus par les tribunaux inférieurs, seront applicables aux jugemens par défaut rendus par les tribunaux de commerce.

644. Les appels des jugemens des tribunaux de commerce seront portés par-devant les cours dans le ressort desquelles ces tribunaux sont situés. — Co. 645 s. — Pr. 443 s.

TITRE QUATRIÈME.

DE LA FORME DE PROCÉDER DEVANT LES COURS D'APPEL.

645. Le délai pour interjeter appel des jugemens des tribunaux de commerce sera de trois mois, à compter du jour de la signification du jugement, pour ceux qui auront été rendus contradictoirement, et du jour de l'expiration du délai de l'opposition, pour ceux qui auront été rendus par défaut: l'appel pourra être interjeté le jour même du jugement. — Co. 645, 646. — Pr. 443 s.

646. Dans les limites de la compétence fixée par l'article 639 pour le dernier ressort, l'appel ne sera pas reçu, encore que le jugement n'énonce pas qu'il est rendu en dernier ressort, et même quand il énoncerait qu'il est rendu à la charge d'appel (a). — Pr. 453.

647. Les cours d'appel ne pourront, en aucun cas, à

elle du défendeur; mais elles seront tenues de procéder par-devant les juges ordinaires du domicile du défendeur, auxquels nous enjoignons de juger les causes consulaires sommairement, et ainsi qu'il est prescrit par l'ordonnance du mois d'avril 1667 pour les matières sommaires, et de se conformer aux dispositions de l'ordonnance de 1673, et autres lois concernant les matières consulaires, sans qu'ils puissent prononcer dans ces sortes d'affaires, aucuns appointemens, et prendre aucune épice, à peine de restitution et autres peines.

(a) ANCIEN ART. 646. L'appel ne sera pas reçu lorsque le principal n'excédera pas la som-

peine de nullité, et même les dommages et intérêts des parties, s'il y a lieu, accorder des défenses ni surseoir à l'exécution des jugemens des tribunaux de commerce, quand même ils seraient attaqués d'incompétence; mais elles pourront, suivant l'exigence des cas, accorder la permission de citer extraordinairement à jour et heures fixes, pour plaider sur l'appel (a). — C. 1149, 1382. — Pr. 126, 128, 439, 459, 460, 505 3°.

648. Les appels des jugemens des tribunaux de commerce seront instruits et jugés dans les cours, comme appels de jugemens rendus en matière sommaire. La procédure, jusques et y compris l'arrêt définitif, sera conforme à celle qui est prescrite, pour les causes d'appel en matière civile, au livre III de la première partie du Code de procédure civile. — Pr. 443 s.

---

me ou la valeur de mille francs, encore que le jugement n'énonce pas qu'il est rendu en dernier ressort, et même quand il énoncerait qu'il est rendu à la charge d'appel.

NOTA. Cet article a été rectifié, en exécution de la loi du 3 mars 1840, art. 2.

ÉDIT *de nov.* 1563.

ART. 8. Voulons et nous plaist, que des mandemens, sentences ou jugemens qui seront donnez par lesdits juge et consuls des marchands, ou les trois d'eux comme dessus, sur différends mus entre marchands et pour fait de marchandise, l'appel ne soit reçu, pourvu que la demande et condamnation n'excède la somme de cinq cents livres tournois pour une fois payer. Et avons dès à présent déclaré non recevables les appellations qui seraient interjetées desdits jugemens, lesquels seront exécutés en nos royaume, pays et terres de nostre obéissance par le premier de nos juges des lieux, huissiers ou sergens sur ce requis: auxquels et à chacun d'eux enjoignons de ce faire, à peine de privation de leurs offices, sans qu'il soit besoin demander aucun placet, *visa* ni *pareatis*. Avons aussi dès à présent déclaré nuls tous reliefs d'appel ou commissions qui seraient obtenues au contraire pour faire appeler les parties, intimer et adjourner lesdits juge et consuls: et défendons très-expressément à toutes nos cours souveraines et chancelleries de les bailler.

(a) ÉDIT *de nov.* 1563.

ART. 9. Et ès cas qui excéderont la somme de cinq cents livres tournois, sera passé outre à l'entière exécution des sentences desdits juge et consuls, nonobstant oppositions ou appellations quelconques, et sans préjudice d'icelles que nous entendons estre relevées et ressortir en nostre cour de parlement (a) Paris, et non ailleurs.

FIN DU CODE DE COMMERCE.

LOI

DU 17 AVRIL 1832, SUR LA CONTRAINTE PAR CORPS.

TITRE PREMIER.

DISPOSITIONS RELATIVES A LA CONTRAINTE PAR CORPS EN MATIÈRE DE COMMERCE.

ART. 1er. La contrainte par corps sera prononcée, sauf les exceptions et les modifications ci-après, contre toute personne condamnée pour dette commerciale au paiement d'une somme principale de deux cents francs et au-dessus.

2. Ne sont point soumis à la contrainte par corps en matière de commerce, — 1o Les femmes et les filles non légalement réputées marchandes publiques; — 2o Les mineurs non commerçans, ou qui ne sont point réputés majeurs pour fait de leur commerce; — 3o Les veuves et héritiers des justiciables des tribunaux de commerce assignés devant ces tribunaux en reprise d'instance, ou par action nouvelle, en raison de leur qualité.

3. Les condamnations prononcées par les tribunaux de commerce contre des individus non négocians, pour signatures apposées, soit à des lettres de change réputées simples promesses aux termes de l'article 112 du Code de commerce, soit à des billets à ordre, n'emportent point la contrainte par corps, à moins que ces signatures et engagemens n'aient eu pour cause des opérations de commerce, trafic, change, banque ou courtage.

4. La contrainte par corps, en matière de commerce, ne pourra être prononcée contre les débiteurs qui auront commencé leur soixante et dixième année.

5. L'emprisonnement pour dette commerciale cessera de plein droit après un an, lorsque le montant de la condamnation principale ne s'élèvera pas à cinq cents francs; — Après deux ans, lorsqu'il ne s'élèvera pas à mille francs; — Après trois ans, lorsqu'il ne s'élèvera pas à trois mille francs; — Après quatre ans, lorsqu'il ne s'élèvera pas à cinq mille francs; — Après cinq ans, lorsqu'il sera de cinq mille francs et au-dessus. — *Modifié, L.* 13 déc. 1848, art. 4, 5, 6.

6. Il cessera pareillement de plein droit le jour où le débiteur aura commencé sa soixante et dixième année.

TITRE II.

DISPOSITIONS RELATIVES A LA CONTRAINTE PAR CORPS EN MATIÈRE CIVILE.

SECTION PREMIÈRE.

Contrainte par corps en matière civile ordinaire.

7. Dans tous les cas où la contrainte par corps a lieu en matière civile ordinaire, la durée en sera fixée par le jugement de condamnation; elle sera d'un an au moins et de dix ans au plus. — Néanmoins, s'il s'agit de fermages de biens ruraux aux cas prévus par l'article 2062 du Code civil, ou de l'exécution des condamnations intervenues dans le cas où la contrainte par corps n'est pas

obligée, et où la loi attribue seulement aux juges la faculté de la prononcer, la durée de la contrainte ne sera que d'un an au moins et de cinq ans au plus. — L. 13 déc. 1848, art. 2, 3.

SECTION II.

Contrainte par corps en matière de deniers et effets mobiliers publics.

8. Sont soumis à la contrainte par corps, pour raison du reliquat de leurs comptes, déficit ou débet constatés à leur charge, et dont ils ont été déclarés responsables, — 1° Les comptables de deniers publics, ou d'effets mobiliers publics, et leurs cautions; — 2° Leurs agens ou préposés qui ont personnellement géré ou fait la recette; — 3° Toutes personnes qui ont perçu des deniers publics dont elles n'ont point effectué le versement ou l'emploi, ou qui, ayant reçu des effets mobiliers appartenant à l'État, ne les représentent pas, ou ne justifient pas de l'emploi qui leur avait été prescrit.

9. Sont compris dans les dispositions de l'article précédent, les comptables chargés de la perception des deniers ou de la garde et de l'emploi des effets mobiliers appartenant aux communes, aux hospices et aux établissemens publics, ainsi que leurs cautions et leurs agens et préposés ayant personnellement géré ou fait la recette.

10. Sont également soumis à la contrainte par corps, — 1° Tous entrepreneurs, fournisseurs, soumissionnaires et traitans, qui ont passé des marchés ou traités intéressant l'État, les communes, les établissemens de bienfaisance et autres établissemens publics, et qui sont déclarés débiteurs par suite de leurs entreprises; — 2° Leurs cautions, ainsi que leurs agens et préposés qui ont personnellement géré l'entreprise, et toutes personnes déclarées responsables des mêmes services.

11. Seront encore soumis à la contrainte par corps, tous redevables, débiteurs et cautions de droits de douanes, d'octrois et autres contributions indirectes, qui ont obtenu un crédit et qui n'ont pas acquitté à échéance le montant de leurs soumissions ou obligations.

12. La contrainte par corps pourra être prononcée, en vertu des quatre articles précédens, contre les femmes et les filles. — Elle ne pourra l'être contre les septuagénaires.

13. Dans les cas énoncés dans la présente section, la contrainte par corps n'aura jamais lieu que pour une somme principale excédant trois cents francs. — Sa durée sera fixée dans les limites de l'art. 7 de la présente loi, paragraphe 1er.

TITRE III.

DISPOSITIONS RELATIVES A LA CONTRAINTE PAR CORPS CONTRE LES ÉTRANGERS.

14. Tout jugement qui interviendra au profit d'un Français contre un étranger non domicilié en France, emportera la contrainte par corps, à moins que la somme principale de la condamnation ne soit inférieure à cent cinquante francs, sans distinction entre les dettes civiles et les dettes commerciales.

15. Avant le jugement de condamnation, mais après l'échéance ou l'exigibilité de la dette, le président du tribunal do première instance dans l'arrondissement duquel se trouvera l'étranger non domicilié, pourra, s'il y a de suffisans motifs, ordonner son arrestation provisoire, sur la requête du créancier français. — Dans ce cas, le créancier sera tenu de se pourvoir en condamnation dans la huitaine de l'arrestation du débiteur, faute de quoi celui-ci pourra demander son élargissement. — La mise en liberté sera prononcée par ordonnance de référé, sur une assignation donnée au créancier par l'huissier que le président aura commis dans l'ordonnance même qui autorisait l'arrestation, et, à défaut de cet huissier, par tel autre qui sera commis spécialement.

16. L'arrestation provisoire n'aura pas lieu ou cessera, si l'étranger justifie qu'il possède sur le territoire français un établissement de commerce ou des immeubles, le tout d'une valeur suffisante pour assurer le paiement de la dette, ou s'il fournit pour caution une personne domiciliée en France et reconnue solvable.

17. La contrainte par corps exercée contre un étranger en vertu de jugement pour dette civile ordinaire, ou pour dette commerciale, cessera de plein droit après deux ans, lorsque le montant de la condamnation principale ne s'élèvera pas à cinq cents francs; — Après quatre ans, lorsqu'il ne s'élèvera pas à mille francs; — Après six ans, lorsqu'il ne s'élèvera pas à trois mille francs; — Après huit ans, lorsqu'il ne s'élèvera pas à cinq mille francs; — Après dix ans, lorsqu'il sera de cinq mille francs et au-dessus. — S'il s'agit d'une dette civile pour laquelle un Français serait soumis à la contrainte par corps, les dispositions de l'article 7 seront applicables aux étrangers, sans que toutefois le minimum de la contrainte puisse être au-dessous de deux ans.

18. Le débiteur étranger, condamné pour dette commerciale, jouira du bénéfice des articles 4 et 6 de la présente loi. En conséquence, la contrainte par corps ne sera point prononcée contre lui, ou elle cessera dès qu'il aura commencé sa soixante et dixième année. — Il en sera de même à l'égard de l'étranger condamné pour dette civile, le cas de stellionat excepté. — La contrainte par corps ne sera pas prononcée contre les étrangères pour dettes civiles, sauf aussi le cas de stellionat, conformément au premier paragraphe de l'article 2068 du Code civil, qui leur est déclaré applicable.

TITRE IV.

DISPOSITIONS COMMUNES AUX TROIS TITRES PRÉCÉDENS.

19. La contrainte par corps n'est jamais prononcée contre le débiteur au profit, — 1º De son mari ni de sa femme; — 2º De ses ascendans, descendans, frères ou sœurs, ou alliés au même degré. — Les individus mentionnés dans les deux paragraphes ci-dessus, contre lesquels il serait intervenu des jugemens de condamnation par corps, ne pourront être arrêtés en vertu desdits jugemens; s'ils ont détenus, leur élargissement aura lieu immédiatement après la promulgation de la présente loi. — L. 13 déc. 1848, art. 10.

20. Dans les affaires où les tribunaux civils ou de commerce statuent en dernier ressort, la disposition de leur jugement relative à la contrainte par corps sera sujette à l'appel; cet appel ne sera pas suspensif. — L. 13 déc. 1848, art. 7.

21. Dans aucun cas, la contrainte par corps ne pourra être exécutée contre le mari et contre la femme simultanément pour la même dette. — **L.** 13 déc. 1848, art. 11.

22. Tout huissier, garde du commerce ou exécuteur des mandemens de justice, qui, lors de l'arrestation d'un débiteur, se refuserait à le conduire en référé devant le président du tribunal de première instance, aux termes de l'article 786 du Code de procédure civile, sera condamné à mille francs d'amende, sans préjudice des dommages-intérêts.

23. Les frais liquidés que le débiteur doit consigner ou payer pour empêcher l'exercice de la contrainte par corps, ou pour obtenir son élargissement, conformément aux articles 798 et 800, paragraphe 2, du Code de procédure, ne seront jamais que les frais de l'instance, ceux de l'expédition et de la signification du jugement et de l'arrêt s'il y a lieu, ceux enfin de l'exécution relative à la contrainte par corps seulement.

24. Le débiteur, si la contrainte par corps n'a pas été prononcée pour dette commerciale, obtiendra son élargissement en payant ou consignant le tiers du principal de la dette et de ses accessoires, et en donnant pour le surplus une caution acceptée par le créancier, ou reçue par le tribunal civil dans le ressort duquel le débiteur sera détenu.

25. La caution sera tenue

de s'obliger solidairement avec le débiteur à payer, dans un délai qui ne pourra excéder une année, les deux tiers qui resteront dus.

26. A l'expiration du délai prescrit par l'article précédent, le créancier, s'il n'est pas intégralement payé, pourra exercer de nouveau la contrainte par corps contre le débiteur principal, sans préjudice de ses droits contre la caution.

27. Le débiteur qui aura obtenu son élargissement de plein droit après l'expiration des délais fixés par les articles 5, 7, 13 et 17 de la présente loi, ne pourra plus être détenu ou arrêté pour dettes contractées antérieurement à son arrestation et échues au moment de son élargissement, à moins que ces dettes n'entraînent par leur nature et leur quotité une contrainte plus longue que celle qu'il aura subie, et qui, dans ce dernier cas, lui sera toujours comptée pour la durée de la nouvelle incarcération.

28. Un mois après la promulgation de la présente loi, la somme destinée à pourvoir aux alimens des détenus pour dettes devra être consignée d'avance et pour trente jours au moins. — Les consignations pour plus de trente jours ne vaudront qu'autant qu'elles seront d'une seconde ou de plusieurs périodes de trente jours.

29. A compter du même délai d'un mois, la somme destinée aux alimens sera de trente francs à Paris, et de vingt-cinq francs dans les autres villes, pour chaque période de trente jours.

30. En cas d'élargissement, faute de consignation d'alimens, il suffira que la requête présentée au président du tribunal civil soit signée par le débiteur détenu et par le gardien de la maison d'arrêt pour dettes, ou même certifiée véritable par le gardien, si le détenu ne sait pas signer. — Cette requête sera présentée en *duplicata*; l'ordonnance du président, aussi rendue par *duplicata*, sera exécutée sur l'une des minutes qui restera entre les mains du gardien; l'autre minute sera déposée au greffe du tribunal et enregistrée *gratis*.

31. Le débiteur élargi faute de consignation d'alimens, ne pourra plus être incarcéré pour la même dette.

32. Les dispositions du présent titre et celles du Code de procédure civile sur l'emprisonnement auxquelles il n'est pas dérogé par la présente loi, sont applicables à l'exercice de toutes contraintes par corps, soit pour dettes commerciales, soit pour dettes civiles, même pour celles qui sont énoncées à la deuxième section du titre II ci-dessus, et enfin à la contrainte par corps qui est exercée contre les étrangers. — Néanmoins, pour les cas d'arrestation provisoire, le créancier ne sera pas tenu de se conformer à l'article 780 du Code de procédure, qui prescrit une signification et un commandement préalable.

TITRE V.
DISPOSITIONS RELATIVES À LA CONTRAINTE PAR CORPS EN MATIÈRE CRIMINELLE, CORRECTIONNELLE ET DE POLICE.

33. Les arrêts, jugemens et exécutoires portant condamnation, au profit de l'État, à des amendes, restitutions, dommages-intérêts et frais en matière criminelle, correctionnelle ou de police, ne pourront être exécutés par la voie de la contrainte par corps que cinq jours après le commandement qui sera fait aux condamnés, à la requête du receveur de l'enregistrement et des domaines. — Dans le cas où le jugement de condamnation n'aurait pas été précédemment signifié au débiteur, le commandement portera en tête un extrait de ce jugement, lequel contiendra le nom des parties et le dispositif. — Sur le vu du commandement et sur la demande du receveur de l'enregistrement et des domaines, le procureur de la République adressera les réquisitions nécessaires aux agens de la force publique et autres fonctionnaires chargés de l'exécution des mandemens de justice. — Si le débiteur est détenu, la recommandation pourra être ordonnée immédiatement après la notification du commandement.

34. Les individus contre lesquels la contrainte par corps aura été mise à exécution aux termes de l'article précédent, subiront l'effet de cette contrainte jusqu'à ce qu'ils aient payé le montant des condamnations, ou fourni une caution admise par le receveur des domaines, ou, en cas de contestation de sa part, déclarée bonne et valable par le tribunal civil de l'arrondissement. — La caution devra s'exécuter dans le mois, à peine de poursuites.

35. Néanmoins les condamnés qui justifieront de leur insolvabilité, suivant le mode prescrit par l'article 420 du Code d'instruction criminelle, seront mis en liberté après avoir subi quinze jours de contrainte, lorsque l'amende et les autres condamnations pécuniaires n'excéderont pas quinze francs; un mois, lorsqu'elles s'élèveront de quinze à cinquante francs; deux mois, lorsque l'amende et les autres condamnations s'élèveront de cinquante à cent francs; et quatre mois, lorsqu'elles excéderont cent francs. — *Modifiée*, L. 13 déc. 1848, art. 8.

36. Lorsque la contrainte par corps aura cessé en vertu de l'article précédent, elle pourra être reprise, mais une seule fois, et quant aux restitutions, dommages et intérêts et frais seulement, s'il est jugé contradictoirement avec le débiteur qu'il lui est survenu des moyens de solvabilité.

37. Dans tous les cas, la contrainte par corps exercée en vertu de l'article 33 est indépendante des peines prononcées contre les condamnés.

38. Les arrêts et jugemens contenant des condamnations en faveur des particuliers pour réparations de crimes, délits ou contraventions commis à leur préjudice, seront, à leur diligence, signifiés et exécutés suivant les mêmes formes et voies de contrainte que les jugemens portant des condamnations au profit de l'État. — Toutefois les parties poursuivantes seront tenues de pourvoir à la consignation d'alimens, aux termes de la présente loi, lorsque la contrainte aura lieu à leur requête et dans leur intérêt.

39. Lorsque la condamnation prononcée n'excédera pas trois cents francs, la mise en liberté des condamnés, arrêtés ou détenus à la requête et dans l'intérêt des particuliers, ne pourra avoir lieu, en vertu des articles 34, 35 et 36, qu'autant que la validité des cautions ou l'insolvabilité des condamnés auront été, en cas de contestation, jugées contradictoirement avec le créancier. — La durée de la contrainte sera déterminée par le jugement de condamnation dans les limites de six mois à cinq ans. — L. 13 déc. 1848, art. 8.

40. Dans tous les cas et quand bien même l'insolvabilité du débiteur pourrait être constatée, si la condamnation prononcée, soit en faveur d'un particulier, soit en faveur de l'État, s'élève à trois cents francs, la durée de la contrainte sera déterminée par le jugement de condamnation dans les limites fixées par l'article 7 de la présente loi. — Néanmoins, si le débiteur a commencé sa soixante et dixième année avant le jugement, les juges pourront réduire le minimum à six mois, et ils ne pourront dépasser un maximum de cinq ans. — S'il atteint sa soixante et dixième année pendant la durée de la contrainte, sa détention sera de plein droit réduite à la moitié du temps qu'elle avait encore à courir aux termes du jugement. — L. 13 déc. 1848, art. 9.

41. Les articles 19, 21 et 23 de la présente loi sont applicables à la contrainte par corps exercée par suite des condamnations criminelles, correctionnelles et de police.

TITRE VI.
DISPOSITIONS TRANSITOIRES.

42. Un mois après la promulgation de la présente loi, tous débiteurs actuellement détenus pour dettes civiles ou commerciales obtiendront leur élargissement, s'ils ont commencé leur soixante et dixième année,

A l'exception toutefois des stellionataires, à l'égard desquels il n'est nullement dérogé au Code civil.

43. Après le même délai d'un mois, les individus actuellement détenus pour dettes civiles emportant contrainte par corps obtiendront leur élargissement, si cette contrainte a duré dix ans, dans les cas prévus au premier paragraphe de l'article 7, et si cette contrainte a duré cinq ans, dans les cas prévus au deuxième paragraphe du même article, comme encore si elle a duré dix ans, et s'ils sont détenus comme débiteurs ou rétentionnaires de deniers ou effets mobiliers de l'État, des communes et des établissemens publics.

44. Deux mois après la promulgation de la présente loi, les étrangers actuellement détenus pour dettes, et dont l'emprisonnement aura duré dix ans, obtiendront également leur élargissement.

45. Les individus actuellement détenus pour amendes, restitutions et frais, en matière correctionnelle et de police, seront admis à jouir du bénéfice des articles 35, 39 et 40, savoir: les condamnés à quinze francs et au-dessous, dans la huitaine; et les autres, dans la quinzaine de la promulgation de la présente loi.

DISPOSITIONS GÉNÉRALES.

46. Les lois du 15 germinal an VI, du 4 floréal de la même année et du 10 septembre 1807, sont abrogées. Sont également abrogées, en ce qui concerne la contrainte par corps, toutes dispositions de lois antérieures relatives au cas où cette contrainte peut être prononcée contre les débiteurs de l'État, des communes et des établissemens publics. Néanmoins celles de ces dispositions qui concernent le mode des poursuites à exercer contre ces mêmes débiteurs, et celles du titre XIII du Code forestier, de la loi sur la pêche fluviale, ainsi que les dispositions relatives au bénéfice de cession, sont maintenues et continueront d'être exécutées,

LOI

(DU 13-15 DÉCEMBRE 1848, RELATIVE A LA CONTRAINTE PAR CORPS.

ART. 1er. Le décret du 9 mars 1848, qui suspend l'exercice de la contrainte par corps, cesse d'avoir son effet. — La législation antérieure sur la contrainte par corps est remise en vigueur sous les modifications suivantes :

TITRE PREMIER.

DISPOSITIONS RELATIVES A LA CONTRAINTE PAR CORPS EN MATIÈRE CIVILE.

2. A l'avenir, la contrainte par corps ne pourra être stipulée dans un acte de bail pour le paiement des fermages de biens ruraux. — C. 2062. — L. 17 avril 1832, art. 7.

3. Les greffiers, les commissaires-priseurs et les gardes du commerce seront, comme les notaires, les avoués et les huissiers, soumis à la contrainte par corps dans les cas prévus par le paragraphe 7 de l'article 2060 du Code civil.

TITRE II.

DISPOSITIONS RELATIVES A LA CONTRAINTE PAR CORPS EN MATIÈRE COMMERCIALE.

4. L'emprisonnement pour dette commerciale cessera de plein droit après trois mois lorsque le montant de la condamnation en principal ne s'élèvera pas à cinq cents francs; après six mois lorsqu'il ne s'élèvera pas à mille francs; après neuf mois lorsqu'il ne s'élèvera pas à quinze cents francs; après un an lorsqu'il ne s'élèvera pas à deux mille francs.—L'augmentation se fera ainsi successivement de trois mois en trois mois pour chaque somme en sus qui ne dépassera pas cinq cents francs, sans pouvoir excéder trois années pour les sommes de six mille francs et au-dessus.—L. 17 avril 1832, art. 5.

5. Pour toute condamnation en principal au-dessous de cinq cents francs, même en matière de lettre de change et de billet à ordre, le jugement pourra suspendre l'exercice de la contrainte par corps pendant trois mois au plus, à compter de l'échéance de la dette.—Co. 157, 161 s., 187.

6. À l'avenir les dispositions des articles 24 et 25 de la loi du 17 avril 1832 seront applicables aux matières commerciales.

TITRE III.

DISPOSITIONS COMMUNES AUX DETTES CIVILES ET AUX DETTES COMMERCIALES.

7. Le débiteur contre lequel la contrainte par corps aura été prononcée par jugement des tribunaux civils ou de commerce conservera le droit d'interjeter appel du chef de la contrainte, dans les trois jours qui suivront l'emprisonnement ou la recommandation, lors même qu'il aurait acquiescé au jugement, et que les délais ordinaires de l'appel seraient expirés. Le débiteur restera en état.—Pr. 443.—L. 17 avril 1832, art. 20.

TITRE IV.

DISPOSITIONS RELATIVES A LA CONTRAINTE PAR CORPS EN MATIÈRE CRIMINELLE, CORRECTIONNELLE ET DE POLICE.

8. La durée de la contrainte par corps, dans les cas prévus par l'article 35 de la loi du 17 avril 1832, ne pourra excéder trois mois.—Lorsque les condamnations auront été prononcées au profit d'une partie civile et qu'elles seront inférieures à trois cents francs, si le débiteur fait les justifications prescrites par l'article 39 de la même loi, la durée de l'emprisonnement sera la même que pour les condamnations prononcées au profit de l'État.—Lorsque le débiteur de l'État ou de la partie civile ne fera pas les justifications exigées par les articles ci-dessus indiqués de la loi du 17 avril 1832 et par le paragraphe 2 de l'article 420 du Code d'instruction criminelle, la durée de l'emprisonnement sera du double.

9. Si le débiteur a commencé sa soixante et dixième année avant le jugement, la contrainte par corps sera déterminée dans la limite de trois mois à trois ans.—S'il a atteint sa soixante-dixième année avant d'être écroué ou pendant son emprisonnement, la durée de la contrainte sera réduite à la moi-

tié du temps qui restera à courir. — L. 17 avril 1832, art. 40.

TITRE V.
DISPOSITIONS GÉNÉRALES.

10. La contrainte par corps ne peut être prononcée ni exécutée au profit de l'oncle ou de la tante, du grand-oncle ou de la grand'tante, du neveu ou de la nièce, du petit-neveu ou de la petite-nièce, ni des alliés au même degré. — C. 735 ». — L. 17 avril 1832, art. 19.

11. En aucune matière, la contrainte par corps ne pourra être exercée simultanément contre le mari et la femme, même pour des dettes différentes. — Les tribunaux pourront, dans l'intérêt des enfans mineurs du débiteur et par le jugement de condamnation, surseoir, pendant une année au plus, à l'exécution de la contrainte par corps. — C. 888. — L. 17 avril 1832, art. 21.

12. Dans tous les cas où la durée de la contrainte par corps n'est pas déterminée par la présente loi, elle sera fixée par le jugement de condamnation dans les limites de six mois à cinq ans. — Néanmoins les lois spéciales qui assignent à la contrainte une durée moin-

dre continueront d'être observées.

TITRE VI.
DISPOSITIONS TRANSITOIRES.

13. Les débiteurs mis en liberté par suite du décret du 9 mars 1848, et à l'égard desquels la contrainte par corps est maintenue, pourront être écroués de nouveau, à la requête de leurs créanciers, huit jours après une simple mise en demeure, mais ils profiteront des dispositions de la présente loi.

14. Les dettes antérieures ou postérieures au décret du 9 mars, qui, d'après la législation en vigueur avant cette époque, entraînaient la contrainte par corps, continueront à produire cet effet dans les cas où elle demeure autorisée par la présente loi, et les jugemens qui l'auront prononcée recevront leur exécution, sous les restrictions prononcées par les articles précédens.

15. Dans les trois mois qui suivront la promulgation de la présente loi, un arrêté du pouvoir-exécutif, rendu dans la forme des réglemens d'administration publique, modifiera le tarif des frais en matière de contrainte par corps. — ARR. 24 mars 1849.

ARRÊTÉ
DU 24-29 MARS 1849, QUI MODIFIE LE TARIF DES FRAIS EN MATIÈRE DE CONTRAINTE PAR CORPS.

Le Président de la République, le conseil d'État entendu, arrête :

ART. 1er. Il est alloué à tous huissiers :

1° (Pr. 780). Pour l'original de la signification du jugement qui prononce la contrainte par corps, avec commandement .... fr. c.   2 » fr. c.

Pour la copie, le quart........................... 0 50
Pour droit de copie du jugement.................. 2 »

Sans qu'il puisse être passé d'autres droits en taxe, dans le cas où la signification et le commandement seraient faits par actes séparés;

2° (Pr. 796.) Pour l'original de la signification du jugement qui déclare un emprisonnement nul........ 2 »
Pour la copie à laisser au geôlier ou au gardien, le quart.. 0 50

2. Il est alloué aux gardes du commerce ou aux huissiers :

1° (Pr. 783, 789.) Pour le procès-verbal d'emprisonnement d'un débiteur, y compris l'assistance de deux recors et l'écrou,

A Paris.. 40 »
Ailleurs.. 30 »
Pour la copie du procès-verbal d'emprisonnement et de l'écrou, le tout ensemble.................... 2 » »

Il ne pourra être passé en taxe aucun procès-verbal de perquisition pour lequel les gardes du commerce ou huissiers n'auront point de recours, même contre leur partie; les sommes ci-dessus leur étant allouées en considération de toutes les démarches qu'ils pourraient faire, autres que celles expressément rémunérées par le présent tarif :

2° (Pr. 781.) Pour la vacation tendant à obtenir l'ordonnance du juge de paix, à l'effet, par ce dernier, de se transporter dans le lieu où se trouve le débiteur condamné par corps, et à requérir son transport... 2 »
3° (Pr. 786.) Pour vacation en référé, si le débiteur arrêté le requiert............................. 5 »
4° (Pr. 792, 793.) Pour un acte de recommandation d'un débiteur emprisonné sans assistance de recors.. 3 »
Pour chaque copie à donner au débiteur et au geôlier, le quart.................................... 0 75

3. Il est alloué aux gardes du commerce, — Décr. 14 mars 1808, art. 21.

Pour le dépôt des pièces par le créancier.......... 3 »
Pour le visa apposé sur chaque pièce produite ou signifiée par le créancier ou le débiteur.......... 0 25
Pour le certificat mentionné en l'article 11 du décret du 14 mars 1808, droit de recherche compris.... 2 »

4. Il est alloué aux huissiers, pour rédaction du pouvoir spécial exigé par l'article 556 du Code de procédure civile................................... 1 »

5. Il ne sera alloué aucun droit au gardien ou geôlier à raison de la transcription sur son registre du jugement prononçant la contrainte par corps.

6. Outre les fixations établies par les quatre premiers articles, seront alloués les simples déboursés de timbre et d'enregistrement justifiés par pièces régulières.

7. Il ne sera rien alloué aux huissiers et aux gardes du commerce pour leur transport jusqu'à un demi-myriamètre.

Il leur sera alloué, au delà d'un demi-myriamètre, pour frais de voyage, qui ne pourra excéder une journée de cinq myriamètres, savoir :

	fr.	c.
Au delà d'un demi-myriamètre, et jusqu'à un myriamètre, pour aller et retour......................	4	»
Au delà d'un myriamètre, il sera alloué, par chaque demi-myriamètre, sans distinction..............	2	»

8. Sont et demeurent abrogés les articles 51, 52, 53, 54, 55, 56, 57 et 58 du premier décret du 16 février 1807; les deux premiers paragraphes de l'article 20 et l'article 21 du décret du 14 mars 1808, concernant les gardes du commerce.

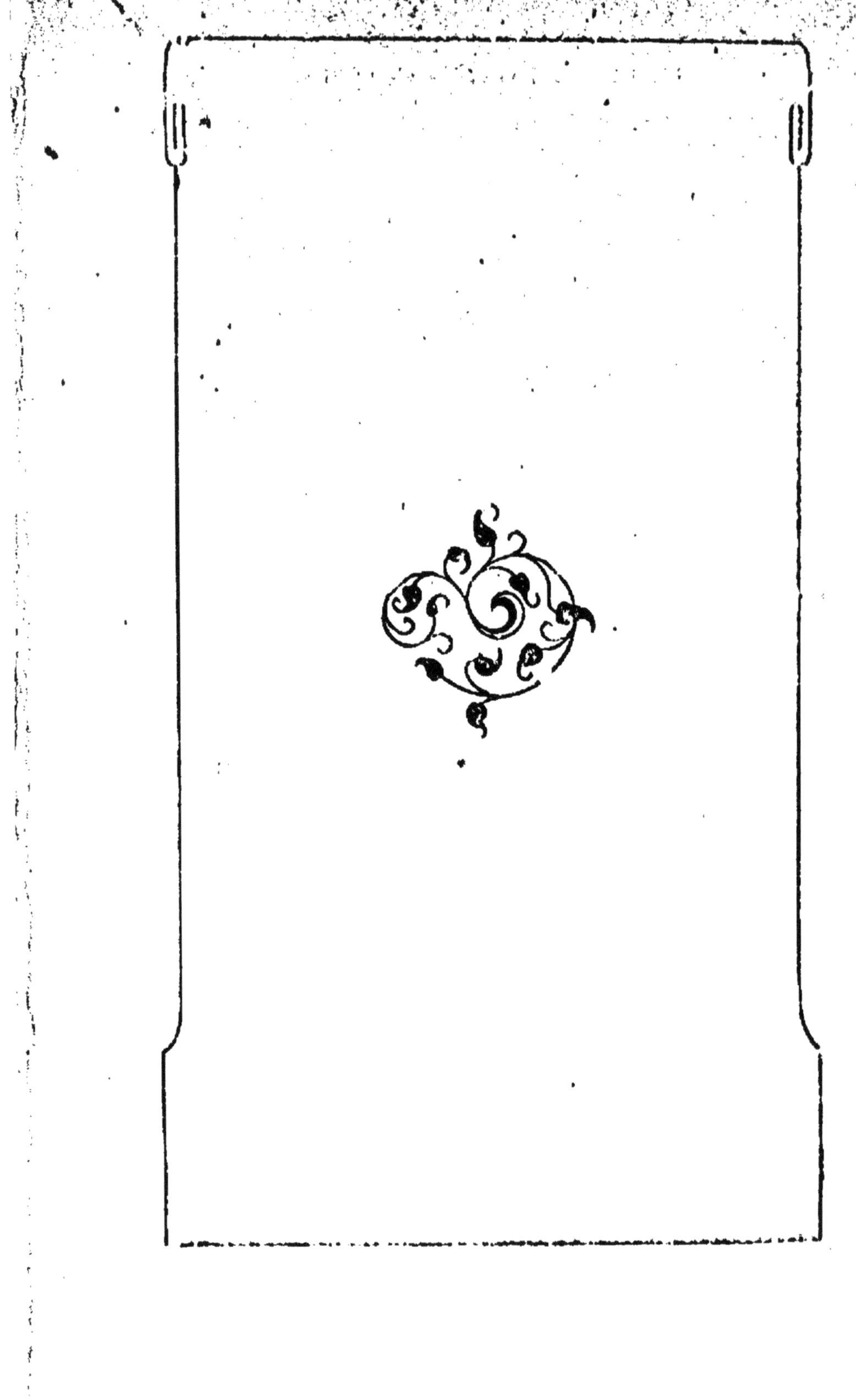